Research on the Relationship between Water Resources and Economic-social Development in Hunan Province

湖南水利与经济社会

发展关系研究

湖南省水利水电勘测设计研究总院
河海大学 编

长江出版社
CHANGJIANG PRESS

《湖南水利与经济社会发展关系研究》

编纂委员会

主　　编：葛国华

副 主 编：郑　洪　徐　贵　廖小红　黄　兵　毛春梅

参编人员：黎昔春　杨家亮　卢　翔　李洪翔　姜　恒

黎小东　范田亿　代文君　田青青　杜春林

朱艳娇　蔡阿婷　李建坤　卜继勘　宋　平

钱　湛　郑　颖　徐　悦　王维俊　张　革

贺方舟　李　觅　崔彦鹏　高　碧

PREFACE

湖南因水得名,北拥洞庭、吞吐长江,南绕四水、孕育三湘。水是湖南最明显的地理特征,水情是湖南最大的省情,水成就着湖南,也考验着湖南。

2019年,新中国成立70周年,70年来,湖南水利事业取得了辉煌成就,防灾减灾能力得到全面提升,农田水利建设得到长足发展,饮水安全基本得到保障,用水总量得到有效控制,水电开发实现跨越式发展,水生态环境治理初见成效,水利人才队伍不断壮大,水利改革体制机制不断完善,水利改革管理能力不断提升,实现了从传统水利到现代水利的转型,湖南水利改革在促进湖南经济社会快速发展、保障民生需求、保护生态环境等方面发挥了重要作用。

"回头看"是为了更好地"向前走",借古可以鉴今,明史可以正道,总结历史创造的成就和经验,有助于我们更好地认识现实、把握未来,湖南水利70年改革发展取得的辉煌成就和积累的经验是一笔宝贵的财富。受湖南省水利厅的委托,湖南省水利水电勘测设计研究总院和河海大学共同承担"湖南水利与经济社会发展关系"课题的研究工作。

研究成果在分析水利发展与经济社会以及生态之间关系的基础上,按照经济社会发展对水利发展的不同需求、省情和水情特点等,从满足安全性需求、经济性需求、舒适性需求等方面,对湖南水利发展进行阶段划分,总结不同阶段水利发展的主要特征,全面梳理了湖南省70年治水实践轨迹。根据水利发展阶段划分成果,系统总结了湖南水利70年来改革发展所取得的辉煌成就;评估了水利发展在防洪、发电、灌溉、供水等方面产生的经济效益和在生态、社会、政治、文化方面发挥的效益;测算了水利投入对国民经济的拉动作用。本书全面收集整理了70年来湖南水利工程建设、水利管理的大量历史数据及文献资料,可为广大水利工作者和关心湖南水利事业发展的社会各界人士提供参考借鉴。

本书的编写工作由湖南省水利水电勘测设计研究总院牵头,河海大学参与。在编写过程中,得到湖南省水利厅办公室陈文平主任和农村水电及电气发展(中心)局朱毅局长无数次的指导和帮助,得到湖南省水利厅各处室及直属单位的大力支持和协助,得到湖南省水利厅有关处室领导和专家的指导和建议,得到湖南省水利重大科技项目的大力支持,在此表示衷心的感谢!

本书数据主要来源于《湖南省统计年鉴》《湖南省水利统计年鉴》等历史统计资料,如本书数据与其他来源数据不一致,请读者根据实际情况选择使用。由于编者的研究认识水平有限,书中难免存在一些错误与不妥之处,恳请广大读者及同行予以批评指正。

编　者
2020 年 12 月于长沙

目 录

1 湖南省基本情况

1.1 自然地理

湖南省位于中国中部、长江中游,因省境绝大部分处于洞庭湖以南而得名"湖南",境内最大河流湘江贯穿省境南北而简称"湘"。湖南地处东经 $108'47''\sim114'15''$,北纬 $24'38''\sim30'08''$,东西宽 667km,南北长 774km,国土面积 21.18 万 km^2,占全国土地总面积的 2.21%。

湖南省地形地貌多样,东、南、西三面山地围绕,中部丘岗起伏,北部平原、湖泊展布,呈西高东低、南高北低、朝东北开口的不对称马蹄形盆地。东面的幕阜—罗霄山脉,是湘江和赣江的分水岭。中部多为丘陵、岗地,地势南高北低,海拔大部分在 500m 以下。湘北洞庭湖平原,一般海拔在 50m 以下,是全省最平坦和地势最低的地区。按地貌形态分:山地面积占 51.2%,丘陵面积占 15.4%,岗地面积占 13.9%,平原面积占 13.1%,水域面积占 6.4%。

1.2 经济社会

2018 年,湖南省常住人口 6899 万,其中城镇人口 3865 万,农村人口 3034 万。湘江、资水、沅江、澧水流域及洞庭湖区人口占比分别为 49.0%、14.3%、13.0%、4.6% 和 15.7%。湖南省平均人口密度 0.0326 万/km^2,洞庭湖区人口密度最大,达 0.0665 万/km^2;湘江、资水人口密度分布差异不大,分别为 0.0398 万/km^2、0.0367 万/km^2;沅江、澧水流域人口密度较低,分别为 0.0172 万/km^2、0.0202 万/km^2。

湖南省共有 14 个地级中心城市,86 个县级城市。其中湘江流域有长沙、湘潭、株洲、衡阳、永州、郴州、娄底 7 个地级中心城市和 35 个县级城市;资水流域有邵阳、益阳 2 个地级中心城市和 12 个县级城市;沅江流域有怀化、常德、湘西 3 个地级中心城市和 22 个县级城市;澧水流域有张家界 1 个地级中心城市和 5 个县级城市;洞庭湖区有岳阳 1 个地级中心城市和 10 个县级城市;宜章、临武 2 个县级城市位于珠江流域。

2018 年,湖南省地区生产总值 3.64 万亿元,第一、二、三产业分别占 8.8%、42.5%、48.7%。地区生产总值 65% 分布在湘江流域,约一半聚集在湘江中下游的长株潭城市群。农业方面,耕地总面积 6232 万亩,是全国重要的粮食生产基地,水稻产量常年稳居全国第一,棉花、油料、苎麻、烤烟及生猪产量等位居全国前列。湖南省人均耕地 0.90 亩,洞庭湖区、湘江人均耕地面分别为 1.07 亩、0.78 亩,其他流域人均耕地面积约 1 亩。工业方面,工业门类齐全,拥有 1 家综合保税区、14 家国家级开发区、29 家省级工业集中区和 67 家省级开发区。湖南省工业增加值 13569 亿元,其中 68% 在湘江流域,22% 在洞庭湖区。服务业方面,服务业与人口和城镇布局基本匹配,服务业增加值 11418 亿元,主要由金融与交通运输等生产服务业、旅游产业、文化和创意产业三大板块支撑,增加值分别为 4886 亿元、3046 亿元、1559 亿元。

1.3 河湖水系

湖南省河湖众多、水系发达,国土面积的 96.7% 属长江流域洞庭湖水系,0.9% 为赣江水系和直入长江的小水系,其余 2.4% 属珠江流域。境内 5km 以上河流 5341 条,其中流域面积 50km^2 以上的河流 1301 条;常年水面面积 1km^2 及以上湖泊 156 个,水面总面积 3370.8km^2。洞庭湖蓄纳四水、吞吐长江,湘资沅澧四水、松滋藕池太平调弦长江四口纵横三湘大地。

长江:长江湖南段上起五马口,下至铁山嘴,全长 163km,属于长江中游的下荆江河段,相应干堤湖南段上起岳阳市华容县塔市驿五马口,下至黄盖湖铁山嘴,全长 142.05km,保护着岳阳市中心城区和华容、君山、建新、楼区、云溪、临湘 6 个县(市、区)所属沿江堤垸。

洞庭湖:我国第二大淡水湖,是长江中下游重要的洪水调蓄湖泊和国际重要湿地。洞庭湖南汇湘、资、沅、澧“四水”,北通过松滋、太平、藕池、调弦(1958 年已封堵)“四口”与长江相连,东接汨罗江和新墙河水,由城陵矶注入长江,现有湖泊面积 2625km^2,总容积 167 亿 m^3,多年平均入湖水量 2759 亿 m^3。洞庭湖区水网密布,江湖关系复杂,防洪堤线长,是全国治水的重点和难点。

湘水:湖南省内最大的河流,发源于广西兴安县,至湘阴县濠河口注入洞庭湖,干流全长 856km,流域面积 9.46 万 km^2,其中湖南境内 8.54 万 km^2。湘江流域涉及湖南、广西、江西、广东四省区 14 个市,其中湖南境内覆盖长沙、湘潭、株洲、衡阳四市全域,郴州、永州、娄底三市大部区域以及岳阳、邵阳、益阳部分县市区。3000km^2 以上主要支流有潇水、舂陵水、蒸水、耒水、洣水、渌水、涟水、浏阳河。

资水:发源于邵阳市城步县,至益阳市甘溪港汇入南洞庭湖,干流全长 653km,流域面积 2.81 万 km^2,其中湖南省 2.66 万 km^2。资水流域涉及湖南邵阳、益阳、娄底、永州、怀化、常德 6 个市,主要支流夫夷水还涉及广西资源县。

沅水:发源于贵州省东南部,至德市德山汇入洞庭湖。干流全长 1033km,流域面积 8.92 万 km^2,其中湖南省 5.11 万 km^2,省内涉及怀化、湘西、常德、邵阳、张家界 5 个市。3000km^2 以上主要支流有渠水、舞水、巫水、溆水、辰水、武水、酉水。

澧水:发源于张家界市桑植县,至澧县小渡口汇入洞庭湖,干流全长 388km,流域面积

1.86 万 km²,其中湖南省境内 1.55 万 km²,流域包括张家界市大部分,以及湘西州、常德市和湖北省鹤峰、五峰等县的部分地区。3000km² 以上主要支流有溇水、澧水。

1.4　水利工程现状

新中国成立 70 年,经过历届省委、省政府的不懈努力,湖南省水安全体系初步建成,为全省人民群众安居乐业提供了保障,为全省经济社会平稳发展奠定了基础。

湖南省已建堤防总长 2 万余千米;建成各类水库 1.4 万余座,总库容 514 亿 m³;洞庭湖及四水尾闾设置 24 处国家级蓄滞洪区、23 处省级蓄滞洪区,蓄洪容积分别为 163.8 亿 m³、34.5 亿 m³。建成各类灌区 7.39 万处,有效灌溉面积 4746 万亩,农田灌溉水利用系数 0.525。建成省级重要饮用水水源地 125 个,县级以上城市备用水源工程 93 处,县级以上正在运行的自来水厂 182 座,农村集中供水工程 4.05 万处,累计解决饮水不安全人口 3500 余万,巩固提升饮水安全人口 1259 万。建成各类电站 4556 座,装机容量 1603 万 kW。累计治理水土流失面积 391 万 km²,国家与省级监测达到或优于 Ⅲ 类标准的水质断面比例达到 95.4%。

2 湖南水利发展历程及阶段划分

　　水利在中国是极为重要的公共事务,自古即有"善为国者必先治水"之说。新中国成立
70年以来,湖南省在党中央和国家政策、战略部署指引下,依据经济社会发展需求和国情、
省情、水情的发展变化,适时制定和调整水利发展战略,不断推动水利事业发展的前进步伐,
为全省经济社会的可持续发展提供支撑与保障。深入分析国情、省情和水情的演变,合理划
分水利发展阶段,认清不同阶段水利发展在历史中的地位和使命,对于总结和归纳水利改革
发展成就,选择和制定水利发展战略具有重要参考价值。

　　本章在界定水利发展概念与内涵、分析水利发展与经济社会以及生态之间关系的基础上,
按照经济社会发展对水利发展的不同需求、湖南省省情和水情特点等,对湖南水利发展进行阶
段划分,总结不同阶段水利发展的主要特征。水利发展阶段划分的理论框架见图2-1。

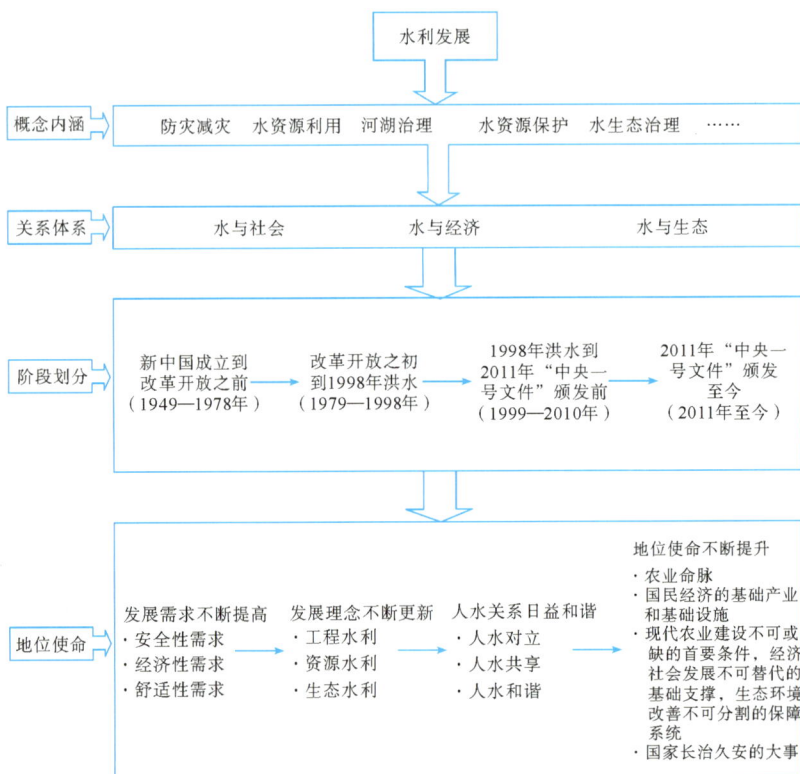

图2-1　湖南水利发展阶段划分的理论框架

2.1 水利发展内容与水利发展需求

水利是支撑经济社会发展基础性、战略性、公益性的行业,水利发展范围较广,涉及内容较多,大致可以分为以下五个方面:第一,防灾减灾,包括抵御洪涝灾害、应对旱灾、除涝治渍等;第二,水资源利用,包括保障基本饮水安全、保障农业灌溉用水以维护粮食供给安全、供给城市和产业发展用水以及保障国民经济发展、水力发电和水运等;第三,水系景观整治,如市政景观用水、河道整治,以满足人们休闲和审美等方面的精神需求;第四,水资源保护,包括治理水污染、保护水源地、保障地表水和地下水水质安全等;第五,水生态修复,包括防治水土流失、治理地下水超采、保障河道和湿地生态用水等。水利发展内容是随着经济社会的发展和人民生活水平的提高以及水利形势的变化而变化的,其内涵不断丰富。

各种水利发展内容对应不同类别的水利发展需求。防灾减灾、饮水安全和农业灌溉等主要是安全性需求;城市产业生产供水、水力发电和水运等主要是经济性需求;水系景观、水休闲娱乐和水生态修复等主要是舒适性需求。水污染防治、河道整治、水生态修复、水土保持以及湿地建设等既属于安全性需求又属于舒适性需求。随着经济社会发展水平的提高,水利发展需求将发生结构性变迁。水利发展内容与水利需求之间的关系见图 2-2。

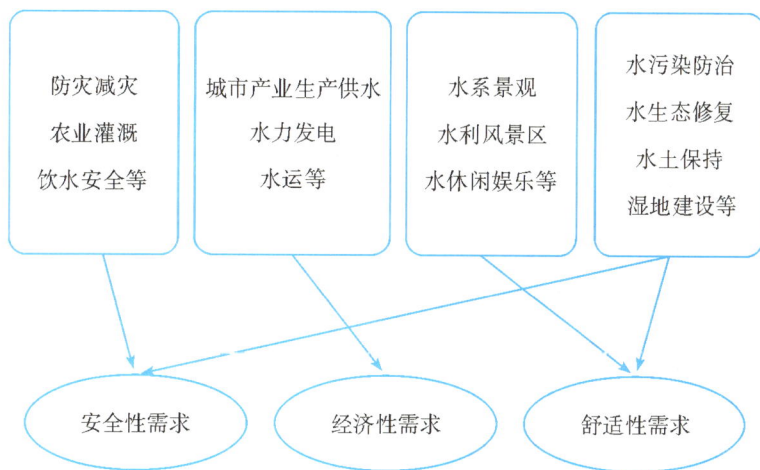

图 2-2　水利发展与水利需求的关系

2.2 水利发展与经济、社会和生态的关系

水利发展的过程是不断处理水与经济、水与社会、水与生态之间关系、不断协调水利供给与经济、社会、生态对水利需求之间矛盾的过程。因此,要实现水利与国民经济、社会、生态的协调发展,须将水利与经济、社会和生态环境看作一个复合系统来统筹考虑。

2.2.1 水利发展与社会的关系

水利发展事关国家水安全战略。水安全是涉及国家长治久安的大事,关系民族生存发展和国家统一兴盛,与政治安全、国防安全、经济安全、科技安全等具有同等重要的战略地位。增强水忧患意识、水危机意识,从实现中华民族永续发展的战略高度,发展水利事业,解决水安全问题,这是水利发展的根本。水利发展与社会关系具体体现在:

(1)保障国家财富和人民生命财产安全,维护社会稳定。"治世之道,其枢在水"。自古以来,洪水始终是威胁人类生活的最大自然灾害,人类的水利事业最初就是从防洪开始的。如果一个地区或者一个城市的人民生命财产总是在洪水威胁之下,社会就不会安定,更谈不上经济发展。实践证明,抵御水旱灾害,凭借的是抗灾实力,依托的是坚固的水利设施,依靠的是科学防洪体系。因此,防洪体系的建设,能有效抵御洪水,保障人民生命财产免受重大损失,使人民安居乐业,生产稳定。

(2)改善人们生存的基本条件和生存环境,促进社会和谐。水利盛,则社会兴,国富民强。通过灌排基础设施建设,改善农业用水条件,解决人们的温饱问题;通过人饮、农电等工程建设,解决人民群众最关心、最直接、最现实的饮水难、用电难等民生问题;通过城乡水环境整治、水源地保护和建设等工程建设,改善人居环境,提升生活品质,促进社会和谐稳定。

(3)促进城镇发展,推动社会文明进程。水利为城镇发展提供了重要的水资源供给保障,从而推动政治、经济、教育、文化等各项事业的发展;水运促进了城乡物资互换流通、商业发展,通过八方交汇、城乡互补、文化交流,极大地加快了社会文明的进程。

(4)保障乡村振兴战略实施。水利作为农业、农村发展的重要基础设施,是支撑乡村振兴战略实施的根本保障。在防范抵御洪涝灾害、改善农业灌溉条件、保障农村饮水安全、美化农村人居环境以及保护乡村生态环境等方面具有不可替代的支撑作用。

2.2.2 水利发展与经济的关系

水利发展是经济发展的生命线。水利不仅保障了经济社会发展免受洪灾、旱灾等自然灾害而导致的损失,同时为经济社会的稳定发展提供可靠的水资源保障、电力保障和航运保障等。水利发展与经济的关系具体表现为:

(1)水资源保障。水利基础设施建设为生产、生活、生态提供了重要的水资源保障。水资源条件决定着这一个地区的城市规模、城市功能、城市定位以及产业结构和布局。灌排设施关乎国家的"粮袋子"和农民的"钱袋子"。

(2)电力保障。水电是我国电力系统的重要组成部分,水力发电效率高,发电成本低,为工农业生产和人民生活提供了不可缺少的电力资源。农村小水电建设有力地推动了地方工业经济和乡镇产业振兴,为农田灌溉、农产品加工和缓解电力紧张局面作出了重要贡献。

(3)航运保障。航运的发展促进了城乡物资交流。在现代交通运输体系中,水运具有运距长、运量大、成本低、占地少、节能环保的优势,在优化运输结构、促进物流业降本增效中发挥重要作用,在推动区域经济发展中的贡献显著。

2.2.3　水利发展与生态的关系

水是生态系统不可分割的重要组成部分。水利通过对生态系统的干预和调控,维持生态环境系统的平衡。水利发展与生态的关系具体表现为:

(1)提高水生态系统承载力。坚持保护优先、自然修复为主,开展江河源头和水源涵养区保护,加强重点河湖水生态治理与修复,可使水生态环境得以改善,大大提高水生态系统承载力。

(2)减轻水土流失,增强保土能力。通过水土保持工程的实施,可提高林草覆盖率和覆盖度,改良土壤结构,改善土壤理化性质,增加土壤入渗率,大大减少地表径流带来的土壤流失、土壤肥力下降和地力减退,提高流域蓄水保土能力。

(3)防止水污染,保证水资源的可持续利用。水资源保护的核心是根据水资源时空分布、演化规律,调整和控制人类的各种取用水行为,使水资源系统维持一种良性循环的状态,以达到防止水污染、保证水资源的永续利用。

(4)推进生态文明建设进程。水生态文明建设是节约利用水资源、综合治理水环境、系统修复水生态以增强水生态服务功能的一项系统工程,是生态文明建设重要的组成部分。

2.3　水利发展阶段划分

2.3.1　阶段划分依据

水利发展需求的三个层次,在很大程度上决定了水利发展供给的内容。水利发展的过程,就是不断协调水利发展与经济社会发展需求之间的矛盾、水利发展与生态环境系统维护之间的矛盾,不断适应经济社会发展需求、维护生态环境系统稳定的过程。水利发展需求的阶段性差异使得水利发展也呈现阶段性特点。因此水利发展的需求特征是水利阶段划分的主要依据。

湖南水利发展是在国家宏观决策、方针政策、战略部署以及治水方针的指引下,根据湖南省省情、水情特点,制定和调整不同时期水利发展战略,从而推动水利事业不断发展。水利发展也因国家宏观政策的变化呈现阶段性的特征。因此,国家宏观政策是水利阶段划分的另一重要依据。

2.3.2　阶段划分

基于以上因素的考虑,湖南水利发展阶段划分见表2-1。

表 2-1 湖南水利发展阶段划分依据

阶段划分	主要依据
1949—1978 年 （全民大干水利建设期）	1. 新中国成立初期，各行各业百废待兴，水旱灾害频繁，人民群众饱受洪水和饥饿双重威胁，以防洪和灌溉为代表的安全性需求成为这一时期水利发展的主要需求 2. 国家制定"防止水患，兴修水利，以达到大量发展生产的目的"的方针
1979—1998 年 （水利改革发展调整期）	1. 改革开放拉开序幕，受国家战略转移和体制调整影响，国家对水利建设重视程度有所降低，水利建设速度放缓，水利基础设施建设重心由防洪灌溉向供水转移 2. 经济迅速增长（人均 GDP 从 1979 年的 343 元，增长到 1998 年的 4667 元），工业和城市用水与用电需求快速增长的同时，经济性需求快速增长 3. 1979 年《中共中央关于加快农业发展若干问题的决定》发布，为加快农业发展，小型农田水利建设步伐加快 4. 水旱灾害成灾率和水旱灾害损失持续上升，水利安全性和经济性需求持续增长
1999—2010 年 （水利改革发展转型期）	1. 经历"1998 年长江大洪水"后，水利行业地位显著提高，水利投入大幅度增加，安全性需求持续增长 2. 经济增长迅猛，人均 GDP 从 1999 年的 4933 元，增加到 24719 元，经济性需求迅速增长 3. 经济增长带来的水环境问题日趋严重，水环境治理力度需要不断加大 4. 人们生活水平的提高，对水系景观、水休闲娱乐等舒适性需求开始涌现
2011—2018 年 （水利改革发展黄金期）	1. 2011 年，首个以水利为主题的"中央一号文件"发布，水利被摆在党和国家事业发展更加突出的位置。湖南省成为全国水利改革试点省，出台《中共湖南省委、湖南省人民政府贯彻落实〈中共中央国务院关于加快水利发展的决定〉实施意见》 2. 党的十八大报告将生态文明建设被提高到事关"两个一百年"奋斗目标和中华民族伟大复兴中国梦的高度；党的十九大报告把坚持人与自然和谐共生纳入新时代坚持和发展中国特色社会主义的基本方略 3. 2014 年，习近平总书记提出"节水优先、空间均衡、系统治理、两手发力"的治水方针 4. 湖南省提出围绕"全面建成小康社会"、建设"四化两型"、促进"三量齐升"，实现"富饶、美丽、幸福新湖南"的目标 5. 安全性需求、经济性需求持续增长，舒适性需求快速增长

2.4 水利发展各阶段的特征

为了进一步揭示湖南水利发展各阶段的特征，对水利发展的各阶段水利需求特征、水利主要供给特征及主要供给指标进行分析评价。

2.4.1 全民大干水利建设期(1949—1978年)

新中国成立初期,百废待兴,粮食产能不足,水旱灾害损失惨重,控制水旱灾害和解决温饱问题是这一时期水利建设的主要任务。以防洪、灌溉、机电排灌为代表的安全性需求是这一阶段水利发展的主要需求;经济性需求主要以农业生产用水为主;舒适性需求尚不明显。

这一阶段的水利建设改变了湖南水利基础设施建设极端薄弱的局面,水利供求差距显著缩小。但由于建设起点低,水利供求差距仍然很大(表2-2)。

表2-2 水利发展阶段特征(1949—1978年)

		需求特点	代表性任务	代表性指标	1949年	1978年
安全性需求	防灾减灾	百废待兴,需求巨大,占据主导地位	洞庭湖治理大会战、兴修水库、"三大"圩灭战、山水林田路综合治理	堤垸个数(个)	993	227
				水库数量(座)	16	12491
				库容(亿 m³)	0.033	134
				排灌站装机容量(万 kW)	0.0025	236
	农田水利	基础设施薄弱,需求巨大	发展灌溉,保粮安全	有效灌溉面积(万亩)	1800	4037
				旱涝保收面积(万亩)	403	3274
	饮水安全	基础设施薄弱,需求巨大	自发解决饮水困难问题	解决农村饮水困难人数(万人)	—	104
经济性需求	国民经济用水	飞快增长	通过大兴水利工程解决农业生产用水	总用水量(亿 m³)	56	294
				万元 GDP 用水量(m³/万元)	31721	20010
	水电开发	较快增长	水电开发	水电装机容量(万 kW)	0	146
				年发电量(万 kW·h)	0	76
舒适性需求	水系景观	尚不明显	—	—	—	—
	水环境治理	恶化问题尚不明显	水土流失治理	水土流失治理面积(km²)	90	10878

2.4.2 水利改革发展调整期(1979—1998年)

这一时期,湖南省人口和经济快速增长,水旱灾害频发,再加上环保意识较为薄弱,提高防灾减灾能力的安全性需求持续增长,满足经济快速增长的经济性需求快速增长,水环境和水生态恶化日益凸显。

这一阶段的水利建设,受宏观战略转移和体制调整,水利基建投入偏低,防灾减灾安全性需求建设步伐缓慢;水电事业的快速发展较好地满足了经济社会发展的能源需求;人口经济社会发展的压力加大,但供给没有及时跟进,为水环境、水生态持续恶化埋下隐患(表 2-3)。

表 2-3　　　　　　　　　　　　水利发展阶段特征(1979—1998 年)

		需求特点	代表性任务	代表性指标	1978 年	1998 年
安全性需求	防灾减灾	水利投入减少,水利设施老化失修,防灾减灾能力下降,需求持续增长	洞庭湖一期治理、兴建东江、五强溪等重点水库工程、水库续建配套与除险加固	四级以上堤防长度(km)	5246	4697
				水库数量(座)	12491	13344
				水库库容(亿 m³)	134	351
	农田水利	基础设施老弱病运行,需求持续增长	灌区续建配套,灌渠整修	旱涝保收面积(万亩)	3274	3287
				有效灌溉面积(万亩)	4037	4012
	饮水安全	持续增长	安排专项资金解决饮水困难问题	解决农村饮水困难人口(万)	104	441
经济性需求	国民经济用水	增长缓慢	调整用水结构,提高用水效率	用水总量(亿 m³)	294	310
				万元 GDP 用水量(m³/万元)	20010	1026
	水电开发	较快增长	梯级电站开发、农村水电初级电气化县建设、地方电网建设	水电装机容量(万 kW)	146	510
				水电发电量(亿 kW·h)	76	196
舒适性需求	水系景观	尚不明显	—	—	—	—
	水环境治理	恶化问题凸显	重视度较低,投入不足	水土流失治理面积(km²)	10878	19709

2.4.3　水利改革发展转型期(1999—2010 年)

1998 年长江大洪水暴露出湖南省防洪体系的薄弱环节,洪涝灾害仍然是全省人民的心腹大患;随着改革开放进一步深入,经济持续增长,工业和城镇供水需求以及能源需求进一步增长;居民生活水平的提高,对水景观、水环境等要求越来越高,这一时期,水利安全性需求和经济性需求持续增长,舒适性需求开始显现(表 2-4)。

表 2-4   水利发展阶段特征(1999—2010 年)

		需求特点	代表性任务	代表性指标	1998 年	2010 年
安全性需求	防灾减灾	防洪抗旱减灾能力提升刻不容缓,需求持续增长	洞庭湖二期治理、城市防洪工程建设、"四水"流域重要河段治理、水库除险加固、泵站更新改造、山洪灾害防治体系建设等	四级以上堤防长度(km)	4697	5879
				水库数量(座)	13344	13349
				水库库容(亿 m³)	351	427
	农田水利	大力发展节水灌溉,需求持续增长	大中型灌区续建配套与技术改造,小型农田水利重点县建设	有效灌溉面积(万亩)	4012	4122
	饮水安全	持续增长	由解决饮水困难问题向保障饮水安全转变	解决农村饮水困难人口(万)	441	679
				解决饮水不安全人口(万)	0	1009
经济性需求	国民经济用水	增长缓慢	节水型社会建设、大力发展农业节水	用水总量(亿 m³)	310	325
				万元 GDP 用水量(m³/万元)	1026	204
	水电开发	较快增长	湖南省水电得到长足发展,基本形成中央与众多地方、外资、民营等企业多家办电、多种所有制办电的竞争格局	水电装机容量(万 kW)	510	1299
				水电发电量(亿 kW·h)	196	375
舒适性需求	水系景观	较快增长	水利风景区建设	生态环境用水量(亿 m³)	—	3.2
				水利风景区数量(个)	0	45
	水环境治理	恶化问题凸显	重视度提高,整治力度加大	水土流失治理面积(km²)	19709	28990

2.4.4 水利改革发展黄金期(2011—2018 年)

2011 年,以水利为主题的"中央一号文件"出台,为加快湖南水利改革发展,切实增强水利支撑保障能力,实现水资源可持续利用奠定了基础。这一时期,新老水问题交织,湖南省水安全面临严峻形势和复杂局面,安全性需求和经济性需求持续增长的同时,舒适性需求快速增长(表 2-5)。

表 2-5　　　　　　　　　　　水利发展阶段特征(2011—2018 年)

		需求特点	代表性任务	代表性指标	2011 年	2018 年
安全性需求	防灾减灾	全面提升防洪抗旱减灾能力,逐步完善防洪减灾体系,需求持续增长	洞庭湖近期治理、城市防洪工程建设、"四水"重要河段治理、病险水库除险加固、泵站更新改造、水库工程及山洪灾害防治措施建设	四级以上堤防长度(km)	5879	7863
				水库数量(座)	13349	14096
				水库库容(亿 m³)	427	514
	农田水利	农业发展与灌溉效益协调发展,需求持续增长	小农水重点县建设,高标准农田水利项目、五小水利建设,农田水利标准化建设等	有效灌溉面积(万亩)	4122	4892
	饮水安全	持续增长	由保障饮水安全向巩固提升转变	解决饮水不安全人口(万)	1009	3447
				巩固提升农村饮水安全人口(万)	0	1100
经济性需求	国民经济用水	趋于平缓	实施最严格水资源管理制度、节水型社会建设	用水总量(亿 m³)	325	323
				万元 GDP 用水量(m³/万元)	204	93
	水电开发	继续增长	绿色水电开发、农村水电初级电气化县建设、电站增效扩容工程	水电装机容量(万 kW)	1299	1603
				水电发电量(亿 kW·h)	375	488
舒适性需求	水系景观	快速增长	水生态文明城市建设、水利风景区建设	全国水生态文明城市建设数量(个)	0	5
				水利风景区个数数量(个)	45	91
	水环境治理	有所改善	河湖水系连通、"一号重点工程"、水土流失治理	全年期Ⅲ类以上水质河长占比(%)	77.1	99.7
				水土流失治理面积(km²)	28990	37455

纵观湖南水利发展70年历程,伴随着经济的发展和水利建设的不断推进,湖南水利发展需求经历了由安全性需求主导向安全性、经济性和舒适性等多元化需求并存的历史性变迁。

2.5 水利发展的特点

依据水利发展阶段划分结果及各阶段水利发展特征,湖南水利特点为:

(1)水利发展需求层次不断提高。根据马斯洛需求层次理论,人类需求依次由低层次向高层次发展,经济社会发展对水利发展需求同样具有由低向高发展的层次性。水利发展通过为经济社会发展提供各方面的支撑和服务,满足人民群众的物质文化与精神需求。新中国成立初期对水利的需求主要表现为以防洪、灌溉、排涝为代表的安全性需求;到改革开放后,随着经济社会的快速发展、市场经济体制的引入,安全性需求持续增长的同时,经济性需求开始增长;1998年大洪水暴露出湖南省防灾减灾体系的薄弱,安全性需求持续增长的同时,经济性需求较快增长;2011年"中央一号文件"颁发以来,尤其是党的十八大以来生态文明建设被提上日程,舒适性需求快速增长,且逐步成为人们对水利发展的重要需求。

(2)水利发展理念不断更新。70年来,水利发展理念经历了工程水利——资源水利——生态水利的发展转变历程。一是工程水利。新中国成立初期,湖南水利基础设施极为薄弱,且又接连遭受洪涝灾害,因此防灾减灾成为水利工作重心。这一时期投入大量人力、物力和财力,开展大规模的水利工程建设,修建堤垸、兴修水库及排灌设施,为抵御洪涝灾害,保障粮食安全发挥重要作用。二是资源水利。改革开放以来,把水资源与国民经济和社会发展紧密结合起来,重视水资源的综合开发和科学管理,在建设水利工程的同时,更加重视水资源的优化配置,从而满足经济社会的可持续发展。三是生态水利。党的十八大作出"大力推进生态文明建设"战略决策,2014年习近平总书记提出"十六字"治水思路,党的十九大提出统筹山水林田湖草系统治理,践行绿水青山就是金山银山的理念。落实共抓长江大保护、不搞大开发,推动长江经济带发展。湖南省践行绿色、生态理念指导水利发展。推出湘江保护与治理"一号重点工程"、洞庭湖生态综合治理、河道整治、水电站生态改造、水土流失治理、河湖连通等均是生态水利的重要体现。

(3)人水关系日益和谐。70年来,人水关系发生重大变化,从围湖造田、无序无节制的与水争地,向自然索取的人水对立关系,向平垸行洪、退田还湖、疏浚河湖、移民建镇、给洪水以出路转变。尊重自然规律,按照可持续发展的要求,合理利用和保护水资源,实现人、资源、环境和经济社会的和谐发展。充分依靠大自然的自我修复能力,加大水土流失的防治力度,保护水土资源;积极践行绿色生态理念,推进水电绿色化改造;以水生态修复、水环境改善为目的,积极探索新时期河湖水系连通,促进河湖生态健康;水生态文明建设进一步促进了人水和谐共生。

（4）水利在经济社会发展中的地位与使命不断提升。从湖南省 70 年来的水利发展历程看,水利在经济社会发展中的地位不断提升。从"水利是农业的命脉"发展到"水利是国民经济的基础设施和基础产业",到"水利是现代农业建设不可或缺的首要条件,是经济社会发展不可替代的基础支撑,是生态环境改善不可分割的保障系统",再到"水安全是涉及国家长治久安的大事"。

3   湖南水利建设成就

　　湖南 70 年发展史,包含着一部气势磅礴的治水兴水篇章,新中国成立之初,面对水利基础设施薄弱,水旱灾害损失惨重的落后局面,湖南省掀起了大规模兴建水利的热潮,水利基础设施得到恢复和发展;1978 年改革开放以来,经济社会转型促使水利改革发展做出新的探索;1998 年长江大洪水促使重新认识人水关系,治水思路发生深刻变化,水利改革向纵深推进;2011 年"中央一号文件"《关于加快水利改革发展的决定》出台,掀起了新一轮水利建设的高潮。回望 70 年,湖南以向水而行,不变初心的坚韧,成功实现了从趋利避害的亘古课题向人水和谐的转型跨越。

　　根据水利发展阶段划分成果,按照安全性需求、经济性需求、舒适性需求三大类,分防洪减灾、农田水利、饮水安全、国民经济用水、水电开发、水系景观、水生态环境保护 7 个单项,对水利建设成就详细阐述。

3.1   水利安全性需求建设

3.1.1   防灾减灾

　　水情是湖南重要的省情,水患是湖南最大的忧患,水旱灾害防御始终贯穿治水主线。新中国成立之初,湖南水利事业基础差,百废待兴,湘资沅澧"四水"及主要支流上,没有一处控制性枢纽工程;洞庭湖区大小堤垸 993 个,堤矮垸老、水系紊乱。新中国成立以来,历经四个阶段的建设与发展,湖南已基本形成了较为完整的防灾减灾体系,实现了从初步具备防御水旱灾害能力到有效抵御水旱灾害的发展,极大地提升了湖南省的防灾减灾能力,为保障湖南人民生命财产安全筑起了一道坚实的安全屏障。

　　第一阶段(1949—1978 年):建设完成一大批水利工程设施,防洪抗旱能力快速提升。

　　新中国成立伊始,中央人民政府就提出"防止水患、兴修水利"的水利建设方针,并将其写入《共同纲领》,作为一项基本国策执行,有计划、有步骤地恢复并发展防洪、灌溉、排水等水利事业。这一时期,湖南兴修水利的主要目的为"防治水旱灾害,解决温饱问题"。自 1949 年 11 月洞庭湖区堵口复堤、重建家园开始,历经 20 世纪 50 年代的洞庭湖治理大会战、60 年代兴修水库和"三大"奸灭战、70 年代山水林田路综合治理,湖南省防洪抗旱减灾能力得到

快速提升。经过这一时期的建设,主要取得如下成就:

(1)洞庭湖区基本形成现有防洪格局。新中国成立后,洞庭湖区发生了翻天覆地的变化:1949年冬修复溃损堤垸,至1950年春共修复溃垸347个,堵复溃口709处,完成土方3000多万 m³;1952年整修南洞庭湖及荆江分洪工程;1954年堤垸修复工程,完成土石方9000多万 m³,形成沅水和澧水独立入湖洪道,并200多个零乱的堤垸为沅澧大圈和沅南大圈;1956年建成明山头、大东口、赵家河等排水闸及黄茅洲船闸、罗家铺节制闸和沙河口、王家垱进水闸等工程;1958—1960年的农场建设;60年代的电排歼灭战至1978年建成岩汪湖、坡头、明山等19处大型电排6.88万 kW;70年代末期建成冲柳、烂泥湖、南湖、野湖四处大型撇洪渠。截至1978年,湖区堤垸个数由1949年的993个合并为227个,将6400km长堤缩短为3740km,基本解决了洞庭湖区水系紊乱、乱围乱垦的问题,形成了洞庭湖区目前的防洪治涝格局。

(2)山丘区初步形成了蓄引提相结合的防洪抗旱排涝体系。新中国成立后,山丘区50年代初期主要是整修和新建塘坝;1954年开始兴修水库;1957年提出了在山丘区要"积极新建山塘、河坝和小型水库,根据需要与可能积极举办中型工程"的方针,当年冬湖南省各地兴建大量小型水库并在1958年和1959年达到高潮,1960年及以后的3年时间里,根据中央的调整巩固方针着重水库的续建和配套,这一时期水库建设增加数量和总库容占这一阶段总数的40%左右,60年代兴建了柘溪、双牌、水府庙、酒埠江、官庄、黄材、黄石、王家厂等8座大型水库,70年代兴建了涔天河、欧阳海、青山垅、凤滩等4座大型水库;1964—1969年,山丘区开展了水库灌区配套歼灭战和水轮泵歼灭战,形成了以水库为骨干、塘坝为基础、大中小相结合的灌溉体系;70年代前中期,水利建设顶住了"文化大革命"影响,建设内容由单一治水发展为"山、水、林、田、路"综合治理,建设标准由解决一般水旱灾害发展到建设旱涝保收农田。蓄引提工程在这一时期呈爆发式增长,工程数量和规模剧增,水库数量从16座增加至12491座;塘坝数量从147万座增加至204万座;排灌站装机容量从25kW增加至236万 kW;水轮泵座数从无增加至8522处;工程总供水量从59亿 m³ 提高至294亿 m³,提高了5倍,初步形成了以大中型水库为骨干、小型水利设施为基础、蓄引提相结合的防洪抗旱排涝体系。

(3)湖南省水旱灾害损失大幅降低。1949年汛期,长江流域遭遇大洪水,洞庭湖区堤垸溃决441个。新中国成立后,三湘儿女齐心协力,共治水患,全省水旱灾害损失率、因灾死亡人口和因灾溃垸个数呈逐步下降的趋势,这一时期,年均水灾成灾率为0.41%,年均旱灾成灾率为0.41%,年均因灾死亡380人,年均溃垸45个。

经过这一时期的建设,湖南省防洪抗旱排涝系统初步形成,农业生产条件大为改善,水旱灾害损失大幅降低,水旱灾害防御能力大为增强,为区域防洪保安奠定了坚实的基础。

第二阶段(1979—1998年):水利基建投资大幅削减,防洪抗旱工程建设步伐放缓。

1978年以后,中国开始进行改革开放,在国民经济调整中,水利资金投入被大大削减,湖南水利基础建设投资从1978年GDP的0.54%,到"六五"期间降低为GDP的0.29%,

"七五"期间下降至 0.23%，"八五"期间更进一步下降至 0.13%（图 3-1）。这一阶段,水利建设重点除确保洞庭湖治理、少数大型水库工程外,其他以一些工程量小、投资少、见效快的配套工程为主,这一阶段的成就主要体现在:

(1)洞庭湖区重点垸一、二期治理相继启动实施。在 1980 年水利部召开的"长江中下游防洪座谈会"的会议精神指导下,洞庭湖区相继启动了重点垸一、二期治理工程。1986—1996 年,实施洞庭湖一期治理,共完成土方 2.32 亿 m^3,石方 316.81 万 m^3,混凝土 103.53 万 m^3,主要是对重点堤垸进行堤防除险加固,对蓄洪安全设施、洪道整治进行试验性建设,改善防汛通信报警设施。通过工程的实施,湖区 11 个重点垸 1191km 防洪大堤普遍比 80 年代以前加高了 1～2m,加宽了 2～3m,可以基本保证在 1954 年洪水位情况下不漫堤,24 个蓄洪垸紧急救生转移、安全建设得到加强,较大地提高了湖区堤防的抗洪能力,在洞庭湖区抗御 1995 年、1996 年、1998 年、1999 年几次特大洪水中发挥了重大作用。1994 年湘江流域出现了百年不遇的高洪水位,湖区没溃一个重要堤垸。一期治理工程完工后,1996 年随即启动洞庭湖区二期治理工程。

(2)控制性枢纽工程在应对特大洪水时开始发挥重要作用。这一阶段工程建设步伐虽有所减缓,但部分重点工程,如 1979 年凤滩水库、1982 年铁山水库、1988 年东江水库、1990 年株溪桥水库、1996 年五强溪水库等水利枢纽工程的实施,水库工程总库容从 1978 年的 134 亿 m^3 增加至 1998 年的 351 亿 m^3,提高了 2.6 倍,这些水利工程建设在防灾减灾中逐步发挥出重要的作用。1998 年,湖南省遭受了一场仅次于 1954 年的全流域大洪水,7 月下旬,当城陵矶水位达到 35.48m 时,五强溪、柘溪、凤滩三大水库 5 天内拦洪 27 亿 m^3,使城陵矶水位降低约 1m,为下游夺取防洪斗争的决定性胜利作出了重要贡献。

(3)工程建设重点由新建逐步向技术改造转变。湖南省是全国建成水库最多的省份之一,水库总数约占全国的 1/7,这些工程大多数是 20 世纪 50 年代、60 年代兴建的,由于时间、财力、物力不足,加之后期管理工作跟不上,不少水库长期带病运行。1973—1983 年,通过对湖南省水库进行"三查三定",发现枢纽工程发病率高达 50%。70 年代中期开始,湖南省开始着手紧抓水库除险安保工作,至 1996 年止,全省共投资 2 亿元(其中群众自筹 1.1 亿元),处理加固病险水库 6789 座次。1996 年,湖南省再次通过摸底调查,仍有病险水库 3400 多座,省委省政府提出"不把危险水库带入 21 世纪"的奋斗目标,全省集中人力、物力、财力,加大力度进行病险水库治理,1997—1999 年全省共投入治理资金 5.53 亿元,其中国家投入 7900 万元,共治理大中型病险水库 125 座,治理小型病险水库 4018 座次。3 年的水库除险加固歼灭战,实现了社会效益和经济效益双丰收,在湖南省遭遇 1998 年特大洪水时,除险加固后的水库都经受住了严峻考验,实现了保库保安全的目标。

这一时期的建设,水利投入虽然有所减少,但投资方向集中在一些重点工程和见效快的配套工程上。这些工程的实施,在遭遇 1994 年、1995 年、1996 年和 1998 年大洪水时,为保证人民生命财产安全发挥了重要作用。

第三阶段(1999—2010 年):防洪抗旱减灾能力提升刻不容缓,防洪减灾工程建设大力开展。

连续经历 1994 年、1995 年、1996 年和 1998 年大洪水之后,依据《中共中央、国务院关于灾后重建、整治江湖、兴修水利的若干意见》(中发〔1998〕15 号),湖南利用中央国债、地方转贷和地方配套资金大幅度增加水利投入,其中大部分用于防洪减灾工程建设。1999—2010 年,用于防洪抗旱工程建设的投资占同期水利基建总投资的 64%。这一时期,大批防洪工程建设项目相继实施,主要取得了如下成就:

(1)洞庭湖区二期治理全面展开。1998 年长江大洪水后,洞庭湖治理步伐全面加快,组织实施了洞庭湖区 11 个重点垸堤防加固和南洞庭湖、藕池河洪道整治三个单项工程,完成投资 32.214 亿元,完成大堤加培长度 398.36km,新修堤顶公路长度 913.39km,护坡护脚长度 737.78km,涵闸改造 668 处,砍矶护岸 10.92km,洪道疏挖 6.99km,削矶护坡护脚 42.27km,新修大堤 0.5km;组织实施长江干堤堤防加固 142km,完成干堤培修 136km,新建堤防 6km,护坡 40km,护脚 45km,填塘固基压浸 120km,涵闸整修接长 65 处,大堤灌浆 134km,堤基础防渗 5km,防汛公路 141km,完成总投资 18 亿元;组织实施蓄洪安全应急工程,主要完成城西垸、民主垸、安澧垸、大通湖东垸、共双茶垸及钱粮湖等垸的建设,共完成投资 5.3 亿元,修建大小安全台 41 处,安全区 4 个;组织实施湖区河湖疏浚工程,结合一般垸堤防加固工程,共疏挖河湖土方 4628 万 m³,拆迁房屋 43 万 m³,国家投入国债专项资金 4 亿元;组织实施了平垸行洪、退田还湖、移民建镇工程,从 1998 年起至 2005 年共完成 15.8 万户、55 万人的搬迁任务,完成移民迁建投资 26.5 亿元,同时国家投入资金 2.4 亿元实施了平垸行洪巩固工程,建成澧南、围堤湖、西官三处大型分洪闸,完成 112 处双退垸的阻洪堤坝的平废;组织实施大型排涝泵站更新改造,湖区明山等 29 处大型排涝泵站纳入国家大型排涝泵站更新改造计划,总投资 15.65 亿元,其中国家安排投资 8.3 亿元。通过上述工程建设,洞庭湖区 11 个重点堤垸基本达到 10 年一遇防洪标准,沿堤管理单位办公及居住条件明显得到了改善,堤垸内人民的生产生活更加稳定和安全,因洪灾所致的损失大大减小。

(2)"四水"流域治理步伐逐步加快。新中国成立以来,由于投入不足,山丘区防洪体系建设速度慢、标准低,1998 年以前大部分城市还处于未设防或半设防状态。1998 年长江大洪水后,湖南省开始着手"四水"重要堤防工程的建设,在科学规划、统筹安排的基础上,加大了湘资沅澧四水综合治理力度。2000 年,湖南省水利水电勘测设计研究院根据四水防洪保安的实际需要,分水系编制了《湘、资、沅、澧治理重要堤防工程可行性研究报告》,共规划实施防洪保护圈堤防长度 807km。可研报告编制完成后,在国家投入的资金推动下,湖南省通过利用日元贷款、亚行贷款、世行贷款等国际资金同时,地方积极自筹配套,使可研的部分项目内容得以立项实施。但实际投入治理的资金与需要的资金差距甚大,许多项目难以形成封闭的保护圈,故于 2008 年,湖南省水利厅再次委托湖南省水利水电勘测设计研究总院,对原可行性研究报告进行修编,于 2009 年 7 月正式提交《湖南省湘、资、沅、澧"四水"重要河段治理工程可行性研究报告》,确定纳入本次"四水"重要河段治理工程的,有 53 个市县(区)的

53 个项目区,105 个保护圈。至 2011 年年底,共启动实施 187 处"四水"治理工程项目,治理堤防长度 1035km,涉及防洪保护圈 145 个,防洪保护区人口 973 万,防洪保护区面积 21665km²,共下达项目投资计划 23 批次 34.17 亿元,完成投资 33.53 亿元。"四水"治理项目实施后,流域防洪标准得到了大幅提高,以娄底市城市防洪工程为例,项目实施后,城市防洪能力由原来的 5 年一遇提高至 50 年一遇,排涝能力由原来的零防御能力提高至 10 年一遇。

(3)病险水库除险加固工程成效显著。1998 年长江大洪水后,国家加大投资力度用于病险水库除险加固,湖南省上下按照全面规划,统筹安排,突出重点,分期实施的原则,治理了一大批病险水库。1998—2010 年,湖南省累计除险加固水库 1184 座,其中大型水库 13 座,中型水库 238 座,小型水库 933 座。治理的大型病险水库包括官庄(1998 年)、王家厂(1998 年)、水府庙(1998 年)、酒埠江(1998 年)、黄石(1998 年)、株树桥(1999 年)、欧阳海(2000 年)、青山垅(2001 年)、双牌(2001 年)、黄材(2002 年)、竹园(2002 年)、铁山(2003 年)、六都寨(2009 年)共 13 座。经过这一阶段的治理,在面临 2002 年、2003 年、2010 年大洪水时,除险加固后的水库全部经受住了洪水的考验。

(4)湖南省防灾减灾体系不断完善。截至 2010 年底,湖南省共建成 4 级以上堤防长度 5879km(图 3-2),水库 13349 座(图 3-3),总库容 427 亿 m³(图 3-4),各类防灾减灾工程在防洪抗旱中发挥了极为重要的作用,湖南省溃垸处数、垮坝座数、因灾死亡人口等损失显著下降。东江水库从 2007 年开始连续向湘江中下游应急补水,保障长株潭地区用水安全;在湖南省遭遇 2003 年大洪水时,各类水库共拦蓄洪量 32.8 亿 m³,减免受灾面积 210 万亩,减免受灾人口 160 万,减免各类经济损失 57 亿多元。

经过这一时期的建设,湖南省初步形成了水库、堤防、灌排泵站、引排水闸、蓄滞洪区、河道治理等工程措施与水文预报、水库调度、山洪灾害预警等非工程措施相结合的防灾减灾体系。

第四阶段(2011—2018 年):全面提升防洪抗旱减灾能力,逐步完善防洪减灾体系。

2011 年"中央一号文件"将防洪抗旱减灾工作提到一个新的高度,指出"洪涝灾害频繁仍然是中华民族的心腹大患"。2011 年之后,防洪抗旱减灾的理念以"兴利除害结合,防灾减灾并重"为指导思想,全面推进防洪减灾体系建设。这一阶段,各类防灾减灾措施持续不断的建设,主要取得如下成就:

(1)洞庭湖区积极应对江湖关系变化。长江中上游三峡等控制性枢纽工程的建成运行,导致江湖关系发生重大调整,给长江中下游,特别是洞庭湖区防洪、灌溉、供水、水生态环境等带来了一系列影响。为应对江湖关系变化影响,洞庭湖区 2009—2011 年实施了钱粮湖等三大垸围堤加固工程,概算总投资 11.46 亿元,到位资金 9.36 亿元,其中中央到位投资 7.6 亿元,省级配套 1.76 亿;2010—2019 年实施了围堤湖等 10 个蓄洪垸堤防加固工程,概算总投资 32.42 亿元,到位资金 19.85 亿元,其中中央到位投资 16.2 亿元,省级配套 3.65 亿元;2011—2012 年实施的麻塘垸堤防加固工程,概算总投资 0.95 亿元,共计到位

0.48亿元,全部为中央投资;2014—2019年实施了安化等9个蓄洪垸堤防加固工程,概算总投资22.28亿元,共计到位14.90亿元,其中中央投资到位11.10亿元,省级到位3.80亿元;2014—2015年实施的华容河治理工程,概算总投资1.38亿元,共计到位1.01亿元,其中中央投资到位0.83亿元,省级到位1.80亿元;2014年开始实施了钱粮湖等三大垸蓄洪安全工程(包括三大垸安全建设一期工程、分洪闸工程)建设,概算总投资36.05亿元(因物价上调等因素,省政府同意调整概算15.8亿元),已到位28.41亿元,其中中央投资到位20.41亿元,省级到位8亿元;2011—2019年实施的大型灌排泵站更新改造工程,概算总投资9.36亿元,共计到位6.30亿元,其中中央投资到位5.61亿元,省级到位0.69亿元;2012年开始实施的三峡后续工作,已到位15.07亿元,其中中央投资到位13.13亿元,省级到位1.94亿元;2017年开始实施的黄盖湖防洪治理工程,已到位5.54亿元,其中中央投资到位5.29亿元,省级到位0.25亿元。持续不断地建设防洪和供水保障工程,使得洞庭湖区防灾减灾能力得到不断完善和提升。

(2)山丘区防灾减灾体系建设不断完善。湖南省继续开展湘、资、沅、澧"四水"重要河段堤防工程、城市防洪工程、中小河流治理工程、病险水库除险加固工程以及泵站更新改造工程等工程建设,启动实施涔天河扩建、莽山等水库工程和山洪灾害防治非工程措施体系建设。2010年,湖南省紧抓党中央、国务院建设山洪灾害防治非工程措施体系这一机遇,相继建成市级山洪灾害监测预警系统14套、县级山洪灾害监测预警系统110套、雨水情遥测站点3967个、图像监测站1520个、视频监测站475个、无线预警广播20914个,实现了有山洪灾害防御任务的乡镇、重点防御区域雨水情监测的基本覆盖。2013年,湖南省新编制了《湘、资、沅、澧"四水"及渌水、溇水重要河段治理可行性研究报告》,纳入该规划的县市区共计126个,纳入规划的新建堤防、防洪墙、已建土地加培、护岸护脚护坡,岸坡整治、河道疏浚等总长约1385.05km,该可研规划投资约138.06亿元,目前该可研规划已下达投资约67亿元。2011—2019年,共治理病险水库11526座次,其中大型病险水库4座,中型病险水库39座,小型病险水库11483座次。截至2018年,湖南省已闭合城市防洪保护圈152个,形成完整闭合圈80个,占285个规划保护圈的28.1%;共建成4级以上堤防7863km;水库数量达到14096座,总库容514亿m³;治理河段长度8716km。

(3)湖南省防灾减灾能力得到全面提升。各类防灾减灾工程措施与非工程措施的不断完善和联合调度运行,使得湖南省防灾减灾能力得到全面提升,水旱灾害损失持续下降(图3-5、图3-6),工程供水能力持续提升,年均因灾死亡人口(图3-7)、年均溃垸个数(图3-8)、年均溃坝座数(图3-9)均为新中国成立以来最低。在遭遇2011年夏伏旱时,五强溪等大型水库汛期提前拦蓄洪水10.43亿m³;在遭遇2013年夏秋连旱时,湖南各大型水库为下游应急补水15.21亿m³;在遭遇2017年全流域大洪水时,洞庭湖最大入湖流量(81500m³/s,7月1日)、出湖流量(49400m³/s,7月4日)均为新中国成立以来最大值,湖区3471km一线大堤全线超警戒水位,1/3堤段超保证水位,湖南无一处水库溃坝,无一处堤垸溃垸;2016年7月17日,古丈县南部默戎镇5小时内降雨量达204mm,1小时内降雨量达105mm,通过提前预警,及时疏散牛鼻村排几楼组冒水坡体下方 5 户 26 人,当约 1 万 m³ 的泥石流倾泻而下,瞬间冲毁房屋 5 栋 14 间,但无一人伤亡,被媒体誉为"山洪防御的默戎奇迹";2017 年 6 月 24 日,麻阳县兰里镇降雨达 196.90mm,通过提前疏散该镇新营村一组位于低洼地区 54 户村民,当河水暴涨,该村一组房屋全部被淹,但群众安全无恙。

经过这一阶段的建设,湖南省防洪减灾能力得到全面提升,重点城市和防洪保护区防洪能力明显提高,抗旱能力显著增强,全面完成山洪灾害易发区预警预报系统建设,基本建成了以水库、堤防、灌排泵站、引排水闸、蓄滞洪区、河道治理等工程措施与水文预报、水库调度、山洪灾害预警等非工程措施相结合的防灾减灾体系,基本具备了防御新中国成立以来最大洪水的能力,防洪抗旱减灾的安全性需求基本得到满足。

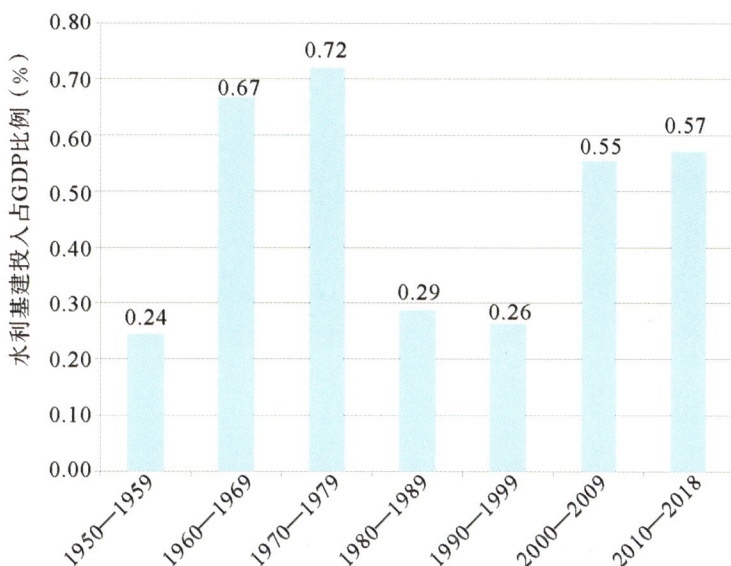

图 3-1 水利投入与 GDP 占比图

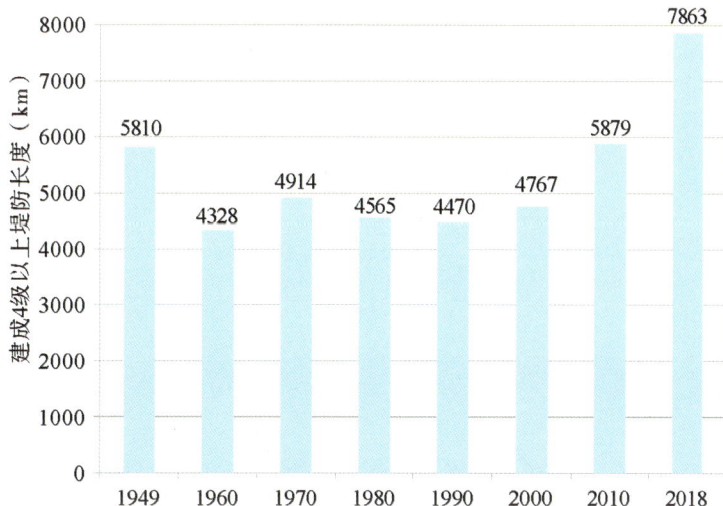

图 3-2 湖南省 4 级以上堤防长度

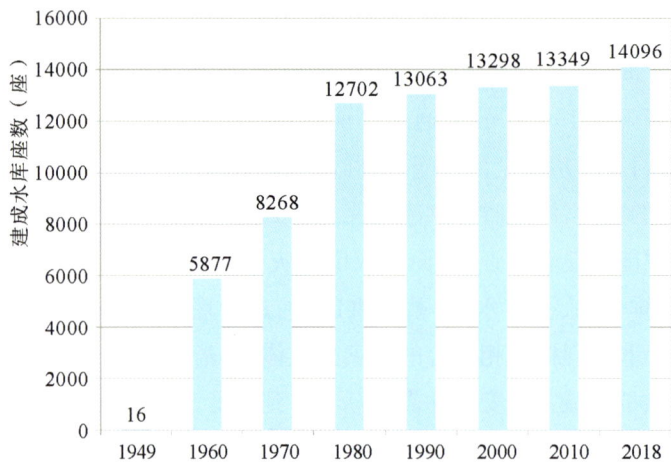

图 3-3　湖南水库数量

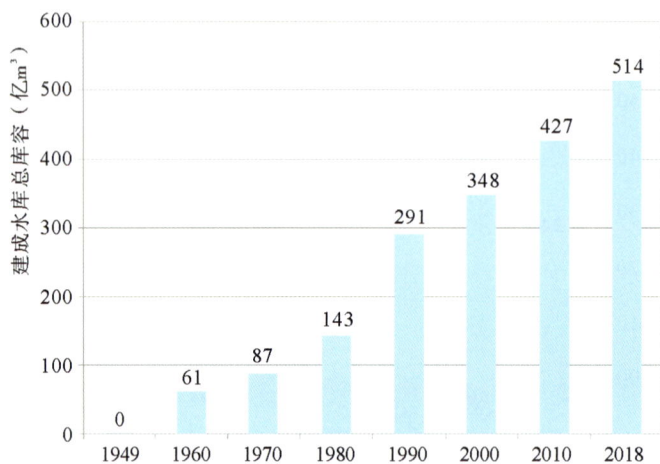

图 3-4　湖南水库总库容

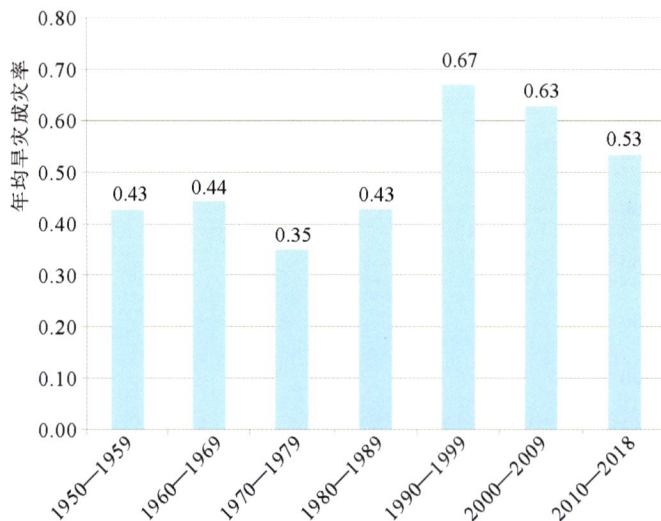

图 3-5　湖南年均旱灾成灾率

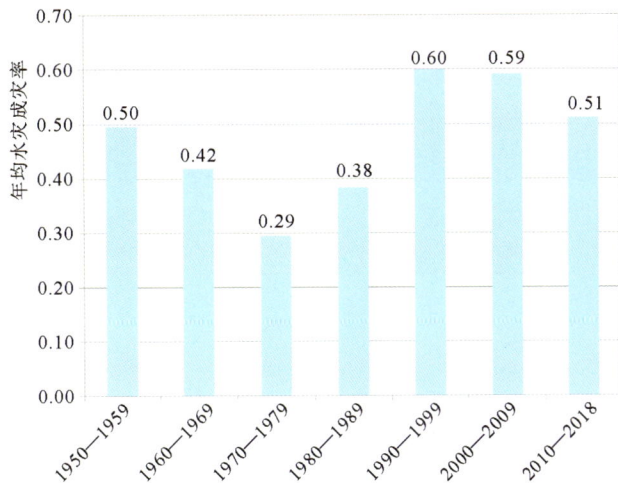

图 3-6　湖南年均水灾成灾率

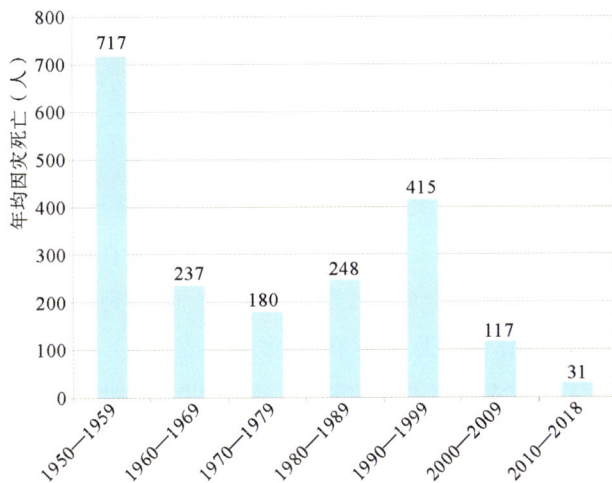

图 3-7　湖南年均因灾死亡人口

图 3-8　湖南年均因灾溃垸个数

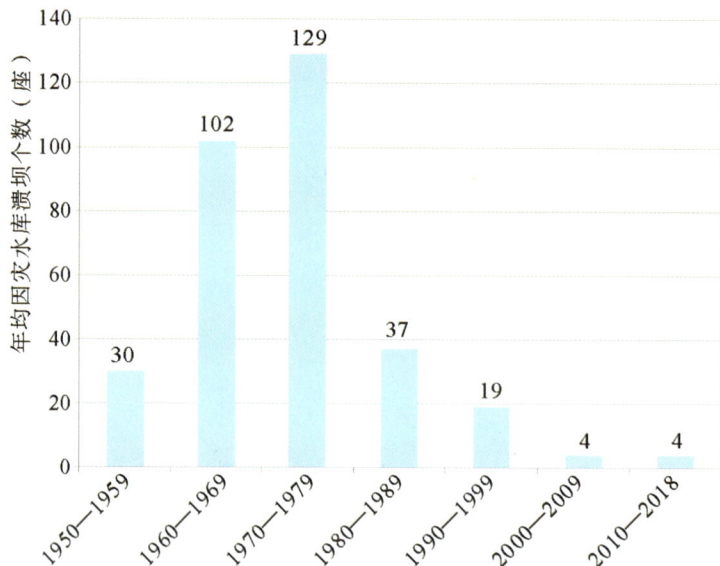

图 3-9　湖南年均因灾水库溃坝个数

3.1.2　农田水利

湖南农业,历史悠久,源远流长,道县玉蟾岩出土的稻谷、澧县城头山古遗址等表明早在6000 多年前,中华民族的先祖便在三湘大地进行农耕生活。在唐代,湖南已成为"九州粮仓",曾有"天下不可一日无湖南""今天下江淮为国命"之局面,到清朝民国,洞庭湖水系广阔肥沃的河谷与平原更享有"湖广熟、天下足"的美誉。

自古以来,水利对于湖南农业生产举足轻重。农谚讲:"有水无肥一半谷,有肥无水望天哭""多收少收在于肥,有收无收在于水"。有研究表明,在影响粮食生产的诸多要素中,水的增产效用最为突出,一亩水浇地的收益是一亩旱地的 2～4 倍,水利对粮食生产的贡献率达到 40% 以上。习近平总书记指出:"人的命脉在田,田的命脉在水。"水利是农业的命脉,不言而喻。因此在 2000 多年前就有了农田灌溉,从远古的田间沟坑灌溉,经秦汉以灵渠为代表的引水灌溉,唐、宋至清朝、民国的"陂塘较多"塘坝蓄水灌溉,发展到如今的防洪抗旱兼备、蓄引提相结合的综合灌溉系统。新中国成立以来,湖南农田水利实现了从单纯扩大灌溉面积到农业发展与灌溉效益协调发展的转变,取得的主要成就如下。

第一阶段(1949—1978 年):初步建设期,扩大农田灌溉面积。

湖南历代修建的塘陂堰坝受当时社会制度和小农经济的限制,大都各立门户,分散割裂,引用单一水源且不互通有无。新中国成立后,这种水源私有和不互通有无局面已不能适应新的生产关系。宁乡县万寿山乡白马桥农业社在 50 年代中期的灌溉管理工作中采取打破原有单塘独坝的灌溉区域措施,根据全社地形水系和塘坝分布并按照蓄缺用盈、调剂使用的原则,将全社划分为 13 个灌区,做到以沟串塘,隔山引水、以坝灌塘、借塘渡水,既互通有无又提高了塘坝的复蓄能力,既改善了用水秩序、减少了管理人员还扩大了灌溉面积,万寿山的经验不仅在当时塘坝管理中得到推广,还对灌区工程的规划设计提供了新的启示。1964 年韶山大型灌区开始建设,利用水府庙大型水库 5 亿多立方米水源,从洋潭河坝引水灌溉湘潭、长沙农田 100 多万亩,用 1840km 干、支渠组成蓄、引、提和大、中、小水库相结合的"长藤结瓜"式灌溉网,最大限度地挖掘了水源能力和工程潜力。韶山灌区的经验很快在湖南得到推广,大大促进了全省灌区建设,并给"灌区"的涵义赋予了新的内容,一些原为单一水源的灌区已都通过渠系调整改造成多种水源。在此期间,为响应党和政府提出"全党全民大办农业""各行各业支持农田水利基本建设"的号召,农田水利基本建设在整个国民经济建设中占有重要地位,水利基建投资占国家基建投资的 7%左右,灌溉、排涝等农田水利基础设施投资占水利投资的 30%～40%。伴随着"大跃进""农业学大寨"两个政治运动,农民大规模投工投劳兴建了水库、电排、电灌、渠道等一大批农田水利工程,为农业生产的恢复和农田灌溉发展打下了良好的基础。截止到 1978 年底,湖南有效灌溉面积由新中国成立初的 1800 万亩增长到 4037 万亩,建成万亩以上灌区 387 处,其中大型灌区 10 处,依次为王家厂、洒埠江、黄材、双牌、韶山、黄石、欧阳海、青山、青山垅、大圳。

第二阶段(1979—1998 年):恢复性发展时期,农业灌溉事业缓慢前进。

1979 年以后,随着改革开放的进行,农田水利建设认知开始出现分歧,一种观点认为农田水利建设"投入大,浪费大,效益不好"。在这种观点的影响下,农业灌溉受到很大影响,湖南水利建设投资持续减少,基建工程以工程量小、投资少、见效快的配套工程为主,有效灌溉面积从 1978 年 4037 万亩减少至 1998 年 4013 万亩,不增反减。20 世纪 80 年代中期,国家采用以工代赈的方法,支持贫困地区的基本农田、小型水利、乡村道路、人畜饮水、小流域治理等基础设施建设。自 1987 年起,国家从每年收取的耕地占用税中拿出一定比例用于土地开垦和中低产田改造,提高农业综合生产能力,称为"农业综合开发"。农业综合开发资金的60%～70%用于灌区节水配套改造。"农村义务工"和"劳动积累工"成为小型农田水利建设投入的重要力量,这两项制度一直延续到 20 世纪初农村税费改革,在巩固和加强农田水利基础设施方面发挥了至关重要的作用,依托此制度兴建了六都寨大型灌区,农业灌溉事业缓慢前进。

第三阶段(1999—2010 年):大投入大建设黄金期,大力发展节水灌溉。

为贯彻落实党中央提出的"要大力发展节水农业,把推广节水灌溉作为一项革命性措施来抓,大幅度提高水的利用率,努力扩大农田有效灌溉面积"的指示精神,1999 年 8 月,水利部正式下达了《关于开展大型灌区续建配套与节水改造规划编制工作的通知》(水农〔1999〕459 号),水利水电规划设计总院编制完成了《全国大型灌区续建配套与节水改造规划报告》。按照水利部总体部署,湖南省完成了《湖南省大型灌区续建配套与节水改造总体规划》并经水利部审查,首批 14 处大型灌区列入全国大型灌区节水改造规划,并实施了 21 处大型灌区(含打捆灌区)、42 处中型灌区的续建配套与技术改造,累计投资 11.9 亿元。国家农业综合开发、国土资源部土地整理、中国中烟工业总公司基本烟田建设、财政部、水利部大中型灌区节水改造、小型农田水利重点县建设等多渠道资金投入农田灌排设施建设,使得中小型灌区状况也得到较好改善。湖南省 2000 年后开始推进灌区水管体制改革,2005 年起,推行"用水者协会"运行管理机制,2009 年,大型灌溉排水泵站更新改造项目开始下达投资计划。至 2010 年,我省灌区渠系水利用系数达到 0.55,灌溉水利用系数达到 0.48,灌溉保证率提高 5%～10%。

第四阶段(2011—2018 年):快速发展期,农业发展与灌溉效益协调发展。

2011 年"中央一号文件"是我国水利改革发展史上的纲领性文件,该文件明确指出:"要把水利工作摆上党和国家事业发展更加突出的位置,着力加快农田水利建设,推动水利实现跨越式发展。"湖南作为全国水利改革试点省,坚决贯彻落实"中央一号文件"精神,采取更加有力的措施加快水利改革发展的步伐。在此期间,湖南有 95 个县列入国家小农水重点县建设,完成了 14 个农村河塘整治项目和 14 个高标准农田水利项目、整修骨干山塘 30 万口,改造小型灌排泵站 2 万处,整修小型渠道 2 万 km,新增和恢复小水池(水窖)2 万口,新增、恢复和改善灌溉面积 1220 万亩,新增蓄(提)水能力 5.88 亿 m³,大力推进农田水利生态化、标准化、信息化建设。随着国务院颁布《农田水利条例》,湖南省委省政府下发《关于进一步加强小型农田水利建设的意见》。突出抓重点、补短板、强弱项、夯基础,水利战略地位进一步提升,治水思路进一步完善,水利发展进入黄金时期。有效灌溉面积由 2010 年灌溉 4122 万亩发展到 2018 年的 4746 万亩(图 3-10),有效灌溉面积年均净增 78 万亩,有效灌溉面积占耕地面积的比重约 78.5%,现状农田有效灌溉面积居全国各省的前列,节水灌溉面积达 650 万亩,总蓄引提水量由 1949 年的 56 亿 m³ 提高到 2018 年的 357 亿 m³,增加约 6.4 倍,灌排保障能力大幅提高。截至 2018 年,湖南已建有大中小各类灌区 73855 处,其中 30 万亩及以上的大型灌区有 23 处(西湖、岩马、武水 3 处灌区为水利普查后新增大型灌区,尚未纳入国家大型灌区续建配套与节水改造规划),1 万亩以上中型灌区 661 处,50 亩以上小型灌区 73171 处。小型渠道 51.14 万 km(其中规模以上灌区渠道长度 19.7 万 km),渠系建筑物 56.69 万处,排水沟道共 2.9 万条,排水建筑物 5.8 万座,衬砌防渗渠道长度 3.86 万 km。

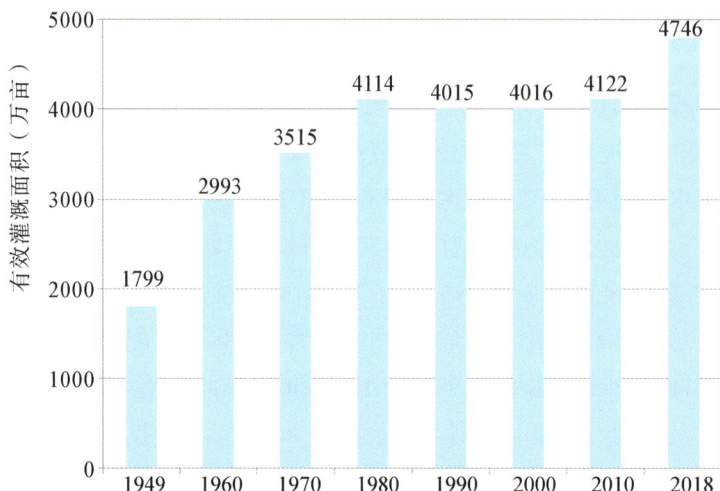

图 3-10 湖南有效灌溉面积

3.1.3　饮水安全

新中国成立之前,湖南供水工程缺乏、供水能力低下,人民群众饮水困难。70 年来,湖南水利事业始终坚持以人民为中心,大力发展民生水利,切实解决城乡居民饮水安全。根据饮水安全标准的提升和工作重心的转变,分别阐述不同阶段农村安全饮水建设成就。

第一阶段(1949—1978 年):结合兴修水利,自发性地解决饮水困难问题。

湖南从 20 世纪 50 年代末期开始,结合大规模蓄、引、提等灌溉工程建设,在大范围内启动农村人口饮水解困工程建设,让一些地区的农民告别了"无水喝"的历史。截至 1978 年底,湖南省累计解决 104 万人、51 万头牲畜的饮水困难。

第二阶段(1979—1998 年):解决农村饮水困难问题起步阶段。

1980 年春,原水电部在山西阳城县召开第一次农村人畜饮水座谈会,着手解决农村饮水困难问题,并于 1984 年批转了《关于加快解决农村人畜饮水问题的报告》和《关于农村人畜饮水工作的暂行规定》。1985 年 10 月,省水利厅发出《关于做好"七五"期间人畜饮水规划的通知》,对规划工作进行了布置,出动干部、区乡水利员 3000 余人,核实缺水人数由年报剩余 88 万人增加到 237 万人。1986 年水利电力部印发《关于使用棉、布解决农村人畜饮水困难的管理暂行办法》,"七五"期间(1986—1990 年),国家拿出一部分棉花和棉布以工代振支持贫困地区解决农村人畜饮水工程。1996 年根据"九五"规划对原有人畜饮水的数量进行调整,调整人数 231 万人,大牲畜 203 万头,缺水人数由年报 463 万人增加到 693 万人。至 1998 年,湖南累计解决人畜饮水困难人数 441 万人,大牲畜 280 万头。

第三阶段(1999—2010 年):农村饮水工作重点从饮水解困向保障饮水安全过渡。

水利部农水司以农水供〔2000〕17 号文下发关于编制《解决农村饮水困难"十五"规划》的函,解决农村饮水困难正式纳入国家重大规划,农村饮水工程建设资金投入逐步增加,湖南有 120 万人列入第一期规划。截至 2004 年,基本实现了从喝水难到喝上水的目标。

2005 年,中央人口资源环境工作座谈会上,胡锦涛总书记明确指出,当前和今后一个时期,"水利工作要把切实保护好饮用水源,让群众喝上放心水作为首要任务"。农村饮水安全问题引起党中央国务院高度重视,农村饮水工程重点从饮水解困转向饮水安全,省委、省政府专题部署湖南省农村饮水安全工作。"十一五"期间,湖南新建、改扩建工程 19003 处,解决了 1009 万人的饮水安全问题。

第四阶段(2011—2018 年):农村饮水工作重点从保障饮水安全向巩固提升转变。

"十二五"期间,湖南省继续加大力度实施饮水安全工程,先后有铁山水库、东江水库、株树桥引水工程、嘉禾县城乡供水一体化等一大批重点饮水工程开工建设并投入使用,湖南省新建、改扩建饮水工程 7728 处,解决 2438 万人的饮水安全问题。到 2015 年底,湖南省全面完成"十一五""十二五"规划目标任务,超额完成洞庭湖区规划 256 万人的农村饮水安全工程建设,农村长期存在的饮水不安全问题基本得到解决。

为进一步提高农村饮水安全保障水平,"十三五"期间国家实施了农村饮水安全巩固提升工程,省人民政府批复同意了《湖南省农村饮水安全巩固提升工程"十三五"规划》,通过采取新建、改扩建、配套、联网升级等措施,全面提升农村供水规模、效益和水质。2016—2018年,湖南省共兴建农村饮水安全巩固提升工程 10584 处;巩固提升农村饮水安全人口 1100万,其中建档立卡贫困人口 440 万。

当前,湖南省农村饮水安全巩固提升工程建设如火如荼,供水保证率、水质达标率、自来水普及率不断提高,不断满足了人民群众日益提高的饮用水需求。

3.2 水利经济性需求建设

3.2.1 国民经济用水

新中国成立以来,国民经济用水从最初的粗放式"以需定供"用水到集约型"以供定需"用水,逐步趋于实现经济增长与用水量"脱钩",即用水"零增长"。以下根据不同时期用水量、用水结构以及用水效率的变化情况,总结国民经济用水不同阶段所取得的成就。

第一阶段(1949—1978 年):用水总量快速增长,用水效率低。

这一阶段用水总量快速增长,从 1949 年的 56 亿 m³ 增长至 1978 年的 294 亿 m³,增长 5倍多,其中农业用水量占 80% 以上。其主要原因是这一阶段是灌溉农业大发展时期,农业生产活动不断发展,但灌溉方式粗放,灌溉手段落后,农业用水需求快速增长,用水总量随之快速增长。

第二阶段(1979—1998 年):用水总量低速增长,农业用水减少,工业和城镇生活用水增长较快。

这一阶段,湖南省农业用水呈现下降趋势,工业和生活用水增长较快,总用水量略有增加,农业用水量占总用水量的 72%,工业和生活用水量占总用水量的 28%。小型农田水利建设以及灌区节水改造等项目的实施,农业用水增长的势头得到有效控制。工业化水平的提高以及产业结构的调整,万元 GDP 用水量迅速下降,用水效益显著提高。

第三阶段(1999—2010 年):用水总量缓慢增长,工业与生活用水量增长依然较快,农业用水持续下降。

这一阶段,湖南省工业用水比例由 17% 增加到 28%,生活用水比例由 3.6% 增加到9.9%,而农业用水比例由 70% 下降到 60%,国民经济用水总量仅增加了约 8 亿 m³,用水效率进一步增长,万元 GDP 用水量下降至 204m³。先后有岳阳市和长沙市、株洲市、湘潭市列入全国第二、三批节水型社会建设试点市,祁东县、华容县、韶山市等 7 个县(市)列入省级节水型社会建设试点。湖南省牢牢抓住"节能减排、'两型'社会建设"的契机,大力发展节水灌溉,并积极推广节水高效农业,有效提高了用水效率,在压缩农业用水量需求方面发挥了至关重要的作用。

第四阶段(2011—2018 年):用水总量得到有效控制并趋于实现零增长。

以 2011 年"中央一号文件"为标志,随着最严格水资源管理制度的实施,用水总量得到有效控制,用水总量趋于平缓;用水效益显著提高,万元 GDP 用水量下降至 93m³(图 3-11)。这一阶段,省政府 2013 年出台实行最严格水资源管理的实施方案和考核办法,倒逼经济社会发展方式的转型升级;成功创建 2 个国家节水型城市、4 个国家级和 7 个省级节水型社会试点;累计建成节水型灌区 159 个、节水型企业 272 个、节水型机关 313 个、节水型学校 162 个、节水型居民小区 127 个,全面部署启动县域节水型社会建设。各行各业用水效率大幅提高,用水结构更趋于合理,用水总量得到有效控制并趋于实现零增长。

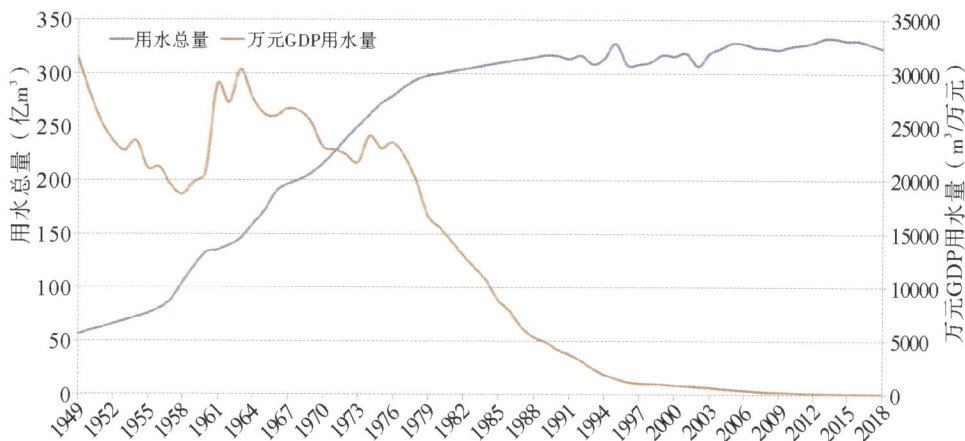

图 3-11　湖南省用水总量与万元 GDP 用水量

3.2.2　水电开发

水能作为清洁能源,在为经济社会发展提供优质电力的同时,对防洪、航运、灌溉、供水、养殖、增加当地就业岗位、发展地方经济、建设社会主义新农村、美化环境、促进旅游等第三产业蓬勃发展方面均具有积极意义。湖南水电能源在能源消费中占有相当重要的地位,水电与火电比翼齐飞共同支撑了湖南省电力工业。

新中国成立以来,湖南水电工作者艰苦创业,以不懈的追求,填补了湖南水电的空白。从 20 世纪 50 年代的湖南第一座水电站严湖水电站,到 60 年代的柘溪电站、70 年代的凤滩电站、80 年代的东江电站,再到 90 年代的五强溪电站、江垭电站和 21 世纪的托口电站,湖南水电事业从无到有,从小型到大型,实现了历史性的跨越。湖南省水电发展所取得的成就如下。

第一阶段（1949—1978 年）：起步发展阶段。

新中国成立初期，"根据中南区最近五年水利建设方针，以防洪、防旱、防涝为主"（根据水利局 1952 年 4 月编《湖南省水利建设五年计划主要工程提纲》），水能资源开发虽未提上议事日程，但在这一期间也修建了一些十几千瓦或一二百千瓦的农村小水电站，填补了历史空白。由群众自筹、地县支持兴建的第一座农村水电站是 1953 年修建的永顺县王村电站，装机 16kW。由省水利部门主持修建的最早一座水电站是 1956 年建成的南岳华严湖，装机 200kW（民国时期拟建的络丝潭原坝址上游），"一五"时期，各地还利用天然瀑布和修建的小水库及渠道跌水，兴建了一些农村水电站。1958 年，"根据工农业生产大跃进的要求，今后水利工程不仅应满足防洪、灌溉要求，而且应强调水利资源的综合利用，把发电、航运及其他工业用水放在必要的合理位置上"（据 1958 年 10 月省水利水电局编印的《洞庭湖水系流域规划要点报告》），规划了几十处具有灌溉、发电、防洪等综合效益的大中型水利枢纽，当年动土兴建属于大型水电站的有资水干流的柘溪和湘水支流耒水的东江两处，属于中型水电站的有湘水支流潇水的双牌和涟水的水府庙两处，还有以发电为开发目标的低水头径流电站白渔潭，这 5 处的设计装机容量共达 1100 多兆瓦。随着水库和水轮泵的修建，小水电建设开始有了较大发展，如衡东甘溪水电站这样"自己设计、自己制造设备、自己建设"的农村水电站如雨后春笋拔地而起，解决了一大批农村，特别是老、少、山、边、穷地区的照明问题，结束了相当一部分农村的无电历史，被称为山区的"夜明珠"。截至 1978 年底，湖南省建成大型水电站一处（柘溪），中型水电站两处（双牌和花木桥），湖南省水电装机容量已从新中国成立初期的空白，增加到了 146.4 万 kW，水电年发电量也从无到有，达到了 76.25 亿 kW·h。

第二阶段（1979—1998 年）：调整改革、整顿提高阶段。

改革开放之后，湖南省水电事业有了迅速发展，围绕加快水电建设开始了全面整顿和改革。以农村水电初级电气化县建设为重点的多级办电、多方集资办电形成热潮，"自建、自管、自用"方针使农村水电以更快速度发展。单站容量不断扩大，骨干电站越来越多，很多梯级电站上游补建了水库，提高了调节能力；地方电网开始形成并逐步加强，一般都成立了地方电力公司，对县级电网进行统一调度；管理体制和装备不断完善，效益不断提高。先后建成大型水电站两处（东江、凤滩），中型水电站六处（马迹塘、小东江、遥田、白云、高滩、南津渡）。小水电方面，湖南省从 1985 年开始，在"七五"至"九五"的 15 年间完成了三批 44 个农村水电初级电气化县建设。装机规模逐年增长。截至 1998 年末，湖南省水电总装机容量已达 510.32 万 kW，年发电量达到 195.85 亿 kW·h。

第三阶段（1999—2010 年）：改革创新、跨越发展阶段。

在继续大力兴建小型水电站的基础上，农村水电成了发展乡镇企业、县办工业，振兴县域经济，实现农村脱贫致富的突破口。进入 21 世纪，农村电气化事业相继完成"十五""十一五"水电农村电气化县建设，2001 年成立湖南省水利电力有限责任公司，成功实现农网建改资金"一省三贷"，使第一、二期农网"两改一同价"工作顺利完成，并启动县城电网改造。湖南省水电事业打破了长期以来电力工业垂直垄断经营的局面,竞争态势基本形成,并且形成了中央与众多地方、外资、民营等企业多家办电、多种所有制办电的竞争格局,企业办电的积极性高涨,相继成立了张家界水电开发有限责任公司、张家渡水电开发公司等一批民营的水电企业。"十五"特别是"十一五"时期,湖南省重大水电项目建设有序推进,流域水电规划全面展开,移民环保工作不断创新。2001年联合国工业发展组织国际小水电中心在湖南省郴州市设立国际小水电郴州基地,这是国际小水电中心在全世界设立的第一个基地。截至2010年末,湖南省水电装机容量增至1299万kW,年发电量375亿kW·h。

第四阶段(2011—2018年):继往开来、开拓创新阶段。

通过"政府引导,政策扶持,统一规划,市场运作,股份制开发"的农村水电发展模式,并结合江河治理、扶贫开发和环境保护,农村水电进入历史上发展最快、最好、最有成效的时期。这一时期最突出的特点就是农村水电建设的资金主要来自市场,以民营投资为主,广泛采取股份制的形式合资合作开发农村水电,极大地解决了过去农村水电发展中的资金瓶颈问题,掀起了一股农村水电开发热潮。农村电气化事业进入新阶段,在完成"十二五"30个县的农村水电初级电气化县建设的同时,实施了"十二五""十三五"增效扩容工程项目、小水电扶贫项目和小水电代燃料生态工程试点。截至2018年底,湖南省水电装机容量达到1603万kW(图3-12),多年平均发电量488亿kW·h(图3-13),湖南省水电装机容量居全国前列,其中小水电装机637.5万kW,约占全国小水电装机的10%。在建设能力上,湖南水电亦走向世界,湖南省水力发电技术骨干队伍的足迹已在东南亚、非洲、东欧、南美等10多个国家遍地开花。

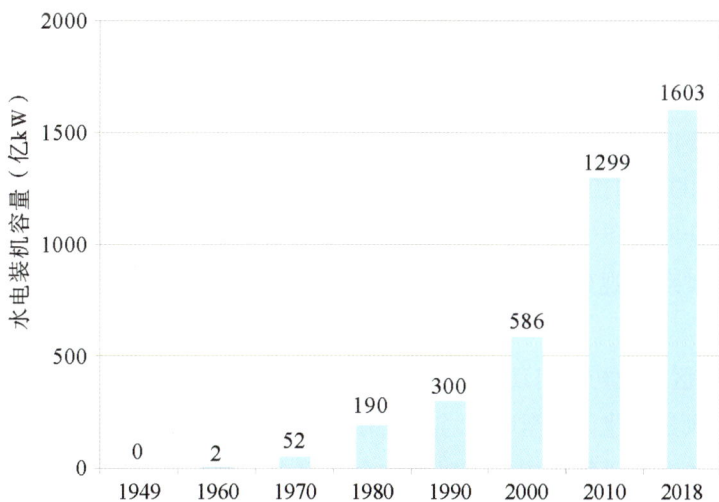

图3-12 湖南省水电总装机容量

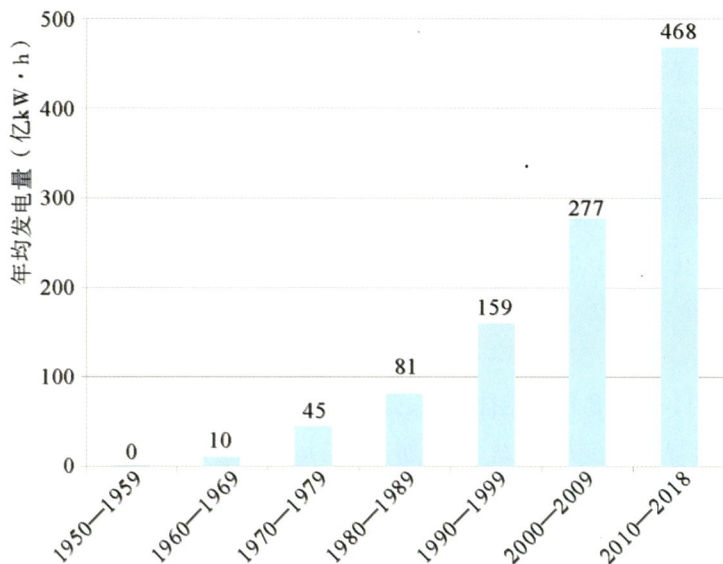

图 3-13　湖南省水电年均发电量

3.3　水利舒适性需求建设

3.3.1　水系景观

新中国成立以来,水系景观演变和发展实现了从无到水系风景名胜景点建设,再拓展为城市水系景观建设,最后融入当地特色的协调发展之路。现将水系景观建设成就总结如下。

第一阶段(1949—1998 年):水系景观需求尚不明显,水利景观建设投入较少。

这一阶段,湖南省经济发展水平不高,人均收入水平相对较低,水利投入集中在安全性需求上,人民群众对水系景观的需求尚不明显,水系景观建设主要依托于风景名胜区建设,总体建设较为缓慢。

第二阶段(1999—2010 年):水系景观需求开始得到重视,水系景观建设迅速增长。

随着经济社会发展和生活水平提高,人民群众对水系景观的需求也逐步增加,水系景观建设迅速增长,水系景观建设成为水利建设的新方向。经过这一时期的建设,取得如下成就:

(1)水利风景区建设初步启动。2002 年,水利部开展国家级水利风景区建设,湖南省同期开展省级水利风景区建设。至 2010 年,湖南省共建设 21 处国家级风景区、24 处省级水利风景区。这一阶段水利风景区建设主要是结合国家大中型水利工程,尤其是以水库工程为主开展建设。国家级水利风景区类型较为丰富,而省级水利风景区水库型占比则高达 92％,此时的水系景观受资金投入等影响,尚处于初步发展阶段。图 3-14 与图 3-15 展示了本阶段国家级、省级水利风景区的类型构成情况。

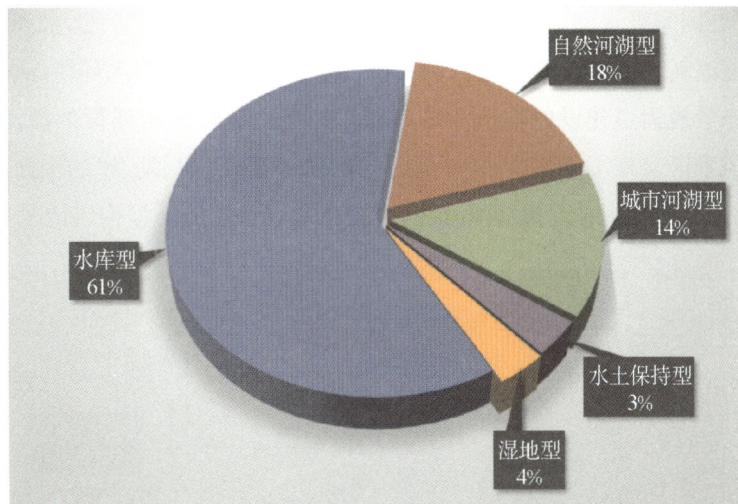

图 3-14 2010 年底湖南省国家级水利风景区各类型占比情况

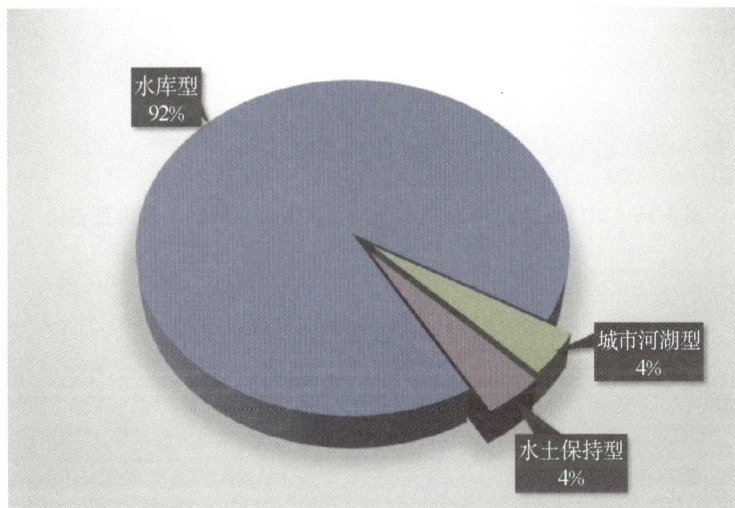

图 3-15 2010 年底湖南省省级水利风景区各类型占比情况

(2)生态环境用水量不断增加。2003 年,《湖南省水资源公报》首次将生态环境用水单独统计,当年生态环境用水 1.62 亿 m^3,占总用水量的 0.5%。至本阶段末,生态环境用水量已达 3.2 亿 m^3,占总用水量的 1%。

第三阶段(2011—2018 年):水系景观建设持续增长提升阶段。

在继续加强防灾减灾能力,加快解决农村饮水安全问题的同时,保障生态安全以及满足人们舒适性需求是这一时期的水利发展任务。水系景观建设从单调、走量,逐渐迈入了结合当地特色的协调发展之路。经过这一时期的建设,取得如下成就:

(1)城市景观用水略有下降。湖南省生态环境用水与上一阶段相比略微下降,年均用水量为 2.7 亿 m^3,占比总用水量的 0.7%,生态环境用水量及占比均略有减少。

(2)水利风景区多元化发展趋势明显。这一阶段,结合河道和湖库治理等工程建设,湖南省共建成 21 处国家级水利风景区、28 处省级水利风景区。这一阶段,水利风景区建设从以水库型为主逐渐转变成了各种类型协调发展,包括结合城市河湖水环境综合治理、水生态环境修复和生态景观河道建设的城市河湖型;以及结合文化、旅游建设的沿江、沿河自然河湖型。全水利风景区实现了湖南省 14 个地市(州)和主要江、河、湖、库的全面覆盖。图 3-16 与图 3-17 展示了本阶段湖南省新增国家级、省级水利风景区的类型构成情况。

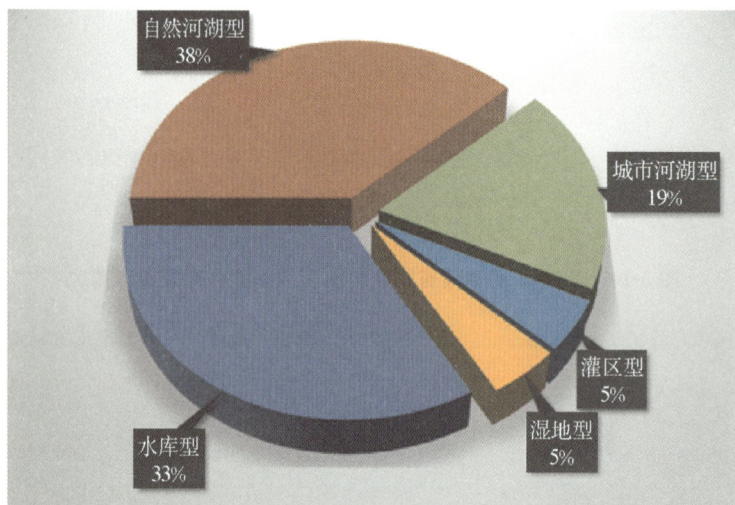

图 3-16 2011—2018 年湖南省新增国家级水利风景区各类型占比

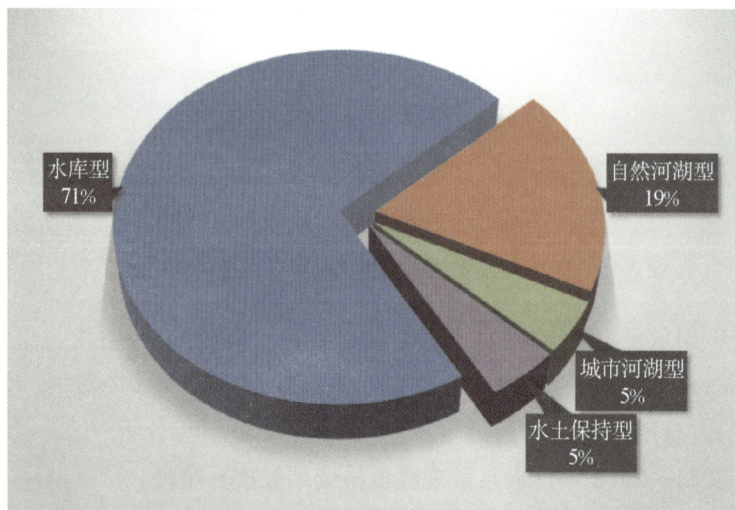

图 3-17 2011—2018 年湖南省新增省级水利风景区各类型占比

(3)开启水生态文明城市建设。随着湖南水利改革进程的不断提速、工作内涵的不断深化、社会服务功能的不断拓展,除城市供水、防洪、排涝等基本功能外,城市河湖水资源保护与优化配置、水生态修复、水环境整治、水景观打造越来越成为城市水利工作的重要任务和关键环节。水利部于 2013 年分两批启动了水生态文明城市试点,探索了不同类型的水生态文明建设模式和经验。湖南省有郴州、长沙、凤凰、芷江和株洲5个城市入选全国水生态文明城市建设试点。例如,郴州市结合南方山地丘陵区城市的特点,打造"山水名城,美丽郴州";长沙结合"山、水、洲、城"的城市特点,以"一江六河"为重点覆盖全区域,打造"河畅景美、岸整水净、滩青坡绿、碧水绕城"的美好景象。

随着经济社会快速发展和人均收入的快速增长,人们对更好品质生活的追求越来越迫切,水系景观建设未来还将会经历一段时期的建设和发展,来逐步满足人们对水系景观需求目标。

3.3.2　水生态环境保护

新中国成立以来,根据人民生活理念的发展变化、经济发展水平、对水生态保护的重视程度以及满足程度,水生态环境保护不同阶段的任务和取得的主要成就各不相同。

第一阶段(1949—1978年):水生态环境保护需求萌芽时期。

新中国成立后,首先要解决的是温饱问题,以粮为纲,大力发展农业成为这一时期的特色。由于农业对土地资源的迫切需求,加之当时水生态环境质量较好,使得水生态环境保护被忽视。直至1973年8月国务院召开第一次全国环境保护会议,提出了"全面规划、合理布局、化害为利、依靠群众、大家动手、保护环境、造福人民"的32字环保工作方针,环境保护才逐步得到重视。这一阶段重点开展了以修建水保工程和荒山荒坡、营造水保林等单一防护性措施治理为主的水土保持实验示范和防治经验推广工程,湖南省共有30个县开展了试点,1966年的"文化大革命",紧接着1969—1975年开展的"农业学大寨"运动,不仅使得已经开展的重点治理区遭受破坏,而且还造成了新的水土流失。这一阶段,水土流失治理在50年代就被提上议事日程,水生态需求开始萌芽,水污染问题开始出现并逐渐受到人们关注。

第二阶段(1979—1998年):水生态环境保护恢复性发展时期。

改革开放后,人们意识到上一阶段中无序发展对水生态环境的破坏性,1983年召开第二次全国环境保护会议;1984年国务院作出《关于环境保护工作的决定》;1989年召开第三次全国环境保护会议提出"三同时"制度等8项环境管理制度;1979年颁布试行、1989年正式实施《环境保护法》;1996年召开第四次全国环境保护会议发布《关于环境保护若干问题的决定》,大力推进"一控双标"(控制主要污染物排放总量、工业污染源达标和重点城市的环境质量按功能区达标)工作,湖南省水生态环境工作逐渐步入正轨。但由于经济社会快速发展及对生态安全认识依然有限,水生态环境保护供给仍远不能满足需求,水环境和水生态恶化日益凸显。这一时期水生态环境保护工作仍集中在治理水土流失问题,20世纪80年代水土保持工作以30~50km² 小流域为单元,山水田林路全面规划,农林水牧各项措施配置到位,形成综合防治体系,实现水土资源的合理开发利用和水—土—生物运作机制协调平衡和农业的可持续发展,1979—1990年,共综合治理小流域114条,新增治理面积2790km²。20世纪90年代水土保持转向以预防为主的综合防治阶段,先后有11个县列入了国家重点工程"长江上游水土保持重点防治工程",29个县(市、区)列入国债水保项目县,13个县(市、区)列入国家生态建设项目县。这一阶段,伴随改革以来的经济发展,水生态环境迅速恶化,在较低收入水平上产生了生态修复和环境治理的需求。

第三阶段(1999—2010年):水生态环境保护得到加强。

2002年、2006年国务院先后召开第五次、第六次全国环境保护会议,作出了一系列新的重大决策部署。湖南作为全国的"有色金属之乡",百余年的开采使得许多河流的污染问题十分严重,2006年初湘江株洲段爆发的水质污染事件更使人们更清晰地意识到水生态环境保护的重要性,水生态环境保护需求大大增加。这一时期,湖南省在大力提高安全性供给的同时,水生态环境保护工作也得到了重视和加强,水生态环境恶化的趋势在这一时期得到缓解,水生态环境压力逐步得到释放,这一时期的主要工作包括:

(1)水土流失规模化治理。这一时期水土流失以国家投资为主对水土流失进行规模化治理,相继开展了长治工程、国债水土保持项目、崩岗治理、坡耕地综合治理、清洁小流域治理等专项,并开展水土保持监测网络与信息系统建设,治理投入大幅增加。这一时期年均水土保持治理面积较上一时期提高了70%。

(2)划分水功能区、加强水质监控。这一时期湖南省完成区域内大小水域的水功能区划分工作,审定水域纳污能力,并对不同水功能区提出排污总量控制。还将水质监测站点由63个增加到155个,延长监测河长84%。

(3)实施源头治理、综合治理。2002年初,湖南省出台《湖南省湘江流域水污染防治条例》,要求工业污染源都要做到达标排放。到2008年,湘江流域内660家造纸企业关停超过三分之二,郴州四大矿区198家企业全部关停到位,对源头污染起到重要的削减作用。紧接着启动"碧水湘江千里行动",投资174亿元对湘江实施流域联动综合整治。经过这一时期的治理,湖南省全年Ⅲ类以上水质河长占比提高了6%。

第四阶段(2011—2018年):水生态环境保护大力推进,迈入新的阶段。

2011年"中央一号文件"以水利为主题,提出加快水利发展,实现水资源的可持续利用。党的十八大报告将生态文明建设提高到关系人民福祉,关乎民族未来的高度。水生态环境保护观念深入人心,水生态环境保护工作大为加强,湖南省水环境和水生态恶化的趋势大为改善。这一时期水生态环境保护工作的主要有:

(1)湘江保护"一号重点工程"。湘江是湖南人民的母亲河,流域覆盖了湖南省40%的国土面积,承载了60%的人口和75%的GDP,资源环境压力巨大。2013年湖南把湘江保护和治理作为省"一号重点工程",滚动实施三个"三年行动计划",举湖南省之力强力推进,取得了显著成效。通过治理,关停1182家涉重金属污染企业,实现县级以上城镇生活污水和垃圾无害化收集处理全覆盖,全面叫停湘江流域市级以上城市河段和长沙综合枢纽库区采砂行为,实现湘江沿岸500米内规模化畜禽养殖场退养,整治各类入河排污口574个,治理水土流失面积1207km²,成立"湘江保护协调委员会"和"湘江重金属污染治理委员会",实施《湖南省湘江保护条例》,湘江流域水功能区水质达标率为97.2%,达到或优于Ⅲ类水质标准的河长占评价河长的比例高达99.7%。

（2）水利工程生态化建设。湖南省目前拥有 14096 座水库,大大小小的水库承担着防洪、供水等多项重要职能。但早期对水库社会效益、经济效益的追求,水库的建设往往造成下游河道枯竭、洄游鱼类减少等问题。这一时期,通过制定最小下泄流量、增设过鱼设施及鱼类增殖站等措施改善下游水生态环境,重点针对 23 个国家级自然保护区内的大小水电站,积极推进绿色水电建设。为保障湘江流域的"四大家鱼"的洄游通道,"大鱼湾"以下的土谷塘、大源渡、株洲航电和长沙综合枢纽四个梯级,投入大量资金新建过鱼设施。

（3）河湖水系连通工程。结合近年来国家水生态文明建设要求,湖南省相继谋划并开展了以地方实际需求为导向,以水生态修复、水环境改善为目的,以"清淤疏浚、调水引流、控源截污"为主要措施的新时期河湖水系连通探索。2015—2018 年,湖南省共有 14 个河湖连通项目获中央补助。通过河湖连通建设,年新增供水量 24462 万 m³,补充生态水量 14294 万 m³,建设生态护岸 85km,增加水面 1.9km²,新增或保护湿地面积 74km²,防洪除涝受益面积共计 54 万亩。

（4）水土流失治理。这一时期,湖南省持续加大水土流失治理力度,水土流失治理面积进一步扩大,水土保持宣传工作也取得长足进步。2015 年第三次水土流失遥感调查显示,湖南省水土流失面积由第一次调查（20 世纪 50 年代后期）的 5.7 万 km² 下降至 3.7 万 km²。结合多年来的水土保持工作,启动水土保持科技示范园、国家级水土保持生态文明工程建设,作为推广和示范,麻阳、新宁、靖州相继成功申报国家级水土保持生态文明工程。到 2018 年,水土保持累计治理面积达 3.75 万 km²（图 3-18）,建有国家级水土保持科技示范园 6 个、省级水土保持科技示范园 5 个。

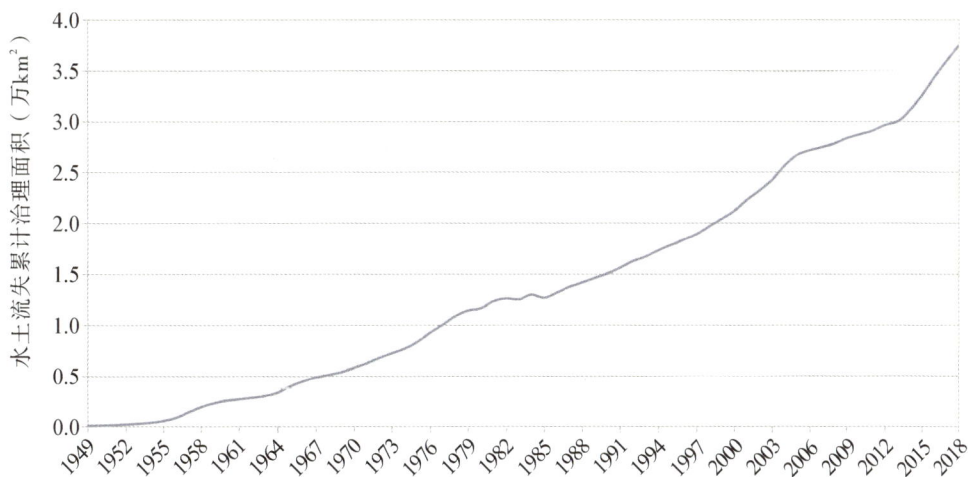

图 3-18 湖南省水土流失治理面积

4 湖南水利管理成就

4.1 水利法治建设

新中国成立以来,湖南水利法治建设经历了探索、起步、加快、完善和法治秩序全面发展五个阶段。

第一阶段(1949—1980年):水利法制探索阶段。

新中国成立后,湖南省针对洞庭湖区堤垸低矮残破和防汛力量薄弱的情况,先后颁布了一系列堤防管理文件,其中《湖南省滨湖各县人民护堤公约》(1950)提出了"爱国护堤""保堤如保命"的保堤护堤口号;《堤工手册》(1951)、《防汛手册》(1951)为洞庭湖防汛提供技术指导;1954年大洪水后,省人民委员会出台了《湖南省洞庭湖区堤防涵闸工程管理养护暂行办法》(1956)、《湖南堤垸水利修防管养组织服务规程》(1957)、《洞庭湖区修防管理委员会工作条例》(1962)等湖区水利管理规定,进一步强化湖区修防管养工作;为加强洪道管理,省人民政府发布了《关于加强洪道管理的通知》(1980),明确"洪道属国家所有"。为保证山丘区灌区工程的良性运行,保障农业生产,省水利厅1954年提出《对本省新型渠道灌溉管理工作的意见》(1954),对组织、用水、水费、养护和奖惩提出明确规定;省委和省人民委员会联合发出《关于发布灌溉工程管理暂行办法(草案)的指标》(1959),1964年颁布了《关于各种水利设施征收水费试行办法》等。为加强对机电排灌的管理,颁布了《湖南省农田排灌电力供应暂行办法》(1963年)等多项管理规定。为规范农村水电站供用电管理,1964年出台《湖南省农村水电站供用电规则(草案)》(1964);为加快推进湖南省小水电建设,中共湖南省委批转省农村办《关于加快我省小水电建设的报告》(1975)。此外,还制定颁发了一系列水利管理规定,1959年发布的《湖南省水利工程管理养护暂行技术规范》,对不同坝型和溢洪、放水、渠系建筑物的管理养护与观测工作提出了指导性的技术规定;1972年颁发《湖南省水利工程管理试行办法》。这一时期出台的各项水利管理规定,在一定程度上保障了新中国成立后湖南水利事业的有序开展,为改革开放后全省水利的迅速发展奠定了制度基础。

第二阶段(1981—1987年):改革开放初期的起步阶段。

改革开放初期,社会发展和经济建设活动出现了许多新情况、新问题,改革涉及方方面面的利益群体,急需从法律层面上进行调整、规范。湖南同全国一样,法规建设也开始起步阶段,一批有关水利的法规相继出台,对规范各种水事行为发挥了重要作用。1980—1982年省人大常委会共制定 6 部水事法规,其中《湖南省洞庭湖区水利管理条例》是湖南省第一部水利法规。1985 年,省水利水电厅设立法规组,配备干部 3 人,水利立法工作提上了议事日程。1986 年 12 月 2 日,省六届人大常委会第 22 次会议通过了《湖南省水土保持条例》。1986 年 9 月、1987 年 7 月省政府先后发布《湖南省水利工程水费收交和使用管理办法》《湖南省防汛管理办法》,至此,湖南水利法治建设逐步展开。

第三阶段(1988—2001 年):水利法治建设的加快发展阶段。

1988 年《中华人民共和国水法》颁布实施以后,湖南水利立法进入规范和完善阶段。以省水利水电厅加强水利立法的组织工作为标志,1989 年 6 月撤销省水利水电厅法规组,设立水政处,1995 年更名为水政水资源处,并明确了立法的主要职责。这一时期,湖南省先后制定和颁布了一些与《水法》相配套的规章和规范性文件。其中包括:《关于五强溪水库移民安置若干优惠政策的暂行规定》(1988)、《湖南省水利水电工程管理办法》(1989)、《关于调整水利工程水费标准的通知》(1990)、《湖南省洞庭湖蓄洪区安全与建设管理办法》(1991)、《湖南省河道采砂收费管理实施细则》(1991)等诸多规章制度。1993 年 7 月省人大常委会通过了《湖南省水法实施办法》后,湖南水利立法进入快速发展时期。1994 年 11 月省人大审议通过了《湖南省实施〈中华人民共和国水土保持法〉办法》(1994),12 月又批准通过《浏阳河管理条例》(1994);修订了《湖南省洞庭湖区水利管理条例》(1995);审议通过了《湖南省湘江流域水污染防治条例》(1998)、《湖南省实施〈中华人民共和国防洪法〉办法》(2001);批准了湘西自治州十届人大通过的《湘西土家族苗族自治州河道管理条例》(2001)。

这一时期,省政府也发布了一系列地方性的规章和条例,包括《关于印发〈湖南省征集防洪保安资金暂行规定〉的通知》(1994)、《湖南省实施〈中华人民共和国河道管理条例〉办法》(1995)、《湖南省水库和灌区工程管理办法》(1997)。此外,省计委、省水利厅、省物价局、省财政厅、省防汛抗旱指挥部等部门制定出台了 50 多个规范性文件。

第四阶段(2002—2010 年):水利法治建设的完善阶段。

进入 21 世纪,党和国家对新时期水利工作制定了一系列方针政策,湖南水利法治建设继续向前推进。2002 年颁布实施的新《水法》,将新时期党和国家治水方针政策法律化、制度化,新《水法》的颁布实施,是我国水利法治建设史上又一个里程碑,标志着水利法治建设进入一个新的发展阶段。以此为契机,湖南省积极推进水利法治建设,先后颁发《湖南省取水许可和水资源费征收管理办法》(2003)、《湖南省水资源费征收使用管理实施办法》(2009),规范水资源费的征收和使用;颁发《关于加强农村饮水安全工作的意见》(2007)、《关于加强农村饮水工程水质保障工作的通知》(2010)保障农村地区饮水安全;出台《关于我省农业水价综合改革试点项目实施与管理的意见》试点改革农业水价。另外,颁发《关于进一步加快小型农田水利产权制度改革的通知》(2007)、《湖南省小型农田水利条例》(2010)等法规制度,完善小型农田水利管理规范。

第五阶段(2011年至今):水利法治秩序的全面建设阶段。

2011年"中央一号文件"提出"水是生命之源、生产之要、生态之基",明确实行最严格的水资源管理制度,省政府先后出台了最严格水资源管理制度实施方案和考核办法,确立水资源开发利用控制、用水效率控制和水功能区限制纳污"三条红线",水资源管理自此进入最严格管理阶段,湖南水利法治秩序进入全面建设阶段:一是相继出台《关于印发湖南省最严格水资源管理制度实施方案的通知》(2013)、《关于印发湖南省实行最严格水资源管理制度考核办法的通知》(2013)、《关于印发湖南省实行最严格水资源管理制度考核工作实施方案的通知》(2015),加快落实最严格水资源管理办法;二是颁布并实施《湖南省湘江保护条例》(2013)、《湖南省入河排污口监督管理办法》(2016)、《湖南省水功能区监督管理办法》(2016),推动水污染防治和水资源保护;此外,为全面落实中央关于水利改革发展的一系列重大战略部署,推动水利建设、管理、改革"三位一体"协调并进,先后出台了《贯彻落实〈中共中央国务院关于加快水利改革发展的决定〉的实施意见》(2011)、《湖南省水利厅关于印发〈湖南省水利厅关于深化水利改革的实施方案〉的通知》(2014)。为保障全面推行河(湖)长制,2017年湖南省印发《关于全面推行河长制的实施意见》的通知,并先后出台1850项制度。

新中国成立70年来,湖南省坚持可持续发展治水思想及人与自然和谐相处的治水理念,不断加强水利法治建设,先后颁布实施了15部地方性法规,并且完善了一系列政府规章和配套法规。在全国率先试行《湖南省取水登记规则(试行)》,颁布实施的《湖南省湘江保护条例》(2013)成为全国首部关于江河流域保护的综合性地方法规,率先出台《水利财政事权与支出责任办法(试行)》(2017),建立了农田水利"以奖代补、先建后补、民办公助"建管新模式,保障了湖南水利投入稳定增长。湖南水利法治秩序逐步迈上有序规范化的道路。

4.2 水利科技发展

科技是第一生产力。新中国成立以来,湖南省围绕"治水兴湘"理念,大力实施"科技兴水"战略,不断提高水利事业科技含量,在水利科技管理、科学研究、技术开发、科技推广和成果转化等方面取得了巨大的成就,为湖南水利事业的发展提供了强有力的科技支撑。新中国成立以来,湖南水利科技经历了两个阶段:

第一阶段(1949—1977年):改革开放前的艰苦探索阶段。

改革开放前,湖南省秉着自力更生、艰苦奋斗的原则开展水利科学研究,取得了一定的水利科技成就。湖南既是农业大省,也是水利大省,新中国成立前水利基础薄弱,基本无法形成一支水利科技队伍。新中国成立后,随着洞庭湖的治理和大搞农田基本建设,由土工试验所开始,逐步形成一支拥有100多人、专业齐全的实验研究队伍。20世纪60年代,组建了独立的省水利科学研究所,虽几经分合,但终究保持了一支上百人的以农田水利和现代化技术为特色的精干科研队伍。省水文水资源局、省施工管理局、省水利学校、省水工机械厂,以及各市、州、县,虽未成立专业科研机构,但广大水利工作者将科研与设计、施工、管理、教学相结合,提出了许多高质量高水平的科研成果。1963 年,40-4-30 型水轮泵、810 型蓄水原动力、60 型煤气炉、畜力解放式水车和改良唧嘴五项新式提水工具通过鉴定并推广使用;1965 年衡阳试制水锤泵通过技术鉴定并多点安装试用;1974 年《韶山灌区》出版并全国公开发行;1977 年省水利电力勘测设计院在 1∶10 万地形图量算得洞庭湖天然湖泊面积 2740.2km²。

第二阶段(1978—2018 年):改革开放后的迅速发展阶段。

1978 年春全国召开第一次科技大会,重新确立科技在国家建设和发展中的核心地位。水利科技事业与其他领域科技事业一样迎来了"科学的春天"。湖南也迎来了湖南水利科技事业的迅速发展,集中表现在三个方面:

(1)水利科技投入不断增加。随着改革开放的不断深入,政府财力的不断充足,以及对水利科技工作的日益重视,水利科技投入不断增长。1986—1991 年,水利科技经费投入为每年 38 万元。1992—1997 年,增加到 75 万元。"十五"期间,水利科技年投入达到 200 万元。"十一五"时期,湖南率先在水利系统出台了《湖南省水利科学技术投入的筹集与使用管理办法》,建立水利科技专项资金,水利科技投入实现跨越式增长,每年水利科技经费投入达到 1000 万元。从 2016 年开始,水利科技资金全部由水利建设基金划拨,湖南水利科技经费投入达到 4357 万元,是 1986 年的 115 倍。

(2)科技创新平台建设稳步推进。为健全水利科技创新体系,湖南省大力加强对以省水利水电科学研究院、省水利水电勘测设计研究总院、水电职院等单位为依托的科研基础平台的建设,取得了显著成效。省水利水电科学研究院"湖南省大坝安全与病害防治工程技术研究中心"获省科技厅批准,先后投入资金 2000 多万元,承担力学、岩土、测量等专业 110 余个检测项目试验;省水电勘测设计研究总院"湖南省洞庭湖研究中心"由享受国务院政府特殊津贴专家、水利部"5151"人才工程部级人才、博士、硕士等研究人员组成,专心从事科研,先后承担完成多项国家重点研发计划、省部级重大科研项目及省厅级重大科研项目,研究成果为湖南省洞庭湖综合治理提供了重要的科学支撑。此外,还有"湖南省中心灌溉试验站及春华试验区""水资源管理技术研究中心""BIM 技术中心""水利水电工程测控研究中心""湖南省洪灾监测预警技术研究重点实验室""数字化水电站工程技术研究中心"等科研基础平台,为湖南水利事业的高质量发展提供了坚实的科技动力。

(3)水利科技管理不断加强。先后出台了《关于加强水利科技创新工作的决定》《关于水利科技项目管理办法》,组建水利厅科学技术委员会,加大科技经费投入力度,改革科技奖励制度,设立水利科技奖励基金,促进了科技创新、成果转化和高新技术产业化,为加快水利发展提供了强大的技术支撑。

(4)水利队伍不断壮大。改革开放以来,湖南水利系统高度重视科技人才队伍建设,积极培养和吸引各类人才,科技创新队伍不断壮大。目前,湖南水利系统共有专业技术人员 14531 人,包括高级职称 1319 人、中级职称 6177 人、初级职称 7035 人。

(5)水利科技转化多、成果丰硕。长期的科技积累为湖南水利发展提供有力的技术支撑。①在水利水电工程建设方面,在全国率先采用溢流平板坝、大孔口泄洪双曲薄拱坝、大头坝等多种坝型,率先设计建造了大型低水头灯泡贯流式机组电站、当时国内最高的混凝土面板堆石坝和世界上最高的全断面碾压混凝土坝,诸多技术居全国领先水平。②在防灾减灾方面,通过开展资水流域洪水调度系统研究及运用、洞庭湖区非常洪水蓄洪减灾对策、山丘区典型县山洪灾害调查评价关键环节和技术等研究,建立了先进的防洪减灾监测、预警、预报、调度、指挥、通信和科学决策系统,大大减轻了洪涝干旱灾害给群众生命财产安全带来的威胁。③在"四水"及洞庭湖综合治理方面,结合三峡工程建设带来的泥沙变化及环境影响,通过构建洞庭湖水沙数学模型,对三峡工程建成后洞庭湖区河湖演变趋势、防洪排涝、河湖连通、水生态、水环境保护等方面进行大量的分析和研究,提出了相应的解决对策和措施,有效地提高了河湖整治水平。④在水资源开发利用和合理配置方面,通过建立水资源优化配置模型,开发和推广新型节水技术和设备,为实施最严格的水资源管理制度和建立用水总量控制、用水效率控制和水功能区限制纳污"三项制度"提供了可靠的技术支持。⑤在农村水利方面,通过改造传统灌溉技术和设备,有效地提高灌溉水利用系数和水资源利用效率;同时,对水土流失严重和生态脆弱的地区进行综合治理和关键技术研究,探索出一条适合湖南省省情的建设绿水青山的有效途径……

1978年以来,湖南水利系统获得全国科学大会奖、国家发明奖、国家及省部级科技进步奖等各类科技成果奖励共计500余项,其中国家和部、省级奖励130余项,省水利水电科技进步奖370余项。

70年来,湖南省围绕"治水兴湘"理念,大力实施"科技兴水"战略,水利科技投入持续增加;加强对以省水利水电勘测设计研究总院、省水利水电科学研究院、水电职院等单位为依托的科研基础平台的建设;积极培养和吸引各类人才,科技创新队伍不断壮大;不断推进水利科技计划的实施,在防洪减灾、洞庭湖综合治理等多个领域开展了科学技术研究和新技术、新产品、新工艺的推广应用,取得了丰硕的水利科技成果,大大提高了水利建设与管理的科技含量,为湖南水利发展提供了重要的科技支撑。

4.3 水利信息化发展

湖南水利信息化建设经历了水利自动化、水利数字化和水利智慧化三个阶段。

第一阶段(1977—1997年):水利自动化阶段。

1977年湖南省成立防汛通信中心,该中心是湖南水利系统的防汛通信专网的管理机构,承担了湖南省防汛通信网络的规划,设计与建设。同年,开始在洞庭湖区组建防汛无线电通信网。通过多年的建设和发展,粗具防汛通信网络规模,形成了环洞庭湖区的微波干线网;省城、4个地市和9县(市)的程控交换网;12个县6个国营农场、24个蓄洪垸的报警反馈网;覆盖洞庭湖的应急通信网。防汛通信中心历经艰难的创业过程,专网通信设备从无到有,从落后到先进,建有4个高山站,下辖水利系统通信站从事防汛专网通信人员500多名。

防汛通信专用网络及通信人员在历年的防洪抢险、抗洪减灾中发挥了重要的作用,保障了各级领导的防洪指挥调度;保障了雨水情信息的传递;并为蓄洪垸险情报警和群众的安全转移提供了通信保障,在历年的防洪抢险、抗洪减灾中发挥了重要的作用。

第二阶段(1998—2015 年):水利数字化阶段。

20 世纪末,数字水务应运而生,在这一阶段利用无线传感器网络、数据库技术和 3G 网络,湖南省组织实施水利信息化基础应用平台、数据中心等项目的建设、管理、运行和维护等工作;推进水利信息化资源整合,负责湖南水利网络、基础设施和应用系统等的安全工作,建成了国家防汛抗旱指挥系统、山洪灾害防治信息管理系统、省防汛抗旱云平台、洞庭湖水利工程管理局项目管理信息系统(千里眼项目管理系统)以及大坝安全监测信息管理系统,提高了信息存储、查询、回溯和分析的效率,初步实现了行政办公和业务管理的信息化。不仅如此,还承担湖南省防汛抗旱信息化系统的运维保障工作及防汛应急通信网络、防汛会商视频会议等系统的建设与管理工作。

第三阶段(2016—2018 年):水利智慧化阶段。

"十三五"时期,湖南水利着力推动信息技术与水利发展的全面融合,全面提升水利信息化对转变政府职能、加强行业监管和提升社会公共服务的支撑能力,逐步构建覆盖湖南省的感知透彻、安全高效、决策智能、服务主动的"智慧水网",提高防汛抗旱指挥调度、水资源调控和水利管理的信息化水平,以水利信息化促进水利现代化。在已有防汛抗旱基础数据库的基础上,整合水资源、水土保持、水利工程管理等其他水利业务数据库,建设湖南省的水利综合数据库,建设水利数据交换平台,实现分散数据资源的整合,初步建成湖南水利大数据中心。另外,还通过自建专网、政府专网等网络的"多网融合",实现视频会议范围延伸到全部乡镇和重点水库;完善覆盖重点地区、灾害易发区和盲区的卫星通信和应急通信;利用"云计算""虚拟化"等新技术建成实现水利信息汇集、存储、处理、服务于一体的水利数据中心。

湖南水利信息化发展成效显著。通过国家防汛抗旱指挥系统、山洪灾害防治等项目的建设,湖南水利信息采集和网络覆盖面不断扩大,数据资源不断丰富,数据库系统应用不断深入。通过各类业务系统的建设,湖南水利数据资源不断丰富,通过水利普查形成了湖南省基础水信息库,通过山洪灾害调查评价,建立了湖南省山洪灾害基础数据库。建成了湖南水利信息数据中心,提供多元化的水文信息服务。搭建完成湖南水利云,实现了湖南水利图层数据、实时数据、工程数据的共享。省防汛视频会商系统实现了省厅、市州水利局和县(市、区)水利局全网防汛视频会商,以及山洪防治县与重点乡镇之间的视频会商。

4.4 水利管理改革实践

4.4.1 防灾减灾管理

新中国成立以来,湖南省防灾减灾管理经历了如下发展轨迹:

第一阶段(1949—1978年):起步阶段。

(1)初步建立了组织体系。1950年6月正式成立湖南省防汛指挥部,负责指挥洞庭湖区的防汛抢险工作,并且成立了以垸为单位的堤务委员会,统一管理堵口复堤工作。《湖南省洞庭湖区堤垸水利修防管养组织服务规程》(1957)对建立修防管理委员及其人员组成、编制、职责等作出了明确的规定。1962年的《洞庭湖区修防管理委员会工作条例》进一步明确修防管理委员会的职责。20世纪60年代防汛机构和抗旱机构更名为湖南省防汛抗旱指挥部。

(2)编制实施了洞庭湖治理规划。水利部门在1971—1979年前后6次拟订了《洞庭湖区水利建设规划》;关于湖区防洪蓄洪的专门性问题,也曾前后4次报送过《洞庭湖区防洪蓄洪建设规划报告》。1982年上报《洞庭区防洪蓄洪建设规划》。水利电力部于1983年对洞庭湖近期治理工程作了批复,同意湖南报送的规划设想。湖南省据此编制了《洞庭湖区近期防洪蓄洪工程初步设计书》,并予以实施。

第二阶段(1978—1998年):发展阶段。

这一时期湖南水利以转轨变型为主,水利工程建设与管理改革逐步展开,防汛抗旱逐步从依靠工程措施向工程措施与非工程措施相结合转变。

(1)加强了组织体系建设。国务院和中央军委于1988年决定撤销中央防汛总指挥部,成立国家防汛总指挥部,并于1992年将国家防汛总指挥部更名为国家防汛抗旱总指挥部,将防汛和抗旱两项职能合并为一个机构。湖南省立足本省实际,组建了省防汛抗旱指挥部。至此,省、市、县政府的指挥体系逐步建成。

(2)加强了蓄滞洪安全建设管理。为加强对洞庭湖区蓄洪、排涝的管理,1991年,出台《湖南省洞庭湖蓄洪区安全与建设管理办法》;1995年由国家防汛抗旱总指挥部和水利部主持审查通过了《湖南省洞庭湖蓄滞洪区安全建设规划》;1998年编制《洞庭湖区蓄洪垸紧急救生、转移安置方案》《洞庭湖区主要内湖防洪排涝调度方案》。

(3)加强防汛通信系统建设。1989年开始建设洞庭湖区移动通信网,当时覆盖了洞庭湖区的大部分区域,网内有用户近百台,包括移动车船台和手持机。至1996年,运行的防汛通信网有:数字微波通信网、数字程控交换网、超短波移动通信网和蓄洪警报通信网,微波通信干线联通了湖区的4个地市(长沙、岳阳、益阳、常德)和12个县(市、农场)。数字程控交换网以微波干线为链路,以省厅为中心联通了湖区4个地市和12个县(市、农场)。

第三阶段(1999—2018年):完善阶段。

1998年大洪水之后,湖南省根据中央确立的"全面规划、统筹兼顾、标本兼治、综合治理、兴利除害结合、开源节流并重、防汛抗旱并举"的治水方针,防汛抗旱进入了全新的发展时期,在继续加强防洪工程措施的基础上,强化非工程措施的建设。主要体现在:

(1)建设完善了应急管理体系。1999年以来,湖南省制定和完善了《湖南省特大洪涝灾害救灾应急预案》《洞庭湖区非常洪水度汛预案》《洞庭湖区平退垸防洪预案》《湖南省防汛应急预案》《山洪灾害防御预案编制导则》,以及《湖南省山洪灾害防御工作规程(试行)》,形成了横向到边、纵向到底的应急预案体系。同时,建立了第一时间联动、上下协调的应急处置机制,包括第一时间周密部署、第一时间靠前指挥、第一时间联合发力、第一时间主动发声、第一时间动态反馈和第一时间总结反思。

(2)建立防汛责任体系。为明确防汛责任,湖南省建立了由行政首长负责制、分组责任制、分包责任制、岗位责任制、技术责任制组成的责任体系。①湖南省实行各级人民政府行政首长负责制的防汛责任制,切实加强了对防汛工作的组织领导。②根据河系以及堤防、闸坝、水库等防洪工程所处的行政区域、工程等级和重要程度以及防洪标准等,确定湖区各级政府管理运用、指挥调度的权限责任,在统一领导下实行分级管理、分级调度、分级负责。③为确保重点地区和主要防洪工程的汛期安全,各级政府行政负责人和防汛指挥部领导成员实行分包工程责任制。④为汛期管好用好防洪工程,工程管理单位的业务处室和管理人员,以及护堤员、抢险队等都制定了岗位责任制。⑤在防汛抢险中,充分发挥技术人员的技术专长,实现优化调度,科学抢险,提高防汛指挥的准确性和可行性。

(3)壮大防汛抢险队伍。为取得防汛抢险斗争的胜利,充分发挥工程设施的防洪能力,湖南省建立了一支"召之即来,来之能战"的防汛队伍,包括专业队、常备队、预备队、抢险队和机动抢险队。专业队是防汛抢险的技术骨干力量,他们根据管理养护掌握的情况,分析工程的抗洪能力,划定险工、险段部位,做好出险抢险准备;进入汛期投入岗位,密切注视汛情,加强检查观测,及时分析险情。常备队是群众性防汛队伍,由堤防、水闸附近的青壮年组成。预备队是防汛的后备力量,当防御较大洪水或紧急抢险时,为补充加强一线防守力量组建而成。机动抢险队由训练有素、技术熟练、反应迅速、战斗力强的相对稳定的人员组成,承担重大险情的紧急抢险任务和救生任务。

(4)实现了山洪灾害防御体系全覆盖。从2002年开始,湖南省在全国率先开展山洪灾害防御试点,按照"监测、预警、响应"三个环节,开展山洪灾害防御工作,研究防御山洪的有效途径。为此研究提出了山洪防治的技术理论,明确了安全区、危险区的划分标准,提出了临界雨量的概念,形成了分级预警的机制。建立了由组织体系、预案体系、预警体系全覆盖的山洪防治网络,为保障人民群众生命财产安全发挥了巨大作用。2007年山洪灾害防治工作得到时任国务院副总理回良玉的肯定和批示:"湖南省的做法很好,效果显著,请国家防办予以总结推广。"

(5)形成了水库调度合力。水库防洪调度是防御洪水的重要举措。湖南省在多年的调度实践和探索中,形成了水库调度合力,在防洪保安中发挥了巨大作用:①建立健全了一套行之有效的防汛会商制度。在汛期的不同阶段,及时进行防洪抗旱调度会商,根据实时雨、水、工情和形势变化预测分析,充分听取防办、气象、水文、电力等部门的意见,依据水库调度方案,合理运用各种调度措施,对水库实施精细调度。②实施水库实时精准调度,充分减轻防洪压力。在历次洪水过程中,省防指通过强化大型水库实时、精细化调度,在洪水到来时通过加大发电出力或开闸预泄,积极腾库迎洪,在洪水入库后,充分利用水库调蓄洪水,为下游拦洪错峰,最大限度地减轻下游的防洪压力,防洪减灾效益显著。③探索梯级联合调度,提高流域整体防洪能力。对流域的洪水进行联合削峰、错峰,充分发挥工程防洪作用,提高流域整体防洪能力。④坚持电水联调、水电优先,在汛前和汛初,通过发电尽可能降低库水位,腾库迎洪;在汛期,通过及时调整水电和火电的运行方式,优先水电上网,充分利用洪水资源,确保各相关大型水库维持基荷运行,通过发电尽可能腾出防洪库容重复利用,最大限度地减少了无功弃水,提高了水资源的综合利用效益。

(6)不断提高水情监测和洪水预报水平。2000 年起,湖南省开始逐步推进自动化信息采集,逐步形成了一套集暴雨洪水监测、干旱墒情监测等多功能于一体的水信息站网自动报汛体系。目前,湖南省已建成水文站 249 处、水位站 1920 处、雨量站 5477 处、固定墒情站 90 处、城市内涝监测站 11 处,水文预报断面目前覆盖湖南省大江大河和大部分中小河流的 400 余个。水文预报做到了江河湖库预报相结合,长中短期预报相结合,洪水和旱情预报相结合,水情服务范围与内容不断拓宽,情报预报精度不断提高,准确及时地为各级党政领导和防汛指挥部门提供了宝贵的雨水情信息和洪水预报,为抗洪抢险的胜利作出了特殊的贡献。

70 年的防灾减灾管理历程,充分体现了湖南省"由控制洪水向洪水管理转变,由单一抗旱向全面抗旱转变"的防汛抗旱工作理念的不断升华。经历了堵口复堤、并垸合流、加高堤防、兴修涵闸、塘坝和水库、三大歼灭战等工程措施控制洪水,到主张由社会承担适度的灾害风险,对洪旱灾害的成因,从单纯强调自然等客观因素到反思人类不适当的生产生活对自然的破坏;抗灾措施由过度强调工程措施控制洪水,到工程措施与非工程措施相结合,运用非工程措施以适应洪水,通过依法科学防控,注重规范人类活动,给洪水让出路;近年来更是遵循习总书记"两个坚持、三个转变"的防灾减灾理念,科学防控,精准调度,注重洪水资源化。在抗旱工作中,从农业扩展到各行各业,从生产扩展到生活和生态;采取综合措施,增强预案的可操作性,提高抗旱工作的主动性。

4.4.2　水资源管理

湖南省水资源管理的历程可以划分为四个发展时期(图 4-1):

第一阶段(1949—1987 年):分散管理时期。

新中国成立初期,水利工作重点放在保障农业用水,水资源管理则采取计划经济模式下形成的多部门分散化的管理体制。地表水与地下水、水量与水质分割管理。

这一时期,根据国家部署,湖南省配合完成了第一次水资源调查评价,初步摸清了家底,但在具体的管理模式上,水资源管理职能主要由各部门按职责分工分别进行管理。改革开放以前,由于经济社会发展滞后,湖南省大部分地区都不存在缺水的问题。

第二阶段(1988—2001 年):统一与分级管理相结合时期。

随着改革开放的不断深入,水资源成为经济社会可持续发展的主要制约因素的形势日益严峻,1988 年出台的《中华人民共和国水法》明确规定国家对水资源实行统一管理与分级、分工管理相结合,国务院水行政主管部门负责全国水资源的统一管理工作。据此,省水利厅是省级政府的水行政主管部门,省政府其他部门按照省政府规定的职责分工,协同水行政主管部门,负责有关水资源管理工作。1998年长江流域大水以后,水利系统明确了"从工程水利向资源水利转变、从传统水利向现代水利、可持续发展水利转变"的治水思路,水资源管理逐渐成为水利的重点工作。

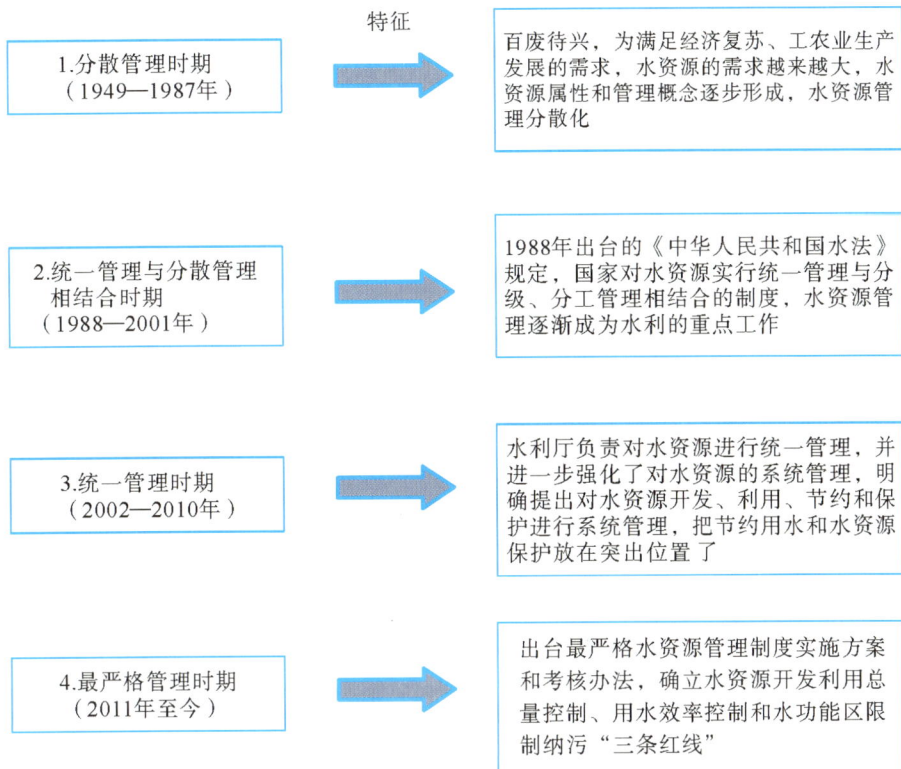

特征

1.分散管理时期
(1949—1987年)

百废待兴,为满足经济复苏、工农业生产发展的需求,水资源的需求越来越大,水资源属性和管理概念逐步形成,水资源管理分散化

2.统一管理与分散管理相结合时期
(1988—2001年)

1988年出台的《中华人民共和国水法》规定,国家对水资源实行统一管理与分级、分工管理相结合的制度,水资源管理逐渐成为水利的重点工作

3.统一管理时期
(2002—2010年)

水利厅负责对水资源进行统一管理,并进一步强化对水资源的系统管理,明确提出对水资源开发、利用、节约和保护进行系统管理,把节约用水和水资源保护放在突出位置了

4.最严格管理时期
(2011年至今)

出台最严格水资源管理制度实施方案和考核办法,确立水资源开发利用总量控制、用水效率控制和水功能区限制纳污"三条红线"

图 4-1　湖南省水资源管理的发展历程

　　这一时期,由于节约用水的理念和管理明显滞后于现实需求,水资源开发利用的方式粗放,水资源利用效率很低。1998年,湖南省农业、工业和人民生活用水量310亿 m³,居全国第5位,而湖南经济实力却排在全国的第12位,各个行业的用水效率明显低于全国平均水平。

　　第三阶段(2002—2010年):统一管理时期。

　　2002年8月,新修订的《水法》颁布,它对我国水资源管理体制作了重大调整,规定各级水行政主管部门负责水资源的统一管理和监督工作。根据修订的《水法》,2004年湖南省人大出台了《湖南省实施〈中华人民共和国水法〉办法》,强化对水资源的统一管理,明确县级以上人民政府水行政主管部门按照规定的权限,负责本行政区域内水资源的统一管理和监督工作。县级以上人民政府有关部门按照职责分工,负责本行政区域内水资源的开发、利用、节约和保护的相关工作。明确提出对水资源开发、利用、节约、保护和防治水害按照流域、区域统一制定规划,强化系统管理,把节约用水和水资源保护放在突出位置,要求协调好生活、生产和生态用水。

这一时期,严格取水许可和计划用水管理,积极推进节水型社会和节水型城市创建。2006年,岳阳市被水利部确定为全国第二批节水型社会建设试点市。2008年,长沙、株洲、湘潭3市被列为第三批全国节水型社会建设试点市。同时,积极开展省级节水型社会建设试点工作。

第四阶段(2011—2018年):最严格管理时期。

2011年"中央一号文件"提出"水是生命之源、生产之要、生态之基",明确实行最严格的水资源管理制度,省政府先后出台了最严格水资源管理制度实施方案和考核办法,确立水资源开发利用控制、用水效率控制和水功能区限制纳污"三条红线",水资源管理自此进入最严格管理阶段。

(1)完善管理体制。岳阳、湘潭、长沙等地先后实行水务一体化,多个市县成立了水务局,实现了真正意义上的城乡水务一体化管理,为湖南省涉水事务一体化管理体制改革提供了示范。同时,流域与区域相结合的水资源管理体制逐渐完善。在流域层面,完成湘、资、沅、澧"四水"的水量分配技术工作,重点在湘江流域开展了《湘江流域水量分配方案》《湘江流域管理规划》《湘江保护条例》贯彻实施等相关探索,并逐步将其成果与经验运用在资水、沅水、澧水等流域上。在区域层面,各市(州)、县(市、区)相继出台一系列针对地方水资源条件与管理现状的水资源管理措施。

(2)综合采取法律、行政、经济、技术等手段,对取水、供水、用水、排水等实行全过程管理。2016年湖南省全面启动重点中型以上灌区农业取水许可管理工作,下发《湖南省农业取水许可管理工作实施方案》,并初步建立农业水权制度,先后出台《湖南省水功能区监督管理办法》《湖南省入河排污口监督管理办法》加强源头管控,对湖南省334个重要江河湖泊水功能区、1009个规模以上入河排污口实施监测全覆盖,累计取缔各类入河排污口937个。2017年颁布施行了《湖南省饮用水水源保护条例》,全面启动了饮用水水源地安全保障达标建设,183个位于饮用水水源保护区内入河排污口全部拆除或关闭。2018年颁布实施了《湖南省水资源费征收使用管理实施办法》。

(3)提高水资源管理信息化水平。湖南省实现了对997家非农取水户的在线计量监控,监控水量占全省许可水量的95%以上;对180座灌溉面积5万亩以上的大中型灌区实现了取水流量在线监测;建成1个省水环境监测中心和14个分中心,水质监测站由1993年的50个增加到456个,监测河长由3500km延长至10214.1km。信息化管理水平的提升,极大地提高了湖南省水资源管理的现代化水平。

(4)全面实施河(湖)长制。湖南首创省级总河长令,连发六道总河长令,建立省市县乡村五级河长网络,聚焦管好"盛水的盆"和"盆里的水",通过专项行动,集中解决河湖存在各种突出复杂问题,实现了"从区域到流域、从大江到小河"所有河流全覆盖,以河湖长制推动河湖长治,还河清湖净、人水自然和谐共生的河湖治理新格局。

新中国成立70年来,水资源管理从无到有,从弱到强,管理领域不断拓展,管理制度不断健全,管理能力不断提高。湖南省水资源管理经历了从供水管理向需水管理的理念转变、用水模式从粗放落后向节约高效转变;开发利用从开发为主向保护优先转变;管理手段从行政管理向行政与工程、经济、科技、信息等多手段综合运用的转变;不断完善水管理的法规制度,实行最严格水资源管理制度,全面实施河(湖)长制,为湖南省经济社会的高速发展提供了可靠的资源保障和良好的生态环境。

4.4.3 水土保持管理

湖南省水土保持管理的历程可以划分为四个发展时期:

第一阶段(1953—1978年):起步探索阶段。

改革开放前湖南省水土保持工作以小规模治理工程为主,由新中国成立初的单一治理逐渐转向结合生产的综合治理,取得了一定成效。湖南省从1953年开展水土保持工作,并对水土流失面积展开调查,对水土流失进行系统分类,指出有明显水土流失问题的34个县,为水土流失治理奠定了基础。1963年湖南省出台《关于加强水土保持工作的领导和恢复调整水土保持站的报告》,进一步加强水土流失治理。"文化大革命"期间湖南水土保持工作在探索中前进。

第二阶段(1979—1996年):规范治理阶段。

1979年,水利部向各省水利部门下发了《关于加强水土保持工作的通知》,湖南省根据水利部1979年11月的中南五省水土保持工作座谈会议精神,召开湖南省水土保持工作座谈会,探索小流域的水土流失综合整治,湖南省水土流失普查区划工作被提上了议事日程。1986年颁布《湖南省水土保持条例》,1991年,《中华人民共和国水土保持法》颁布实施后,湖南随即着手制定实施办法。1994年11月10日,省人大常委会审议通过了《湖南省实施〈中华人民共和国水土保持法〉办法》,于1995年1月1日起施行,将水土保持管理上升到法律层面。在全国第四次水土保持工作会议推动下,湖南省加强了水土保持工作,使山林植被得到较快恢复,水土流失基本控制,从而改善了生态环境。

第三阶段(1997—2011年):规模化治理发展阶段。

1997年开始,长治工程、崩岗治理、坡耕地综合治理以及革命老区项目等一大批水利流失治理项目陆续开展,1997年湖南省10个县列入重点县,拉开了以中央投资为主体的水土流失规模化治理的序幕。1998年后,湖南省又新增了国债水土保持项目。进入21世纪,国家水土保持投资持续增加。为加强国家水土保持重点建设工程管理,确保工程质量,提高投资效益,依据国家基本建设有关规定,结合水土保持工程特点,水利部出台了《国家水土保持重点建设工程管理办法》。2010年,"长治工程"改为农发水土保持项目之后,国家又相继增加了崩岗治理、坡耕地综合治理、清洁小流域治理等专项,水土流失治理投入大幅增加。

第四阶段(2012—2018年):生态文明发展阶段。

水土保持是生态文明建设的重要内容。党的十八大以来,水土保持工作切实贯彻新发展理念,完善水土保持法律法规体系,积极推进重点区域水土流失综合治理,全面加强预防保护及生态修复。湖南省因地制宜,开展坡耕地治理、小流域综合治理等。2014年湖南省开展了国家水土保持重点工程数据入库和生产建设项目监管示范县有关资料收集工作。2015 年以来，为严格落实《湖南省长株潭城市群生态绿心地区保护条例》，湖南省连续 4 年对长株潭生态绿心地区的水土流失进行了年度动态监测。同时，还编制完成了《湖南省水土保持监测规划（2015—2030 年）》和《湖南省水土流失动态监测规划（2018—2022 年）》。2017 年，加大了信息化工作力度，在长沙市开展了"天地一体化"监管示范工作，为国家水土保持重点工程监管提供了技术支撑。2018 年，根据水利部统一部署，湖南省建立了水土流失地面观测系统，各监测站点按照水土保持监测技术规程的要求，开展了径流泥沙观测和水土流失分析，为水土保持生态建设决策和水土保持目标责任制考核提供了技术支撑。同时强化水土保持的监督管理，并于2018 年修订出台了《湖南省生产建设项目水土保持监督管理办法》。

新中国成立以来，湖南省不断夯实水土保持工作基础，先后开展了三次水土流失普查和四次水土保持规划工作；早在全国水土保持法颁布前颁布实施了《湖南省水土保持条例》，完善了水土保持法规制度体系，同时不断规范水土保持监督管理，加强水土保持监测与信息化建设。

4.4.4　水库移民管理

1949—2018 年，湖南省 464 座大中型水库共搬迁安置移民 170.9 万（含三峡移民 7466人），繁衍形成现状农村移民，并核定移民后期扶持人口 256.6 万，超过全国大中型水库移民人数的十分之一，位列全国第一。新中国成立 70 年来，湖南省水库移民工作取得有目共睹的成效，全省移民管理工作经历了六个时期：

第一阶段（1949—1957 年）：新中国成立初期。

这一时期，湖南省建成中型水库 7 座，共淹没耕地 7912 亩，搬迁农村移民 11975 人。省各级党委政府把做好移民安置工作作为促进水库建设的大事来抓，对水库移民淹没实行实物补偿方式，库区利用淹没后剩余的山水资源，积极开展以治山治水为中心的移民生产开发。由于这一时期缺乏政策规范，移民安置规划编制往往简单粗略，且严重滞后，普遍缺少可供实施的移民安置规划。

第二阶段（1958—1962 年）："大跃进"和三年困难时期。

湖南省出现新中国成立后第一次水库建设和移民搬迁高潮，柘溪、双牌等 9 座大型水库和红旗、金井等 106 座中型水库以及坝址在湖北省松滋市的涴水水库和公安县的卷桥水库相继开工建设，搬迁农村移民 57.97 万。这一时期，由于没有政策可依，湖南省大中型水库移民安置规划编制随意性较大，有的水利水电工程甚至没有编制移民安置规划就匆匆上马，水库移民出现重迁、返迁等问题。

第三阶段（1963—1966 年）：调整整顿时期。

1963 年湖南发生特大旱灾，粮食作物普遍歉收，为了实现旱涝保收，湖南省各级政府和农民群众兴修水利的热情再次高涨。1964—1966 年，湖南出现了第二次水库建设和移民搬迁安置高潮，完成 65 座中型水库共计 18.1 万移民的搬迁安置。1964 年 5 月 4 日，湖南省委印发《关于进一步作好水库移民工作的批示》(湘发〔64〕131 号):"在两三年内,必须集中力量,把已经迁出来的移民安置好,如果不是十分必要,近几年内不要新迁移民"。

第四阶段(1967—1977 年):"文化大革命"时期。

湖南在"十年建成工业省""每人一亩旱涝保收稳产高产农田"的背景下,出现了第三次水库建设和移民搬迁安置高潮。铁山、岩屋潭等 8 座大型水库和马尾泉等 108 座中型水库先后动工兴建,共搬迁安置移民 32.01 万。这一时期,移民淹没实行资金补偿方式,但政策不统一,补偿标准较低。库区利用淹没后剩余的山水资源,积极开展以治山治水为中心的移民生产开发。

第五阶段(1978—1995 年):改革开放初期。

国家实行改革开放政策,水电项目投资主体出现多元化,各类社会资金纷纷投入水电项目开发,湖南出现新一轮水电开发高潮。国家和省政府投资的 6 座大型水库和市县投资的 6 座大型水库、46 座中型水库先后动工修建,搬迁移民 32.88 万。这一时期,湖南省贯彻执行开发性移民方针,加大移民后期扶持力度,广泛发动移民群众投工投劳,自力更生,建设库区,移民"几大难"问题得到一定程度缓解,移民淹没补偿出台统一政策,补偿标准逐步提高。不仅如此,《水利水电工程水库淹没处理设计规范》(SD 130—1984)对移民安置规划编制提出了明确要求,从此,移民安置规划编制工作有了基本的政策依据。这一阶段湖南省新建的56 座大中型水库大多数按照"84 规范"要求编制移民安置规划,对移民搬迁安置、生产安置、专项设施恢复、企事业单位迁建等进行详细规划,并且按规定、依程序进行审查审批。湖南省库区和安置区认真贯彻国家开发性移民方针,大力进行山水资源综合开发。

第六阶段(1996—2018 年):升华发展时期。

省移民局按照省政府要求,加强移民政策法规建设,规范移民安置管理,依法依规做好淹没实物指标调查和移民安置规划设计,确保移民安置区有足够的环境容量,加强对市县移民安置规划实施的指导、协调、督促和检查,切实维护移民合法权益。湖南省完成 26 座大型水库及 72 座中型水库 28.74 万人搬迁安置任务。这一时期,移民淹没补偿出台新规定,补偿标准进一步提高。2002 年,省人大常委会颁布的《湖南省大中型水库移民条例》规定:"移民工作实行政府领导、部门管理、分级负责、县为基础的管理体制"。湖南首次在地方法规中明确移民工作的管理体制。2006 年 7 月,国务院颁布了经修订的《大中水利水电工程建设征地补偿和移民安置条例》,2008 年,湖南根据国务院移民条例对省移民条例进行修正,规定"移民安置工作实行政府领导、分级负责、县为基础、项目法人参与的管理体制。"

新中国成立 70 年来,湖南省在水库移民管理方面取得显著成就:成立了省水库移民开发管理局,完善了移民管理体制;颁发《湖南省大中型水库移民条例》,推动湖南水库移民工作走上法制化轨道;不断完善水库移民安置规划,移民搬迁安置方式呈多样化发展趋势;水库淹没补偿标准不断提高,移民生产条件不断改善,生活水平不断提升,就业创业能力明显提高,移民脱贫不断推进。2018 年湖南省移民人均可支配收入比 2005 年增加 9150 元,移民人均可支配收入占全省农民人均可支配收入的比例由 2005 年的 46.5% 增加到 75.21%。

5 湖南水利效益评估

党的十八大以来,我们党形成并积极推进经济建设、政治建设、文化建设、社会建设、生态文明建设"五位一体"的总体布局。水利作为国民经济和社会发展的基础和命脉,其主要目的是"兴水利、除水害",保障人民生命财产安全,提高人民生活水平,改善人居环境,促进经济发展,维持社会稳定,为"五位一体"建设提供支撑与保障,并发挥巨大效益。

5.1 经济效益

水利工程建设为抵御水旱灾害对经济发展的影响,发挥了巨大的、不可替代的作用;灌排设施等农田水利基本建设,增强了农业生产基础,为农业持续稳定生产,提高农业经济水平创造了条件;水资源保证程度对城市发展规模、城市功能、工业发展、产业布局等起着决定性的作用;水力发电建设为工农业生产和人民生活提供了不可或缺的电力资源。农村小水电建设有力地推动了地方工业和乡镇企业的发展,保障农村经济发展所需的能源供给。水利建设经济效益大,对国民经济产出的贡献显著。

5.1.1 防洪效益

新中国成立以来,省委、省政府高度重视湖南省的防洪减灾工作,根据"统筹兼顾、全面安排、兴利与除害相结合""蓄泄兼施、工程措施与非工程措施相结合"的原则,全面构筑湖南省防洪网络体系,已初步形成了以山丘区水库防洪、河道堤防、山塘河坝、城市防洪、湖区治理、水土保持及一些非工程措施等组成的防洪减灾网络体系,为保障湖南省人民生命财产安全和经济社会的持续稳定发展发挥了巨大的作用。

5.1.1.1 灾情分析

据统计,70 年来,湖南省年平均水灾成灾率为 47%,20 世纪 50 年代,湖南省平均水灾成灾率为 50%,60 年代为 42%,70 年代为 29%,80 年代为 38%,90 年代为 60%。进入 21 世纪,2000—2009 年水灾成灾率为 59%,2010—2018 年为 51%。

以上表明,随着经济社会的发展和洪灾影响范围的扩大,社会财产在洪灾中的风险越来越大;同时也说明,在复杂气候环境下,洪涝灾害对湖南省的影响在持续加深,灾害总体形势仍十分严峻。

5.1.1.2　四水治理工程项目防洪效益

1998 年长江大洪水以后,湖南省在科学规划、统筹安排的基础上,加快了湘、资、沅、澧"四水"和洞庭湖区的综合治理力度,先后进行了"四水"流域堤防加高加固、岸线整治、河道疏浚、城市防洪等工程建设,大大提高了沿岸城市的防洪能力,取得了重大的防洪减灾效益。

根据《湖南省湘、资、沅、澧"四水"重要河段治理工程项目后评价报告》,针对 1998—2011 年湘、资、沅、澧"四水"治理工程,总结 1998—2011 年"四水"流域堤防工程建设防洪效益如下:

(1)城乡防洪标准显著提高。工程实施以后,湘水流域城市乡镇的防洪能力由原先的 4~8 年一遇提高到 10~100 年一遇;资水流域防洪能力由原先的 3~8 年一遇提高到 10~50 年一遇;沅水流域防洪能力由原先的 5~10 年一遇提高到 20~50 年一遇;澧水流域各项目点的防洪能力由原先的 5 年一遇提高到 20 年一遇。以娄底市城市防洪工程为例,"四水"治理项目实施后,城市的防洪能力已由原来的 5 年一遇提高到 50 年一遇,治涝已由原来的零防御能力提高到 10 年一遇。

(2)防洪经济效益显著。1998—2011 年湘、资、沅、澧"四水"治理共投资 335266 万元,形成固定资产 298387 万元。1998—2012 年"四水"治理工程防洪效益 719790 万元,多年平均防洪效益达 47986 万元,按 2.5%的年增长率,2013—2019 年多年平均防洪效益达 53032 万元。

5.1.1.3　洞庭湖区防洪效益

从 1949 堵口复堤、重建家园开始,历经合垸并流、整修堤防、一期治理、二期治理和近期治理共四个阶段的建设,洞庭湖区防洪能力大幅提高,人民生命财产损失大幅降低,洪涝灾害威胁大幅减轻,为保障湖区人民安居乐业创造了良好条件。

根据《已成防洪工程经济效益分析计算及评价规范》(SL 206—2014),已成防洪工程的防洪效益计算采用实际发生年法。按假定无防洪工程可能造成的洪灾损失与有防洪工程实际发生的洪灾损失的差值计算。1954 年省政府经中央批准对洞庭湖进行重点整修,加固堤险,有计划地进行并流堵口、合修大圈等工程建设。本次计算将 1954 年作为无工程状态,1954 年洞庭湖区遭遇特大洪涝灾害,当年造成洪灾经济损失为 18.17 亿元。

随着国民经济的日益增长、人民生活水平的不断提高、社会财富逐步积累、土地的利用价值稳步增值,即使是在发生相同洪水的条件下,洪水造成的损失也呈逐年增加的趋势。因此,在进行还原计算时,应考虑洪灾损失增长率。此外,为计算洪水实际发生年减免的洪灾损失,还应将还原的损失值换算到计算年的物价水平,从而计算当年价格水平下减免的洪灾损失。

$$B_t = L_{t_0} - L_t \tag{5-1}$$

$$L_{t_0} = (L_{1954} \pm \Delta L_t) \cdot (1 + \gamma)^{t-t_0} \cdot \gamma_t \tag{5-2}$$

式中，B_t 是第 t 计算年的防洪效益；L_{t_0} 是第 t 计算年还原到 1954 年状态下的防洪损失；L_t 是第 t 计算年的实际洪灾损失；L_{1954} 是 1954 年的洪灾损失；ΔL_t 是第 t 计算年与 1954 年水位差对比而调整的损失值；γ 是洪灾损失增长率，不同时期增长率有差异，则分段计算；γ_t 是第 t 计算年对 1954 年的物价调整系数。

鉴于影响洪水损失增长率的因素很多，且相互关系复杂，目前还没有一套公认的计算 γ 的有效方法，在实际应用时都是套用 1%～5% 的数值。淮河水利委员会建议：洪水损失年增长率在"六五"期间为 4.5%～5.5%，"七五"期间为 4%～5%，"八五""九五"期间为 3%～4%，2000 年以后可取 2.5%。本次计算时，参照上述取值并综合考虑湖南省农林渔总产值的增长情况，取值为：50—70 年代为 5%，80 年代为 4%，90 年代为 3%，2000 年以后为 2.5%。

首先，计算洪水实际发生年各年 11 个水位控制站的最高水位超警戒水位差的平均值。其次，将该平均水位差还原至 1954 年，若与 1954 年平均差相同，则损失应与 1954 年相同；若高于或低于 1954 年的平均水位差，则根据 1954 年单位水位差所至的损失，在 1954 年的损失基础上进行调整。再次，根据洪灾损失增长率调整到真实的还原损失。最后，将真实还原损失均调整到同一价格水平下进行减免效益的计算。

1954 年当年全湖区 11 个水位控制站各站最高水位超警戒水位的平均水位差为 1.38m（冻结高程，下同），平均 1m 水位差所至的损失为 13.164 亿元/m。

以 1995 年为例。设 1995 年后为工程建成后水平，当年洪灾损失为 181.27 亿元，全湖区平均水位差 1.837m，比 1954 年高 0.457m，如果将水位修正到 1954 年水平，则该年的损失应在 1954 年的损失基础上加上 6.02 亿元，即将 1995 年水情还原到 1954 年后，1995 年的洪灾损失应为 24.19 亿元。这是未考虑物价调整及洪灾损失增长的还原损失，考虑洪灾损失增长率及物价指数调整后的损失为 766.06 亿元。则 1995 年的防洪减灾效益为 584.79 亿元。

根据上述思路，洪水实际发生年的防洪效益见附表 3。1955—2017 年，洞庭湖区防洪效益为 12640 亿元（当年价），17673 亿元（2015 年价），多年平均防洪效益为 200.6 亿元（当年价），280.5 亿元（2015 年价）。

5.1.1.4 山洪灾害防治效益

湖南省受复杂的地形地貌条件和不稳定的气候系统影响，极易发生山洪灾害。已经查明危险区 2.3 万余处，涉及 14 个市州，110 个县市区，415 万余人（占总人口的 6.1%）。2001 年 6 月，湖南湘西南的绥宁县因强降雨导致山洪泥石流爆发，致全县 25 个乡镇 21 万人受灾，失踪死亡 124 人，大量工农业基础设施毁于一旦。

为了做好山洪灾害防御工作，确保人民群众生命财产安全，湖南省作为全国第一批开展山洪灾害防御的省份，积极大胆探索山洪防治之策，确定了安化县奎溪镇、洪江市洗马山乡、绥宁县宝顶山区域作为省级试点，坚持以人为本、以防为主、以避为上，防、避、抢、救相结合的原则,构筑了"建、防、管、战"并重的山洪防治网络体系(图 5-1),在山洪灾害防治中发挥着越来越重要的作用。

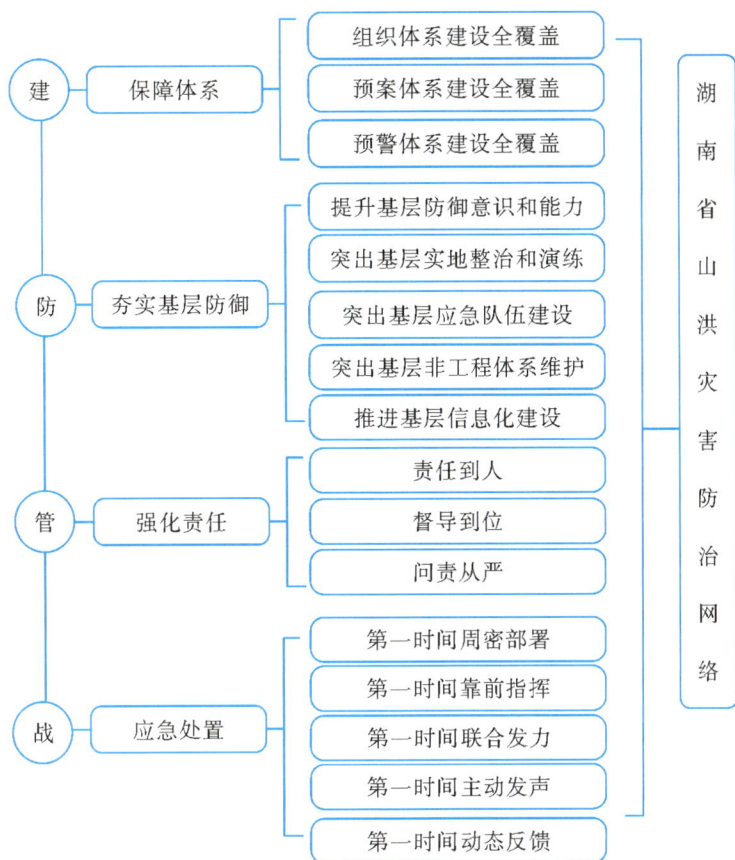

图 5-1　湖南省山洪灾害防治网络体系

2013 年 5 月 15 日晚,衡山县长江镇宋桥村遭受暴雨袭击,发生山体滑坡,滑坡体 1500 多立方米,因提前预警,及时转移,未出现人员伤亡。

2013 年 5 月 16 日 0 时 30 分,蓝山县境内发生强降雨,县防汛办提前预警,组织转移,1 小时后,桐村发生山体滑坡,约 2000m³ 泥石流将 3 组 8 户人家、15 间房屋全部冲倒,整个村庄面目全非,但村民安然无恙。

2014 年 5 月 24 日,浏阳市文家市镇日降雨达 167.5mm。浏阳市防办通过山洪灾害监测预警系统滚动发出预警提醒信息,文华村梅树片 400 多名群众紧急转移。1 小时后,梅树片电站和塑料厂全部淹没,周边高低压线全部倒塌,河堤冲毁,居民区一片汪洋,而无一人伤亡。

2014 年 5 月 25 日,茶陵县茶水河流域降大暴雨,县防办通过山洪灾害预警平台发布预警短信 390 条,启动预警广播 110 站次,由于预警及时,暴雨中心秩堂镇小田村山体滑坡冲毁房屋 11 间,没有造成人员伤亡。

2016 年 5 月 1 日凌晨,汝城县文明乡新东村源头组因强降雨引发重大山体滑坡,滑坡体约 2 万 m³。由于该村山洪灾害监测员及时发现险情,果断组织群众转移,虽然 9 栋房屋全部倒塌,但受威胁的 20 人全部安然无恙。

2016 年 7 月 17 日上午 8 时起,古丈县普降大到暴雨,南部默戎镇更是创下历史以来最大雨量,5 小时内降雨量达 204 毫米,1 小时内降雨量达 105 毫米(为当年省内 1 小时最大雨强)。省防办、县防办和基层防御责任人联合预警预防,及时组织群众转移。12 时 5 分,约 1 万 m³ 的泥石流倾泻而下,瞬间冲毁房屋 5 栋 14 间,但无一人伤亡,被媒体誉为"山洪防御的默戎奇迹"。

2017 年汛期,发生强降雨的县市区通过山洪灾害监测预警系统发布山洪预警短信 338 万条次,启动预警广播 5.4 万余站次,有效指导 194 万多人转移,110 个有山洪防御任务的县市区中有 105 个实现了"零伤亡"。例如,2017 年 6 月 24 日,麻阳县兰里镇新营村防汛责任人王惟康在接到预警短信通知后,成功劝说该村一组 54 户人家从低洼地区转移,1 小时后,河水暴涨,该村一组房屋全部被淹,但群众安全无恙。

党的十八大以来,湖南通过山洪灾害监测预警系统发布各类预警短信 686 万条次,启动预警广播 17.1 万站次,指导危险区群众提前避灾 1580 余万人次,有效避免了群死群伤;湖南水文部门发布洪水预报 1193 站次,洪水预警 600 条,为确保河湖沿线低洼地带群众及时转移赢得了先机。

5.1.1.5　水库防洪效益

据不完全统计,近十年来,通过科学精准调度,湖南省各类水库累计减少受灾人口 1440.9 万,减淹耕地 1797.8 万亩,减少直接经济总损失 140.5 亿元;累计为下游抗旱补水 114.5 亿 m³,保障了 623 万人和 4746 万亩耕地生活灌溉用水安全。

5.1.2　灌溉效益

新中国成立初期,湖南水利灌溉条件差,灌溉方式落后,灌溉保证率低。湖南省有效灌溉面积约 1800 万亩,有效灌溉率 35.2%,旱涝保收面积约 403 万亩,粮食总产量为 63.79 亿 kg。

随着 70 年持续兴修水利、发展灌溉,水利条件显著改善,湖南省基本形成了以水库为骨干、塘坝为基础、蓄引提相结合、大中小并举的灌溉体系,为农业稳产增产发挥了主要作用。湖南省有效灌溉面积发展至 4746 万亩,粮食产量增加至 302.29 亿 kg,湖南省灌溉事业迅速发展,取得显著成效。

水利灌溉工程经济效益主要是指灌溉工程修建后比修建前农业增产的效益,体现为由于灌溉而增加的农业产品产量和产值。农业产量和产值提高是由水、肥、土、密、种、保、工、管等多种因素共同作用的结果,如适时灌溉、施肥、运用高科技、使用新品种、加强田间管理等都可以促使农业增产,灌溉只是其中的主要因素之一。根据《水利建设项目经济评价规范》(SL 72—2013),计算灌溉效益时须与其他技术措施进行分摊。为了计算新中国成立以来的灌溉效益,本次计算以 1949 年作为灌溉工程建设前,为避免由于物价上涨因素导致的农业产值增加,计算时将 1949 年的农作物种植业产值统一换算为计算年的价格,再进行计算,公式为:

第 i 年的灌溉效益(当年价)=(第 i 年的农作物种植业产值-1949 年农作物种植业产值换算至第 i 年价格水平的产值)×水利灌溉分摊系数。

湖南省不同灌区的灌溉效益分摊系数般为 0.38~0.46,本次计算取用 0.4。

灌溉效益计算成果见附表 4。1950—2018 年,湖南水利灌溉效益为 12575 亿元(当年实际价),16171 亿元(2015 年不变价),多年平均灌溉效益 182 亿元(当年实际价),234 亿元(2015 年不变价)。

5.1.3 供水效益

水利建设为湖南省国民经济发展、工农业生产、人民生活提供了必要的供水保障,发挥了重要的支撑作用。新中国成立初期,水利工程供水量为 56 亿 m^3,并呈迅速增长趋势,进入 20 世纪 90 年代以后,湖南省年供水量逐年增长趋于平缓,基本维持在 307 亿~332 亿 m^3。

供水效益的计算方法主要有万元产值分摊系数法、缺水损失法和影子水价法。本次计算供水效益采用影子水价法,即采用水利工程供水量乘以供水综合单价确定供水效益。即:年供水效益=年供水量×多年平均综合用水单价。

由于农业灌溉用水的效益已在灌溉效益中体现,这里的供水是除去农业供水之外的非农供水部分。重点分析 90 年代以来的非农供水的经济效益。根据调查以及文献所载,多年平均综合用水单价按 1 元/m^3 计算。

经计算,1991—2018 年,湖南省非农供水量 2996 亿 m^3,则供水效益为 2996 亿元。计算结果见附表 5。

5.1.4 发电效益

新中国成立前,湖南省仅有火电装机 1.5 万 kW,水电是一片空白。新中国成立之后,水电事业发展迅猛,至 2018 年底,湖南省水电装机 1602.9 万 kW,年发电量 488 亿 kW·h,分别占全国水电装机和年发电量的 4.6% 和 4.2%,其中:已开发建设大型水电站(30 万 kW 以上)7 座,装机容量 579.3 万 kW;中型水电站(5 万~30 万 kW)33 座,装机容量 386.1 万 kW;已建成的小型水电站 4516 处。全国水电总装机容量为 3.5 亿 kW,水力发电量为 1.2 万 kW·h。

发电效益的计算一般采用影子电价法,即:年发电效益=年有效发电量×影子电价。按照湖南省水电上网电价最低标准 0.32 元/(kW·h)作为影子电价。计算过程见附表 6。

1950—2018 年,湖南省水力累计发电量为 9464 亿 kW·h,湖南省水力发电经济效益 3029 亿元。

5.2 生态效益

水利建设除了产生巨大的经济效益外,其生态效益也十分显著,突出表现为:

(1)水利建设减少洪涝灾害对生态环境的破坏。洪涝灾害会对区域生态环境造成巨大破坏。受地形、气候等因素的影响,湖南省一直洪涝灾频繁,多雨则涝,大雨则洪,加之地质条件脆弱,水灾发生后,极易引发滑坡、泥石流等地质灾害。70 年来,湖南省已基本形成了以堤防为基础,水库、蓄滞洪区、河道湖泊治理等工程措施与水文预报、山洪灾害监测预警体系等非工程措施相结合的防灾减灾体系,防灾减灾能力显著增强,洪涝灾害的发生概率和破坏程度大幅降低,洪涝灾害对生态环境的破坏日趋减弱。

(2)水电发展的节能减排效益巨大。水电作为清洁可再生能源,可在一定程度上替代煤炭、石油等化石燃料使用,对于减少 CO_2 及污染物排放,推动解决雾霾和改善大气环境,促进生态文明建设具有重要作用,环保效益巨大。70 年来,湖南省水电累计发电量 9464 亿 kW·h,相当于替代原煤 2.9 亿 t,减少 CO_2 排放 7.3 亿 t,减少 SO_2 排放 249 万 t,减少 NO_x 排放 215 万 t(火力发电 1kW·h 需耗标准煤 305g,燃烧 1t 煤将产生 CO_2 2.4~2.6t,SO_2 0.0086t,0.0074t 氮氧化物),有力地支持了湖南省经济发展,也为改善大气环境质量作出了巨大贡献。同时,也减少了煤炭开采对植被的破坏及土塌陷等危害,保护了生态环境。

(3)水库电站拦蓄作用具有不可估量的生态价值。河流动能长期对河道的切割,加上雨季和枯水季对河岸时而浸泡时而脱水的影响,以及泥沙淤积等原因导致河道大改道或形成新的湖泊这样的巨大生态破坏和灾难。70 年来,湖南省建成各类水库 14096 座,总库容 514 亿 m³。这些水库丰水时拦蓄多余水资源,枯水时向下游补偿放水,能够长期维持下游河道的水面深度,避免河道两岸遭受河水的反复侵蚀;水库电站能够消减水流动能,避免水流对河道两岸的切割,为维持河道生态系统的稳定发挥了不可估量的生态价值。

(4)实施湘江保护与治理,还一江碧水。湘江是长江的第五大支流,是湖南的母亲河。该流域集中了湖南省 60% 的人口、75% 的经济总量,也承载着 60% 以上的污染。从 1979 年颁布《湘江水系保护暂行条例》到 2013 年 4 月 1 日《湖南省湘江保护条例》正式施行,从首次提出"一江同治"到将湘江保护与治理列入省"一号重点工程",湖南省始终将湘江的保护与治理作为政府的重要工作和任务。经过长期持续的治理与保护,湘江流域水功能区水质达标率为 97.2%,达到或优于Ⅲ类水质标准的河长占评价河长的比例高达 99.7%,省级重要饮用水水源地水质合格率达 99%,流域水资源、水环境承载能力显著提高,湘江重现"母亲河"风姿。

(5)水土保持和小流域综合治理改善了生态环境。水土流失不仅是全世界环境的头号问题,也是湖南省严重的生态环境问题之一。水土流失威胁城镇,破坏交通,危及工矿设施和下游地区生产建设及人民生命财产的安全,特别是在高山深谷因水力和重力的双重作用易发生山体滑坡、泥石流和崩塌灾害。新中国成立以来,湖南省累计综合治理水土流失面积3.75万 km²,其中小流域治理面积 1.017万 km²。通过对水土流失的治理,大大减轻水土流失,增加保土能力;拦截了径流泥沙,减轻了河道库塘淤积;改善了山区农业生态环境,为湖南省生态环境保护发生历史性、转折性、全局性变化发挥了不可替代的作用,有力促进了湖南省的生态文明建设。

(6)河湖连通工程促进了河湖健康。水系连通性是影响河湖健康的重要因子,是健康水系与其他评价指标的联系纽带。近年来,湖南省积极探索以"清淤疏浚、调水引流、控源截污"为主要措施的新时期河湖水系连通并付诸实施。通过河湖水系连通工程的实施,不仅大大提高了水资源的调配能力和增强抵御水旱灾害的能力,而且加强了河湖之间的水力联系,加速水体流动,增强水体的自净能力,发挥水生态系统自我修复能力,有效改善河湖水系水生态环境状况。

(7)水生态文明城市建设改善了人居环境。湖南长沙市、郴州市和株洲市、芷江县、凤凰县先后被水利列为全国水生态文明城市建设试点城市,涟源市、沅江市、新宁县等被列入省级水生态文明城市建设试点。以水生态文明城市建设试点为契机,通过建制度、创机制、探模式,将生态文明理念逐步融入水资源开发、利用、治理、配置、节约、保护的各方面以及水利规划、建设、管理的各环节,将水生态文明建设融入城市转型创新发展。如今,水环境优美,水生态清新自然,水安全得到保障,大大提升了城市品位,改善了人居环境,百姓畅享水生态文明成果。长沙湘江两岸诗情画意,湘江东岸满眼繁华,橘子洲头漫江碧透。郴州西河碧波粼粼,绿植亭亭,骑行、散步、垂钓、健身的市民怡然自得。

(8)水利工程建设增添人文景观,美化城市环境。城市景观是城市经济实力和现代文明的重要标志。湖南省在水利工程建设中,注重与生态修复相结合,与人文景观相结合,与美化城市环境相结合。如邵阳市的资水江北防洪堤长,考虑了景观生态学的要求,一侧实施花岗岩拼接的防浪墙,一侧选种鲜花、绿草和翠柏组成的绿化带,是城市防洪工程建设与美化城市环境相结合的典范;娄底市涟水河南岸城区防洪圈工程,彻底改变了原有河岸破烂不堪、杂草丛生、垃圾成堆、臭气冲天的旧景象,整齐规则的堤线工程、工艺精细的配套建筑设施、环境优美的涟水河旁公园,构建成涟水河畔一道亮丽的风景线,已成为娄底市区的又一人文景观。

5.3 社会效益

水利改革发展社会效益突出表现为:

(1)水利建设保障了湖南省社会安全和社会稳定。新中国成立以来,湖南省基本建成了以水库、堤防、灌排泵站、引排水闸、蓄滞洪区、河道治理等工程措施与水文预报、水库调度、山洪灾害预警等非工程措施相结合的防灾减灾体系,不仅保障了湖南省国民经济的稳定发展,保护了人民生命财产安全,维护社会安定团结和人民安居乐业,而且有力地促进了文化、教育、科学、卫生等事业的全面发展。湖南是农业大省,为保障粮食安全,新中国成立以来,湖南省大力发展灌溉事业,有效灌溉面积从 1949 年的 1800 万亩发展到 2018 年 4746 万亩,耕地灌溉率为 76.2%,保障了农业稳产,丰富了市场农产品供应,繁荣了市场经济,提高了人民生活水平,为社会安定提供了保证。湖南省 1603 万 kW 的水电装机容量,推进了经济发展。同时,水资源保护、水生态修复、水土流失治理等美化了环境,调节和改善区域环境,降低水旱灾害的损失率,为人民稳定良好的生产生活环境提供了支撑和保障。

(2)洞庭湖综合治理,承载其突出的防洪保安和生态安全的地位与使命。①洞庭湖治理的纵深推进,推动人水和谐关系的文明进程。过去,洞庭湖水患频发、灾难不断,长期威胁湖区人民群众生命财产安全,阻碍经济社会的发展。因此,不断探索和实践人水相处的方式,一直是湖区人类发展与自然斗争的主题。新中国成立以来,洞庭湖经历了四个阶段的治理,长期的治湖脉络体现湖南省积极应对江湖关系和水情变化,从最早的对洪水束手无策(表现为"躲避洪水"为主)——筑堤挡水的控制洪水(表现为建设水利工程来改造湖泊、调蓄洪水等以保障经济社会发展的安全)——"蓄泄兼顾、江湖两利"的综合治理(表现为加强蓄滞洪区风险管理,探索洪水资源化利用等),这是遵循可持续发展思想的综合体现,是综合治理洞庭湖洪涝灾害和改善生态环境的指导原则,标志着洞庭湖治理理念的进步,也充分体现了湖区居民与水斗争——与水共生——与水共荣的文明进程。通过持续多年的综合治理,为促进区域安全提供了坚定的水利保障,洞庭湖区堤防标准提高,险情大幅减少,实现了大水之年无大灾、人民生命财产安全得到有效保障。② 持续完善的防洪蓄洪工程体系,对湖区乃至长江中下游地区的防洪保安发挥不可替代的作用。新中国成立以来,洞庭湖历经四个阶段的大规模持续建设和治理,洞庭湖排涝能力大大提高,受渍面积减少;调蓄容积扩大,行洪更加顺畅。防洪能力得以提升,不仅成功抵御了 2017 年大洪水,还保障湖区经济社会的更加和谐稳定。洞庭湖年均入湖水量约 2800 亿 m³,入出湖洪峰削减比达 30%,规划建设的 24 个蓄滞洪区,蓄洪容积约 160 亿 m³,对保障长江中下游地区特别是洞庭湖区和武汉地区的防洪安全发挥了举足轻重的作用。③ 洞庭湖的长期治理,保障其长期稳定的生态功能。洞庭湖吞吐长江,是与长江保持水体自由交换的大型天然湖泊之一,形成复杂的江河湖泊复合型湿地生态系统,调节区域生态环境、气候,降解污染物、涵养水源等生态功能显著,对于维护长江流域生态安全具有重大战略意义。目前,洞庭湖是全国最大的淡水湿地,已建立 2 个国家级和 2 个省级自然保护区,拥有水生植物 160 多种、鸟类 300 多种、鱼类 100 多种,既是珍稀水生生物及资源性鱼类的繁衍地和活动场,也是具有世界意义珍稀迁徙性鸟类的越冬场和栖息地,被世界自然基金会列为全球淡水生态系统 200 佳,中国生物多样性保护的 40 个关键区域。湖南省通过长期持续深入开展生态环境整治,以及健全洞庭湖污染防治法制体系,科学修复湿地生态,实现洞庭湖"浩浩汤汤"的壮美、"岸芷汀兰"的和谐、"沙鸥翔集"的繁盛,洞庭湖浩浩荡荡的一湖清水是一部人水和谐的生态壮歌,人民群众的安全感、获得感显著提升,生态环境明显改善。

（3）水利工程建设能拉动就业和促进土地增值及产业结构优化。水利工程建设产业链长,可带动建筑、机械产业发展,能增加就业机会和农民收入,还能依托水美环境和水电资源发展旅游、渔业、制造、施工等产业,增加老少边穷地区群众就业机会,直接增加农村集体经济和农民收入。由于长期受洪水威胁,原先的易淹易涝区的土地,基本处于难利用状态,或利用率很低,老百姓称之为甩亩,城市低洼地闲置或成为弃渣场。防洪工程建设后,提高了防洪保安能力。一些水利项目实施后,土地的开发利用价值提升,土地增值,沿河地带随着堤防工程以及沿河风光带的建成,成为商品房开发的黄金地段。如长沙市的湘江世纪城、宝利广场等小区,因其邻河独特的风景而倍受市场青睐。此外,防洪工程建成后开发项目落户带来了产业结构变化。邵阳市江北经济开发区就是其中的一例。该区域在修建资水防洪大堤前,原为蔬菜种植基地。资水防洪大堤建成后,人们不再担心水患之苦了,随即变为了经济开发区,由原来的蔬菜种植业转型为轻工业和服务业,该区的产业结构发生了根本性的变化,经济发展取得了质的飞跃。

（4）农村饮水安全工程促进了社会和谐。农村饮水安全工程是一项重大的民生工程。饮水安全事关亿万农民的切身利益,是农村群众最关心、最直接、最现实的利益问题,是加快社会主义新农村建设和推进基本公共服务均等化的重要内容。党中央、国务院高度重视此项工作,新中国成立以来,湖南省投入了大量财力、物力和人力帮助解决农村群众饮水问题,其中"十一五""十二五"期间,湖南省建成农村饮水安全工程 2.67 万处,累计解决约 3500 万人饮水安全问题,自来水普及率由 2012 年的 43% 提高到 2017 年的 82.7%,农村饮水实现了喝水困难到喝好水的飞跃。农村饮水安全工程成为近年来受益范围最广、老百姓满意度最高、获得感最强的"德政工程""民心工程"。农村饮水安全工程的实施,加深了党群干群关系,提高了党和政府的威信。农村饮水安全工程受益范围广、受益人口多,农民群众用上了与城里人一样清洁、卫生的水,缩小了城乡差距,使广大农民实实在在的分享到了改革开放与经济发展的成果,充分感受到了党和政府的温暖。同时,实施农村饮水工程有效地改善了环境卫生,遏制了血吸虫病的传播。

（5）水利血防保障人民生命安全。血吸虫病是危害湖南省洞庭湖地区广大群众身体健康的严重疾病。新中国成立前,由于缺少防治手段、几无防治措施,疫区处处呈现出"千村薜荔人遗矢,万户萧疏鬼唱歌"的悲惨景象。1949 年后,在党和政府的领导下,通过采取并垸合流、高围垦种、矮围灭螺、大堤护坡结合灭螺等措施,血吸虫病已得有效控制。2008 年湖南省以流行村为单位,达到了国家血吸虫病疫情控制标准。到 2010 年,新发现血吸虫新患者人数比新中国成立初期下降了 99.88%。水利血防取得了显著成效,保障人民生命安全。

（6）依托水利工程宣传水情,增强公众的知水、爱水、节水意识。在湖南众多的水利工程中,韶山灌区有着不同寻常的标签。它于 1965 年建成,至今仍是湖南省第一大灌区,渠系建筑物和自动观测,一直是湖南省渠系建筑物的样板。目前韶山灌区是国家水利风景区,是水利行业资源节约的标兵,是首家"省科学技术普及基地",是湖南省唯一获评的国家水情教育基地。该基地依托于社会主义初期建成的韶山灌区工程及灌区陈列馆建设而成。采取实物(即灌区干渠以及大坝工程、电站等)＋陈列馆＋户外活动综合性方式进行广泛的水情教育活动,通过综合运用图片、展板、雕塑、实景沙盘模型和影音视频等手段让人直观感受灌区工程的概况,充分了解灌区中蕴含的深刻历史文化、技术力量与功能作用。同时面向公众开展水情教育,引导公众认知国情水情、了解水利,增强水安全、水忧患、水道德意识,促进形成知水、节水、护水、亲水的社会风尚。

5.4 政治效益

(1)水利事业承载了兴国安邦的政治担当。兴修水利历来是治国安邦的大计,中国五千年的文明史也是一部中国人治水的历史。综观我国的历史,历朝历代的盛衰,无不与水、治水活动密切相关。古今中外都把治水作为社会与政治斗争中的重要政治手段和有力武器。湖南省在治水历程中始终秉承水安全是总体国家安全观的题中之义原则,在湖南省持续大力推进水利改革发展,不断转变治水思路,实现水利高质量发展。70 年来湖南省在水利建设方面取得了卓越成就。全省构筑了工程措施与非工程措施相结合的防灾减灾体系;水库数量占全国水库总量的 14%;耕地灌溉率达 76.2%,高于世界水平的 20.1%,居全国前列;在国内率先建立的完善的山洪灾害防御体系,受到全国范围内的推广;湖南省水电装机位居全国第五;水利扶贫,助推农业农村发展和贫困群众脱贫致富等。湖南水利事业的发展有力地防范了因洪水泛滥带来生命、生产和生活不安全的风险、因水资源短缺而引发的水事纠纷和冲突风险、人民群众因饮水困难而引发的不稳定风险、水质恶化导致的疾病流行的风险、水土流失而致的生态安全风险等,有效保障了国家和地方安全,充分体现了湖南水利在支撑经济社会发展,保障公众生命安全、城市安全、社会稳定中的政治责任和担当。

(2)辉煌的水利建设成就,增强了民众对党和政府的政治认同感。新中国成立 70 年来,湖南水利取得了辉煌成就,民众有目共睹。20 世纪 90 年代以来,湖南省经历了 1994、1995、1996、1998、1999、2002、2003、2006、2007、2010、2012、2016、2017、2019 年等洪涝灾害,以及一场场历史上重大的旱灾,湖南水利保障了人民的生命财产安全,使得人民群众能够安居乐业,享受祥和安定的生活;治水历程中,党和政府在遇到水旱灾害时所表现出的关心人民群众疾苦并全力保障人民群众生命财产安全的政治素质,在治水中规划、组织、协调、控制等方面表现出治水的专业能力和治水事业中表现出的执政能力等,都有效地增强了民众的政治认同与支持。

(3)民生水利建设充分展示了党和政府以人民为中心的执政理念。新中国成立至改革开放前,洞庭湖区的堵支并垸、重建大堤等是为了提高防洪能力,使人民免受被淹之苦;湖南省兴修水库、机电排灌等是为了提高耕地粮食产能和稳定产能,使人民免受饥饿之苦,这些都是为维护人民最基本的生命权的民生工程;改革开放以来,洞庭湖治理,湘、资、沅、澧"四水"治理,病险水库加固,小水电的发展等,为的是保障人民群众生命财产安全,改善城乡居民的生产生活条件;水资源的节约保护、水生态文明建设、水土流失治理等,确保供水安全和生态安全,使广大人民群众享有优质的生活环境;农村饮水安全工程、水利扶贫等,提高了人民群众的安全感、获得感和幸福感。可见,70 年的治水历程,充分展示了湖南省委、省政府以人民为中心的执政理念,增强民生水利保障能力,使水利更好地惠泽民生,造福人民群众。

5.5 文化效益

(1)70 年的水利建设成就,为湖南省积累了丰厚的水利物质文化遗产。新中国成立以来,湖南省大兴水利工程建设,目前已建设水库 14096 座,其中大型 45 座,中型 363 座,小型 13688 座,形成 514 亿 m³ 水库库容,从洞庭湖的持续治理,到东江、五强溪、江垭、皂市、白云、洮水等一批控制性骨干工程相继建成,持续开展湘、资、沅、澧"四水"干支流堤防建设,建设成的各类灌区 7.39 万处、泵站 5.32 万处、塘坝 166 万多处、水闸 3.48 万座、各类渠道 51.14 万 km。同时依托水利工程建成国家级、省级水利风景区 91 处。这些都是湖南人民治水史上的劳动和智慧结晶,既造福人民又包含着丰厚的文化内涵,为湖南水利大省、农业大省的地位作出积极贡献,同时为湖南治水历史积累了丰厚的水利物质文化遗产。

(2)70 年的治水实践总结,为湖南省积累了弥足珍贵的精神财富。70 年在艰难发展中一脉相承,70 年在不断摸索中开拓进取,湖南人民 70 年艰苦卓绝的治水实践,在控制、改造、开发和开发利用水资源的过程中,不断认识与掌握水的规律;从单纯除害,到兴利与除害结合;从水利的单项开发,发展到综合利用;逐步建立并不断丰富完善治水的科学知识体系、价值取向、规范制度、行为准则和标准体系;走出了一条适合本省省情、水情的水利建设与改革发展模式,凝结着一代又一代湖南水利人的智慧和力量,弘扬了水利人"献身、负责、求实"的水利行业精神。70 年所创造的水利物质财富和精神财富的总和,构成了绚丽多彩的水文化,具有深远的文化意义和价值,丰富和发展了湖湘文化的内涵。同时,弥足珍贵的水利改革发展经验,正在汇聚为水利改革发展的强大精神,激励着现代水利人奋勇争先、不断将水利事业推向前进。

(3)70 年的治水历程继承和发扬了湖南人文精神。习近平总书记在 2016 年的两会期间到湖南组,提出要发扬湖南人"吃得苦,霸得蛮,扎硬寨,打死战"的精神传统。70 年取得的辉煌成就,无不是湖南人精神充分继承和发扬的结果,70 年间湖南涌现了一大批可歌可泣的英雄模范人物和感人事迹。梅龙山下"活龙王"夏炳发的治水记、"史龙王""大禹的传人"史杰同志 40 年如一日的治水事迹,中华技能大奖获得者何江波、点水成金的人——模范共产党员何贵平、"时代楷模"余元君以及一大批的抗洪救灾功臣和抗洪救灾先进个人等一个个鲜活感人的"湖南水故事",激励着无数湖南水利人前赴后继、迎难而上,为湖南水利挥洒自己的青春热血。70 年来水利建设还发扬了"忠诚、担当、求是、图强"具有时代特征的湖南精神。70 年来湖南省实事求是,根据省情、水情以及社会对水利需求的变化,极力完善水利基础设施建设,保障人民群众生命财产安全和满足人民群众需求,彰显水利的责任和担当;另外,从韶山灌区十万劳动大军凭着"愚公有移山之志,我们有穿山之志"的豪情胜利建成总干渠和北干渠、到洞庭湖一、二、三期治理,到以壮士断腕的勇气,坚决打赢湘江保护与治理攻坚战,无不体现湖南省在水利建设方面的奋发图强。

5.6 水利投入对国民经济的贡献

水利建设作为公共基础设施建设的一部分,对国民经济增长具有推动作用,水利投资能够为其他行业的发展提供基本的生产条件。因此,研究水利基础建设对国民经济增长的拉动作用,对于确定水利基础设施投资方向无疑具有重要的现实意义。

5.6.1 水利投入与国民经济产出的相关性

为了分析水利投资对国民经济的贡献指标,首先必须分析水利投资与国民经济产出指标的相关关系,因为只有变量之间存在强相关关系,分析自变量对因变量的影响才有意义。鉴于收集的资料情况,选择水利基本建设投资作为反映水利投资的分析变量;从产出方面分析,与水利产出存在较密切联系的经济变量主要有国民生产总值(GNP)、国内生产总值(GDP)、财政收入及社会总产值等。由于各国民经济产出指标之间都存在一定的关联,课题选择国内生产总值(GDP)作为分析变量。首先采用相关系数对水利投资与国内生产总值(GDP)的相关性进行分析。1949—2018年水利基建投资与GDP统计结果见附表7。阶段水利基建投资与GDP统计结果见表5-1。

表5-1 阶段相关指标参数 单位:亿元

时期	水利基建投资	水利基建投资累计	GDP	水利基建投资占GDP比例
"一五"(1953—1957年)	0.48	0.48	180	0.27
"二五"(1958—1962年)	1.29	1.77	280	0.46
"三五"(1966—1970年)	2.62	4.39	396	0.66
"四五"(1971—1975年)	4.15	8.55	548	0.76
"五五"(1976—1980年)	4.89	13.44	764	0.64
"六五"(1981—1985年)	3.70	17.14	1337	0.28
"七五"(1986—1990年)	6.60	23.74	2836	0.23
"八五"(1991—1995年)	7.94	31.68	6847	0.12
"九五"(1996—2000年)	103.82	135.50	15181	0.68
"十五"(2001—2005年)	138.33	273.83	24881	0.56
"十一五"(2006—2010年)	266.69	540.52	57781	0.46
"十二五"(2011—2015年)	743.54	1284.06	122385	0.61

考虑到水利投资效益具有一定的滞后性,在进行水利投资与国民经济产出的相关分析时进行:①年值系列分析;②国民经济计划(五年计划)周期内的水利投资累加值与期末国民经济产出指标的相关分析。

经计算,两种系列的相关性系数分别为 0.983($P=0.000<0.001$)和 0.992($P=0.000<0.001$),水利基建投资与 GDP 呈强相关关系。结果表明,水利作为国民经济的基础设施和产业,虽然本身财务收益不高,但对国民经济的发展至关重要,与国民经济产出(尤其是GDP)的关系十分密切,是国民经济的重要支撑和保障。

5.6.2 水利投资对经济增长的贡献率分析

水利对国民经济的贡献除了从水利工程经济学的角度,通过计算和分摊,得出水利工程各项功能的效益之外,还可以从宏观上定量分析水利投资对国民经济的贡献。

根据宏观经济理论,C-D 生产函数反映了生产投入与产出的数量关系,它广泛应用于经济增长因素分析。本课题借助 C-D 生产函数,建立弹性分析模型,从宏观上定量地分析水利投资对促进 GDP 增长的贡献。

(1)双对数线性模型。

回归模型经常使用的形式是双对数线性模型,考虑如下形式的一元非线性函数关系:

$$y=\gamma x^{\beta_1}\varepsilon \tag{5-3}$$

模型可变换为:

$$\ln(y)=\ln(\gamma)+\beta_1\ln(x)+\ln(\varepsilon) \tag{5-4}$$

令 $\beta_0=\ln(\gamma)$,$\mu=\ln(\varepsilon)$,则:

$$\ln(y)=\beta_0+\beta_1\ln(x)+\mu \tag{5-5}$$

对于多个解释变量的情形,式(5-5)扩展为:

$$\ln(y)=\beta_0+\sum_{i=1}^{k}\beta_i\ln(x_i)+\mu \tag{5-6}$$

上述模型是线性模型,因为参数是以线性形式出现在模型中的,而且,虽然原来之间是非线性关系,但因变量和自变量的对数形式是线性关系,可以叫作双对数线性模型。

容易看出,这个模型中解释变量的系数就是弹性:

$$\beta_i=\frac{\partial\ln(y)}{\partial\ln(x_i)}=\frac{\partial y/y}{\partial x_i/x_i} \tag{5-7}$$

对于多元双对数模型,β_i 称为偏弹性。它度量了在其他变量保持不变的条件下,解释变量 x_i 对因变量 y 的弹性影响。在度量变量之间弹性影响关系时经常使用,如需求的价格弹性、消费的收入弹性等。

如果令 $y^*=\ln(y)$,$x_i^*=\ln(x_i)$,则式(5-4)可以写成:

$$y^*=\beta_0+\sum_{i=1}^{k}\beta_i x_i^*+\mu \tag{5-8}$$

显然,在古典线性回归模型基本假定下,可以使用 OLS 对模型(5-8)进行估价。

(2)弹性分析模型的基本原理。

1928 年,Charles Cubb 和 Paul Dauglas 提出了著名的 C-D 生产函数:

$$Y = AK^{\alpha}L^{\beta} \tag{5-9}$$

式中,Y 为 GDP;K 为资金的投入;L 为劳动力的投入;A,α,β 为待估计参数,α,β 的取值为 0~1。

C-D 生产函数满足以下假设:①每种生产要素遵循边际收益递减规律;②规模报酬不变;③生产函数是齐次线性的。

式(5-9)对数化的结果为:

$$\ln(Y) = \ln(A) + \alpha \ln K + \beta \ln(L) \tag{5-10}$$

可见,C-D 生产函数是对数线性的。

式(5-10)中,求 Y 对 K 的偏导数,经变换可得:

$$\alpha = \frac{\partial Y}{\partial K} \frac{K}{Y} \tag{5-11}$$

式中:α 为 GDP 变化的幅度与资金变化幅度之比,即 GDP 的资金投入弹性。

A 是效率系数,反映了技术的进步。将 A 设定为常数,表明:在 C-D 生产函数中,技术的进步被当作是外生的,它由经济系统外部确定,不受经济系统影响;C-D 生产函数认为产出取决于资本和劳动两大要素的投入,技术进步没有被当作投入要素,资本和劳动两要素质量的提高是由技术进步引起的。式(5-11)中,第 t 年的固定资产投资为 K,若投资增加(减少)∂K,会导致 GDP 增加(减少)∂Y,且:

$$\partial Y = \alpha Y \frac{\partial K}{K} \tag{5-12}$$

(3)C-D 生产函数的统计回归和检验。

C-D 生产函数的统计回归有着其特殊性,主要体现在:函数形式是对数线性的;事先已知 $\alpha + \beta = 1$。因此,以式(5-10)为回归的形式,且将 β 用 $1-\alpha$ 来替代,可以得到:

$$\ln\left(\frac{Y}{K}\right) = \ln A + (1-\alpha)\ln\left(\frac{L}{K}\right) \tag{5-13}$$

式(5-13)作统计回归,还可克服 K 和 L 之间的共线性和导方差性。

根据湖南省 1950—2018 年的劳动力(L)、固定资产投资(K)和 GDP 序列为统计数据,见表 5-11。利用 OLS 估计得到:

$$\ln(Y/K) = 0.331\ln(L/K) + 0.675 \tag{5-14}$$

$$\text{s. e.} = (0.013)(0.055)$$

$$t \text{ 检验值} = (52.514)(12.350)$$

$R^2 = 0.976$,$F = 2757.727$,$D.W. = 0.388$,可见,在 1% 的显著性水平下,参数、方程的回归结果是显著的,相关系数表明了方程的整体拟合优度是好的。

(4)水利投资经济效益的弹性分析。

利用式(5-12)可以计算水利投资对促进湖南省经济增长的贡献,结果见附表 8。随着水利投资力度的不断加大,对 GDP 的贡献也随之增长,特别是 20 世纪 90 年代以来,水利投资力度的加大,它对 GDP 产出的贡献也明显加大。1950—2018 年,水利投入 2040 亿元,对 GDP 的贡献为 2241 亿元,平均每亿元的水利投入拉动 GDP 增长 1.10 亿元,多年平均贡献为 32.47 亿元,促进 GDP 平均增长率为 2.64%。可见,水利投资的宏观经济效益是显著的。

6 总 结

　　课题依照安全性、经济性、舒适性三个水利发展需求层次,客观梳理湖南水利70年的改革发展历程,科学划分水利发展阶段并总结各阶段特征,在此基础上深入分析水利改革与发展成就,并采用以定量为主、定量与定性相结合的方式全面评估水利改革发展效益,具体成果如下:

　　(1)根据国家宏观政策以及湖南省情、水情特点,按照安全性、经济性、舒适性三类水利发展需求,将湖南水利发展70年划分为:1949—1978年(全民大干水利建设期)、1979—1998年(水利改革发展调整期)、1999—2010年(水利改革发展转型期)、2011—2018(水利改革发展黄金期),并分析了各阶段水利需求特征、水利发展任务和水利发展特征。湖南水利发展的主要特点为:经济社会发展对水利发展的需求从安全性需求逐步向舒适性需求转变,水利发展理念从工程水利逐步向资源水利、生态水利转变,人水关系由人水对立关系逐步向人水日益和谐转变,水利在经济社会发展中的地位和使命不断提高。

　　(2)根据水利发展阶段划分成果,分防洪减灾、农田水利、饮水安全、国民经济用水、水电开发、水系景观、水生态环境保护7个单项对水利建设成就进行总结归纳。新中国成立70年来,防灾减灾实现了从初步具备防御水旱灾害能力到有效抵御水旱灾害的发展;农田水利实现了从单纯扩大灌溉面积到节水灌溉,到农业发展与灌溉效益协调发展的转变;农村饮水实现了从饮水解困向保障饮水安全,到饮水安全巩固提升的发展;国民经济用水实现了"以需定供"用水到集约型"以供定需"用水,到逐步趋于实现用水"零增长"的发展;水电开发实现了从无到有,从小到大,从无序开发到绿色发展的转变;水系景观实现了从无到水系风景名胜景点建设,再拓展为城市水系景观建设,最后融入当地特色的协调发展之路;水生态环境保护实现了从最初不重视到逐渐步入正轨,到全面开花的发展之路。

　　(3)按照水利法制建设、水利科技发展和水利信息化发展和水利改革实践四个方面总结了不同阶段的改革发展任务与成就。新中国成立70年来,水利法治建设实现了从探索、起步阶段逐步向有序规范化法治建设道路迈进。水利科技投入持续增加,水利成果丰硕,为湖南水利发展提供了重要的科技支撑。水利信息化发展成效显著,为湖南水利高质量发展提供了有力的技术保障。水利管理改革实践中,防灾减灾管理历程实现了"由控制洪水向洪水管理转变,由单一抗旱向全面抗旱转变";水资源管理实现了"管理理念从供水管理向需水管理转变、用水模式从粗放落后向节约高效转变、开发利用从开发为主向保护优先转变、管理手段从行政管理向多手段综合运用的转变",不断完善水管理的法规制度,实行最严格水资源管理制度,全面实施河(湖)长制。水土保持管理不断健全法规制度体系,不断更新完善水土流失基本信息和水土保持规划,不断规范水土保持监督管理和加强水土保持监测与信息化建设。水库移民管理逐步走上法制化轨道,移民搬迁安置方式不断完善,水库淹没补偿标准不断提高,移民生产生活条件不断改善。

(4)作为国民经济和社会发展的基础和命脉,湖南水利在保障人民生命财产安全,改善生态环境,提高人民生活水平,维持社会稳定,丰富文化内涵,带动经济发展等方面发挥了巨大效益。①水利改革发展经济效益:1998—2011年"四水"治理工程多年平均投资23948万元,1998—2012年"四水"治理带来的多年平均防洪效益达到47986万元;1955—2017年,洞庭湖多年平均防洪效益为200.6亿元(当年价),280.5亿元(2015年价);1950—2018年,湖南水利灌溉效益为12575亿元(当年实际价),16171亿元(2015年不变价);1991—2018年的湖南省非农供水效益为2996亿元;1950—2018年的水力发电效益为3029亿元。②水利改革发展生态效益:水利建设减少洪涝灾害对生态环境的破坏;水力发电发挥了显著的节能减排效益;水库电站对维持河道生态稳定具有不可估量的生态价值;水土保持和小流域综合治理改善了生态环境等。③水利改革发展社会效益:水利改革发展在促进就业、提高农民收入、缩小贫富差距、保障社会稳定和谐等方面发挥了巨大的社会效益。④水利改革发展政治效益:水利承载了兴国安邦的政治担当,辉煌的水利建设成就充分展示了党和政府以人民为中心的执政理念,增强了民众对党和政府的政治认同感。⑤水利改革发展文化效益:为湖南省积累了丰厚的水利物质文化遗产和弥足珍贵的精神财富,继承和发扬了湖南人精神。⑥水利建设对国民经济拉动作用:新中国成立70年以来,湖南水利投入2041亿元,对GDP的贡献为2241亿元,平均每亿元的水利投入可拉动GDP增长1.10亿元。

主要参考文献

陈明忠. 关于水生态文明建设的若干思考[J]. 中国水利,2013,(15):1-5.

陈绍金. 湖南省水利科技跨越式发展战略研究[R]. 长沙:湖南省水利厅,2003.

戴军勇. 解读湖湘精神中的水文化因子[A]. 中国水利职工思想政治工作研究会. 全国水利系统思想政治工作及水文化研究 2012 年度优秀论文集[C]. 武汉:长江出版社,2013.

邓枝柳. 湖南省水利科技发展战略研究[D]. 南京:河海大学,2006.

樊鸣放. 湖南省水利信息化建设的探讨[J]. 湖南水利水电,2001,(06):41-42.

方金城,易映群. 湖南血防 60 年(1950—2010)[M]. 长沙:湖南科学技术出版社,2015.

甘明辉. 关于湖南水生态文明建设格局的思考[J]. 湖南水利水电,2016,(01):1-3.

高铁梅. 计量经济分析方法与建模 EViews 应用及实例(第3版)[M]. 北京:清华大学出版社,2016.

搞好水土保持 建设秀美湖南——湖南省水土流失与治理情况公告[J]. 湖南水利水电,2002,(06):55-58.

顾奎利,赵河川,李镇西. 韶山灌区综合效益调研分析[J]. 黑龙江水利科技,2011,39(01):32-33.

国家防汛抗旱总指挥部办公室,中国水利学会减灾专业委员会. 中国城市防洪(第三卷)[M]. 北京:中国水利水电出版社,2008.

胡学良,李燕妮. 湖南省小型农田水利工程管理与建设现状及对策[J]. 中国农村水利水电,2008,(10):58-60.

胡学翔. 湖南省水土保持工作现状与展望[J]. 中国水土保持,2018,(12):67-69.

胡学翔. 湖南省水土保持生态清洁小流域建设回顾与思考[J]. 中国水土保持,2019,(03):18-19,59.

胡学翔. 湖南省水土保持工作现状与展望[J]. 中国水土保持,2018,(12):67-69.

湖南省地方志编纂委员会. 湖南省志(1978—2002)(水利志)[M]. 北京:中国文史出版社,2010.

湖南省水力发电工程学会. 湖南水电(1956—2015)[M]. 北京:中国水利水电出版社,2016.

湖南省水利厅. 湖南省水资源公报(1999—2018)[R]. 长沙:湖南省水利厅,2018.

湖南省水利厅.湖南水利统计年鉴(2006—2018)[R].长沙:湖南省水利厅,2018.

湖南省水文水资源勘测局.湖南省水文志[M].北京:中国水利水电出版社,2006.

湖南省水文水资源勘测局.湖南省水文组织史(1941—2006)[M].北京:中国水利水电出版社,2007.

湖南省水文水资源勘测局.湖南省水资源调查评价[M].长沙:湖南地图出版社,2017.

湖南资料手册编纂委员会.湖南资料手册(1949—1989)[M].北京:中国文史出版社,1990.

金锦云.水利工程建设中的思想政治工作路径思考——以湖南潇水涔天河水库扩建工程为例[J].中国高新科技,2019,(16):104-107.

李睿,张磊,郝博.中国绿色水利发展战略的构想探讨[J].南方农机,2017,48(16):177-178.

李跃龙.洞庭湖志(上册、下册)[M].长沙:湖南人民出版社,2013.

李宗礼,李原园,王中根,等.河湖水系连通研究:概念框架[J].自然资源学报,2011,26(3):513-522.

刘志强.湖南水利信息化建设及效益[J].水利规划与设计,2004,(02):61-62,41.

柳德新.湖南划定水土流失预防治理重点地区[J].中国水利,2017,(03):67.

卢佳宇.湖南省郴州市水生态文明建设模式研究[D].长沙:湖南农业大学,2017.

卢小华.湖南省水利信息化及发展思路[J].湖南水利水电,2003,(02):57-58.

陆孝平,赵广和,王淑筠.建国40年水利建设经济效益[M].南京:河海大学出版社,1993.

罗若愚,张龙鹏.承接产业转移中我国西部地方政府竞争与经济增长绩效[J].中国行政管理,2013,(07):112-116.

骆岳梨.洞庭湖治理及其水文化建设实践[J].中国水利,2012,(13):59-60,55.

马泰成.中国水利社会下的政治理性与经济效率[J].制度经济学研究,2017,(03):1-43.

欧阳友权.湖湘文化与湖南文学的审美品格[J].求索,1998,(06):83-87.

潘家铮.中国水利建设的成就问题和展望[J].中国工程科学,2002,(02):42-51.

彭珂珊.我国水土保持在生态文明建设中的实践与思考[J].首都师范大学学报(自然科学版),2016,37(05):58-69.

皮颂孚,陈子年,戴介之.等.湖南水利经济发展的启示[J].湖南水利水电,2006(05):10-11.

全国农村水能资源调查评价工作领导小组.中华人民共和国农村水能资源调查评价成果报告2008(第十二卷·湖南省)[M].北京:中国水利水电出版社,2009.

水利部办公厅,水利部发展研究中心.水利辉煌60年[M].北京:中国水利水电出版社,2010.

王才君,邵东国,刘丙军.水利投资经济效益的弹性分析模型研究[J].中国农村水利水电,2002,(07):31-33.

王浩,马静.水利与国民经济协调发展研究[J].中国水利,2006,(08):73-75.

王亚华,胡鞍钢.中国水利之路:回顾与展望(1949—2050)[J].清华大学学报(哲学社会科学版),2011,26(05):99-112,162.

王亚华,黄译萱.中国水利现代化进程的评价和展望[J].中国人口·资源与环境,2012,22(06):120-127.

王亚华.中国水利发展阶段研究[M].北京:清华大学出版社,2013.

王韵萱.基于水文化的沅江市区滨水空间改造研究[D].长沙:湖南农业大学,2017.

魏再勋.湖南省水土流失治理探究[J].水土保持通报,1990,(05):39-43.

吴丹.中国水利绿色现代化发展进程评价与战略构想[J].中国人口·资源与环境,2015,25(09):114-123.

夏军,左其亭.中国水资源利用与保护40年(1978—2018年)[J].城市与环境研究,2018,(02):18-32.

肖华堂.基于博弈视角的湖南省水土流失治理对策研究[D].长沙:湖南科技大学,2013.

谢康生.湖南省水资源综合利用研究[M].长沙:湖南人民出版社,2007.

熊健益,张勇.谈"贡献率"与"拉动率"的计算[J].中国统计,2017,(09):38-40.

徐瑜.水利与国民经济社会协调发展关系实证分析与评价[J].吉林水利,2013,(05):57-60.

许航.数据库技术在水利信息化建设中的应用探讨[J].湖南水利水电,2008,(04):77-78.

杨始伍.解放思想,转变观念,深化改革,自立自强——浅析湖南水利教育如何适应治水思路的两个转变[J].湖南水利水电,2001,(06):1-2.

杨思宇,盛东.湖南省水利风景区建设现状与发展思考[J].水资源开发与管理,2019,(06):80-84.

杨晓茹,李原园,黄火键,等."十三五"水利发展方向、布局与重点研究[J].中国水利,2017,(01):11-14,19.

杨永德,王孟.长江流域水生态文明城市建设实践与思考[J].人民长江,2016,47(10):10-14.

杨雨.水生态文明视角下永州市城镇化质量提升机制与对策研究[D].长沙:湖南师范大学,2017.

张良贵.韶山灌区渠道防渗经济效益分析及建议[J].水利经济,1998,(01):52-56.

张吕,丁先慧.水文化与湖湘文学[J].长沙大学学报,2007,(03):10-13.

张硕辅.关于推进潇湘水文化建设的战略思考[J].中国水利,2012,(23):62-64.

张天明.水利投入对国民经济拉动作用的影响研究[D].南京:河海大学,2002.

张一鸣.中国水资源利用法律制度研究[D].重庆:西南政法大学,2015.

钟再群.促进湖南水利经济科学发展的思考[J].湖南水利水电,2008,(05):1-3.

周柏林,杨建,潘志德.湖南省"十二五"水库建设、管理成就与展望[J].湖南水利水电,2016,(06):1-3.

周玉玺.水资源管理制度创新与政策选择研究[D].泰安:山东农业大学,2005.

左其亭.新时代中国特色水利发展方略初论[J].中国水利,2019,(12):3-6,15.

左双苗,陈国玉,王睿,等.改革开放以来湖南水土保持工作成效[J].中国水土保持,2019,(08):13-15.

附　录

附表1　　　　　　　　　湖南省水库工程建设情况统计表

年份		水库		大型		中型		小(1)型		小(2)型	
		座	总库容（万 m³）	座	总库容（万 m³）	座	总库容（万 m³）	座	总库容（万 m³）	座	总库容（万 m³）
1949	恢复 时期	16	330	0	0	0	0	0	0	16	330
1950		20	397	0	0	0	0	0	0	20	397
1951		36	774	0	0	0	0	0	0	36	774
1952		110	2644	0	0	0	0	3	593	107	2051
1953	"一五"	227	5455	0	0	0	0	7	1070	220	4385
1954		348	9298	0	0	0	0	16	2681	332	6617
1955		563	16974	0	0	0	0	34	5734	529	11240
1956		1151	35126	0	0	0	0	62	11739	1089	23387
1957		2373	74084	0	0	2	2600	122	24052	2249	47432
1958	"二五"	3983	292978	3	85996	27	46122	356	81316	3597	79544
1959		5444	473850	5	143896	57	105729	541	118421	4841	105804
1960		5877	614758	7	239196	69	128295	604	133924	5197	113344
1961		5924	620700	7	241196	70	129295	610	135769	5237	114440
1962		5966	626992	7	244196	71	131112	613	136475	5275	115210
1963	调整 时期	6110	631683	7	244196	71	131162	627	138747	5405	117578
1964		6423	646976	7	245196	74	133674	663	144856	5679	123250
1965		6793	678142	7	245196	87	147944	712	154341	5987	130662
1966	"三五"	7338	731116	7	247384	105	171840	805	171594	6421	140299
1967		7606	763007	7	247384	115	193242	848	177391	6636	144990
1968		7746	774623	7	247384	118	198700	861	181102	6760	147438
1969		7934	793886	7	247384	124	210775	881	185018	6922	150710
1970		8268	871199	9	301675	127	220056	933	193664	7199	155805
1971	"四五"	8808	914834	9	301675	139	239414	1038	209485	7622	164260
1972		9470	976939	10	313075	146	265682	1132	223491	8182	174691
1973		10151	1025568	10	313075	155	284353	1236	240712	8750	187428
1974		10716	1076042	10	313075	164	300427	1375	265903	9167	196637
1975		11371	1163815	10	326179	180	330566	1500	293462	9681	213608

年份		水库		大型		中型		小(1)型		小(2)型	
		座	总库容（万 m³）	座	总库容（万 m³）	座	总库容（万 m³）	座	总库容（万 m³）	座	总库容（万 m³）
1976	"五五"	11825	1219366	10	326179	192	360842	1602	309525	10021	222821
1977		12166	1286241	10	326179	202	401209	1668	329633	10286	229220
1978		12491	1335938	10	326179	208	431120	1739	343311	10534	235328
1979		12622	1407773	10	337400	216	472779	1778	356609	10618	240985
1980		12702	1428200	10	337400	218	492000	1793	359400	10681	239300
1981	"六五"	12714	1428200	10	337400	218	497900	1788	372100	10698	243000
1982		12722	1523000	11	401000	219	506000	1794	373000	10698	243000
1983		12723	1538900	11	401000	220	522800	1794	373800	10698	241300
1984		12689	1543200	11	401000	222	525400	1795	375600	10661	241200
1985		12722	1548600	11	401000	221	527700	1796	376900	10694	243000
1986	"七五"										
1987											
1988											
1989											
1990		13063	2907020								
1991	"八五"	13216	2911780	15	1735700	227	541641	1849	387100	11170	247339
1992		13320	2914781	15	1735610	228	543926	1820	386307	11257	248938
1993		13359	2938082	16	1747660	230	554119	1822	386612	11291	249691
1994		13285	2921447	15	1725270	231	559234	1823	386624	11216	250319
1995		13314	2921801	15	1725270	231	559193	1824	386547	11244	250791
1996	"九五"	13321	2951252	16	1753070	232	560257	1826	386853	11247	251072
1997		13327	2951978	16	1753070	232	560137	1828	387835	11251	250936
1998		13344	3511673	17	1763256	232	560137	1829	388076	11266	250020
1999		13349	3505919	17	2310420	233	559192	1830	386920	11269	249383
2000		13298	3478622	17	2305120	233	539917	1826	383924	11222	249661
2001	"十五"	13298	3657316	18	2480420	233	543386	1826	383954	11221	249556
2002		13287	3666050	18	2480420	236	549170	1827	384935	11206	213113
2003		13295	3664727	18	2480420	236	549665	1827	384935	11214	252407
2004		13261	3692319	19	2494920	243	559398	1831	385938	11168	252063
2005		13326	3875898	21	2541250	276	698317	1830	383115	11199	253216

续表

年份		水库		大型		中型		小(1)型		小(2)型	
		座	总库容（万 m³）	座	总库容（万 m³）	座	总库容（万 m³）	座	总库容（万 m³）	座	总库容（万 m³）
2006	"十一五"	13325	3919398	22	2592142	279	712254				
2007		13325	3919398	22	2592142	279	712254				
2008		13325	3919398	22	2592142	279	712254				
2009		13325	3919398	22	2592142	279	712254				
2010		13349	4271437	29	2900992	296	755883				
2011	"十二五"	13355	4307567	31	2925312	299	751125				
2012		14087	4966200	42	3343900	354	917000	1985	447400	11706	257900
2013		14089		42	3343900	354	917000	1985	447400	11708	
2014		14094		43		355		1987		11709	
2015		14097	4966191	43	3343876	358	915569	1987	448778	11709	257968
2016	"十三五"	14098	5136734	45	3509336	359	924029	1988	448921	11706	257906
2017		14098	5136734	45	3505776	359	924096	1988	448921	11706	257968
2018		14096	5141173	45	3505776	363	929236	1989	448666	11699	257494

附表 2　　　　　　　湖南省堤防、水电等水利建设情况统计表

年份		4级以上堤防长度（km）	水电装机容量（万 kW）	水电发电量（亿 kW·h）	有效灌溉面积（万亩）	除涝面积（万亩）	水土流失治理面积（km²）	供水总量（亿 m³）
1949	恢复时期	5810	—	—	1799	0	90	56
1950		5700	—	0	1935	0	116	60
1951		5701	—	0	2041	0	162	62
1952		5482	—	0	2307	2	239	66
1953	"一五"	4910	—	0	2379	3	307	69
1954		4793	—	0	2445	4	396	72
1955		3894	—	0	2500	45	570	76
1956		4002	—	0	2575	50	874	81
1957		4011	0	0	2666	64	1425	88
1958	"二五"	4065	0	0	2775	95	1934	104
1959		4249	1	0	2875	104	2326	119
1960		4328	2	0	2993	122	2579	133
1961		4341	9	1	2936	127	2704	135
1962		4325	12	3	2977	136	2846	139

年份		4级以上堤防长度（km）	水电装机容量（万 kW）	水电发电量（亿 kW·h）	有效灌溉面积（万亩）	除涝面积（万亩）	水土流失治理面积（km²）	供水总量（亿 m³）
1963	调整时期	4394	12	4	3030	151	3017	146
1964		4379	13	5	3127	176	3345	159
1965		4506	22	7	3245	333	3999	171
1966	"三五"	4557	34	10	3304	403	4475	189
1967		4613	34	14	3393	435	4856	196
1968		4610	42	15	3429	463	5111	200
1969		4650	46	20	3461	488	5374	207
1970		4914	52	26	3515	516	5800	215
1971	"四五"	5072	54	21	3567	544	6225	227
1972		5193	64	22	3646	571	6776	239
1973		5064	70	37	3725	609	7235	251
1974		5126	75	24	3756	647	7691	262
1975		5075	91	32	3875	694	8376	272
1976	"五五"	5221	119	54	3926	749	9223	279
1977		5363	119	54	3986	789	10026	288
1978		5246	146	76	4037	832	10878	294
1979		5241	168	67	4096	862	11434	298
1980		4565	190	59	4114	879	11648	300
1981	"六五"		197	64	4130	0	12331	302
1982			200	80		0	12612	304
1983			206	79		0	12518	306
1984			211	71		0	12991	308
1985		4478	213	75	4157	636	12671	310
1986	"七五"		221	73	4158	0	13161	312
1987			238	82		0	13744	313
1988			259	90		0	14172	315
1989			291	95	4011	0	14634	317
1990		4470	300	106	4015	662	15066	317

续表

年份		4 级以上堤防长度（km）	水电装机容量（万 kW）	水电发电量（亿 kW·h）	有效灌溉面积（万亩）	除涝面积（万亩）	水土流失治理面积（km²）	供水总量（亿 m³）
1991		4486	318	108	4020	665	15610	314
1992		4468	321	106	4022	667	16260	317
1993	"八五"	4468	330	127	4014	668	16721	309
1994		4472	368	143	4013	671	17336	314
1995		4487	421	158	4020	675	17877	328
1996		4560	482	168	4001	670	18403	308
1997		4672	501	194	4009	673	18929	309
1998	"九五"	4697	510	196	4013	677	19709	311
1999		4749	571	182	4017	682	20439	317
2000		4767	586	211	4016	682	21206	316
2001		4910	597	213	4015	685	22296	319
2002		5288	614	253	4013	685	23216	307
2003	"十五"	5376	660	244	4013	697	24270	319
2004		5376	745	242	4025	699	25681	324
2005		5429	785	241	4036	707	26711	328
2006		5659	865	276	4045	713	27171	328
2007		5740	922	294	4054	720	27481	324
2008	"十一五"	5755	1065	312	4063	725	27813	324
2009		5755	1146	319	4081	725	28350	322
2010		5879	1299	375	4122	730	28713	325
2011		6162	1337	304	4144	673	29069	327
2012		11823	1372	446	4607	618	29633	329
2013	"十二五"	7496	1401	430	4626	625	29990	332
2014		7546	1510	488	4653	636	31090	332
2015		7602	1534	520	4670	638	32598	330
2016		7683	1553	560	4699	645	34338	330
2017	"十三五"	7781	1570	498	4719	656	35922	327
2018		7863	1603	488	4746	658	37455	323

附表3　　　　　　　　　　　　湖南省洞庭湖区防洪效益计算表

年份	实际损失（亿元）	还原后的损失（亿元）	防洪减灾效益（亿元）	
			当年价	2015年可比价
1955	0.19	6.17	5.98	41.09
1956	0.05	1.93	1.88	12.75
1957	0.06	0.46	0.40	2.66
1958	0.03	3.16	3.12	20.69
1959	0.79	3.19	2.40	15.88
1961	0.48	4.21	3.73	17.38
1962	0.03	17.74	17.72	73.89
1964	0.71	20.52	19.81	103.20
1966	0.00	3.56	3.56	20.73
1967	0.06	2.07	2.01	11.73
1968	0.23	31.36	31.13	181.19
1969	0.39	29.97	29.58	172.29
1970	0.14	14.55	14.41	83.48
1971	0.01	3.47	3.46	20.11
1973	0.00	16.01	16.01	93.18
1974	0.02	2.05	2.03	11.81
1975	0.00	6.04	6.04	35.17
1976	0.12	15.04	14.92	86.77
1977	0.11	12.51	12.40	72.07
1978	0.00	9.91	9.91	57.59
1979	1.72	33.18	31.46	179.25
1980	1.12	49.23	48.11	271.42
1981	0.00	14.63	14.63	73.98
1982	0.35	31.13	30.78	153.00
1983	1.63	82.40	80.77	392.09
1984	0.00	11.35	11.35	53.43
1987	0.00	10.85	10.85	39.68
1988	0.99	141.38	140.39	407.69
1989	0.00	109.11	109.11	268.33
1990	0.04	77.02	76.98	190.43

年份	实际损失（亿元）	还原后的损失（亿元）	防洪减灾效益（亿元）	
			当年价	2015年可比价
1991	0.65	203.66	203.00	482.47
1992	0.00	115.39	115.39	250.47
1993	12.04	271.63	259.59	489.44
1994	3.92	239.26	235.34	356.51
1995	181.27	766.06	584.79	766.92
1996	382.55	942.93	560.38	698.65
1997	0.00	215.11	215.11	267.38
1998	173.14	1479.06	1305.92	1658.01
1999	30.50	949.64	919.14	1195.68
2001	2.07	29.85	27.78	36.83
2002	26.72	920.52	893.80	1194.57
2003	21.99	926.31	904.32	1201.41
2004	17.22	345.28	328.05	419.43
2005	1.09	15.65	14.56	18.19
2006	0.36	196.63	196.27	242.15
2007	3.65	349.81	346.16	409.43
2008	8.15	124.12	115.97	129.89
2009	7.66	85.44	77.78	88.45
2010	42.94	516.98	474.04	522.87
2011	26.18	156.21	130.03	135.95
2012	25.90	327.16	301.25	309.73
2013	6.57	382.69	376.12	380.23
2014	26.99	611.33	584.34	583.73
2015	20.82	45.07	24.25	24.25
2016	88.79	1283.86	1195.07	1183.33
2017	103.69	1600.50	1496.81	1463.81

注：洞庭湖区防洪效益采用洪水实际发生年法计算，少部分年份还原至1954年后防洪效益非常小，可以忽略不计，这些年份暂不列入表中。

附表 4   湖南省灌溉工程经济效益成果表

年份	农业种植业产值（亿元）	农业产值指数	1949 年产值换算为计算年的产值（亿元）	农业增收产值（亿元）	灌溉效益（亿元）	
	当年价				当年价	2015 年价
1949	12.05	64.40	12.05	—	—	—
1950	14.09	75.30	14.09	0.00	0.00	0.002
1951	15.66	83.70	15.66	0.00	0.00	0.000
1952	18.72	100.00	18.71	0.01	0.004	0.026
1953	18.70	99.90	18.69	0.01	0.004	0.022
1954	16.59	88.60	16.58	0.01	0.004	0.039
1955	19.99	106.80	19.98	0.01	0.004	0.017
1956	18.78	100.30	18.77	0.01	0.01	0.037
1957	21.14	112.90	21.12	0.02	0.01	0.04
1958	23.38	122.80	22.98	0.40	0.16	0.95
1959	21.96	115.30	21.57	0.39	0.15	0.97
1960	18.98	99.70	18.66	0.32	0.13	0.94
1961	16.63	87.30	16.33	0.30	0.12	0.98
1962	20.10	105.60	19.76	0.34	0.14	0.93
1963	18.09	95.00	17.78	0.31	0.13	0.96
1964	20.22	106.20	19.87	0.35	0.14	0.95
1965	21.07	110.70	20.71	0.36	0.14	0.93
1966	24.29	127.60	23.88	0.41	0.17	0.94
1967	25.41	133.50	24.98	0.43	0.17	0.93
1968	27.05	142.10	26.59	0.46	0.18	0.94
1969	26.48	139.10	26.03	0.45	0.18	0.94
1970	27.94	146.80	27.47	0.47	0.19	0.93
1971	43.42	150.50	28.16	15.26	6.10	29.34
1972	44.88	155.50	29.10	15.78	6.31	29.37
1973	50.48	175.00	32.74	17.74	7.09	29.32
1974	51.64	179.00	33.49	18.15	7.26	29.33
1975	54.41	188.60	35.29	19.12	7.65	29.33
1976	55.12	191.00	35.74	19.38	7.75	29.36
1977	55.40	192.00	35.93	19.47	7.79	29.35

续表

年份	农业种植业产值(亿元)	农业产值指数	1949年产值换算为计算年的产值(亿元)	农业增收产值(亿元)	灌溉效益(亿元)	
	当年价				当年价	2015年价
1978	62.72	217.40	40.68	22.04	8.82	29.33
1979	65.47	226.90	42.46	23.01	9.21	29.35
1980	81.13	218.20	40.83	40.30	16.12	53.44
1981	86.05	231.40	43.30	42.75	17.10	53.45
1982	95.95	258.10	48.29	47.66	19.06	53.42
1983	100.60	270.60	50.63	49.97	19.99	53.43
1984	102.32	275.20	51.49	50.83	20.33	53.44
1985	101.84	273.90	51.25	50.59	20.24	53.44
1986	106.01	285.10	53.35	52.66	21.07	53.45
1987	108.48	291.80	54.60	53.88	21.55	53.42
1988	103.09	277.30	51.89	51.20	20.48	53.42
1989	109.68	295.00	55.20	54.48	21.79	53.43
1990	241.32	296.00	55.39	185.93	74.37	181.74
1991	249.79	306.40	57.33	192.46	76.98	181.74
1992	250.39	307.00	57.44	192.95	77.18	181.84
1993	258.70	317.10	59.33	199.37	79.75	181.91
1994	266.43	326.60	61.11	205.32	82.13	181.89
1995	277.43	340.30	63.67	213.76	85.50	181.74
1996	283.37	347.40	65.00	218.37	87.35	181.86
1997	306.80	376.20	70.39	236.41	94.56	181.82
1998	297.81	365.30	68.35	229.46	91.78	181.74
1999	624.70	383.57	71.77	552.93	221.17	417.08
2000	633.84	395.84	74.07	559.77	223.91	409.15
2001	665.70	409.73	76.67	589.03	235.61	415.94
2002	666.65	410.55	76.82	589.83	235.93	415.67
2003	671.66	421.64	78.89	592.77	237.11	406.76
2004	874.00	461.70	86.39	787.61	315.04	493.56
2005	947.70	482.48	90.28	857.42	342.97	514.17
2006	1040.85	509.01	95.24	945.61	378.24	537.49

续表

年份	农业种植业产值(亿元)	农业产值指数	1949年产值换算为计算年的产值(亿元)	农业增收产值(亿元)	灌溉效益(亿元)	
	当年价				当年价	2015年价
2007	1210.06	530.14	99.19	1110.87	444.35	606.27
2008	1370.88	541.27	101.28	1269.60	507.84	678.65
2009	1472.53	573.17	107.25	1365.28	546.11	689.17
2010	1848.89	597.84	111.86	1737.03	694.81	840.64
2011	2089.89	639.10	119.58	1970.31	788.12	891.98
2012	2255.43	646.98	121.06	2134.38	853.75	954.49
2013	2257.55	665.09	124.45	2133.10	853.24	927.94
2014	2324.78	692.84	129.64	2195.14	878.06	916.69
2015	2325.93	723.32	135.34	2190.59	876.24	876.23
2016	2485.49	750.99	140.52	2344.97	937.99	903.43
2017	2597.63	773.64	144.76	2452.87	981.15	917.33
2018	2664.30	798.10	149.33	2514.97	1005.99	911.73
合计					12574.98	16171.54

附表5　　　　　　　　　　　　　　湖南省非农业供水效益计算表

年份	总供水量(亿m³)	农业供水量(亿m³)	非农业供水量(亿m³)	非农业供水效益(亿元)
1991	314	249	64.67	64.67
1992	317	249	67.80	67.80
1993	309	249	59.80	59.80
1994	314	249.32	64.42	64.42
1995	328	259.9	68.21	68.21
1996	308	233.9	74.30	74.30
1997	309	235.1	73.40	73.40
1998	311	224.13	86.39	86.39
1999	317	222.4	94.80	94.80
2000	316	223	93.00	93.00
2001	319	224.4	94.20	94.20
2002	307	205.9	101.00	101.00
2003	319	215.1	103.70	103.70
2004	324	208.22	115.38	115.38

续表

年份	总供水量（亿 m³）	农业供水量（亿 m³）	非农业供水量（亿 m³）	非农业供水效益（亿元）
2005	328	207.6	120.80	120.80
2006	328	204.65	123.05	123.05
2007	324	200.18	124.12	124.12
2008	324	198.99	124.61	124.61
2009	322	195.13	127.17	127.17
2010	325	191.4	133.80	133.80
2011	327	189.2	137.30	137.30
2012	329	187.9	140.90	140.90
2013	332	193.93	138.55	138.55
2014	332	200.19	132.22	132.22
2015	330	195.26	135.15	135.15
2016	330	195.11	135.25	135.25
2017	327	193.71	133.24	133.24
2018	323	194.52	128.78	128.78
合计	8992	5996.14	2995.86	2995.86

附表 6   湖南省水力发电效益计算表

年份	有效发电量（亿 kW·h）	发电效益（亿元）
1949	0	0
1950	0	0
1951	0	0
1952	0	0
1953	0	0
1954	0	0
1955	0	0
1956	0	0
1957	0.01	0.00
1958	0.01	0.00
1959	0.04	0.01
1960	0.38	0.12
1961	1.1	0.35
1962	2.97	0.95
1963	3.55	1.14

续表

年份	有效发电量(亿 kW·h)	发电效益(亿元)
1964	4.83	1.55
1965	7.16	2.29
1966	9.94	3.18
1967	13.84	4.43
1968	14.5	4.64
1969	19.74	6.32
1970	26.28	8.41
1971	21.39	6.84
1972	21.6	6.91
1973	37.01	11.84
1974	24.4	7.81
1975	32.11	10.28
1976	54.18	17.34
1977	54.18	17.34
1978	76.25	24.40
1979	67.42	21.57
1980	58.59	18.75
1981	63.77	20.41
1982	79.72	25.51
1983	78.97	25.27
1984	70.95	22.70
1985	74.7	23.90
1986	72.81	23.30
1987	82.37	26.36
1988	90.35	28.91
1989	95.14	30.44
1990	106.12	33.96
1991	107.63	34.44
1992	106.19	33.98
1993	126.72	40.55
1994	143.25	45.84
1995	157.83	50.51
1996	168.43	53.90

续表

年份	有效发电量（亿 kW·h）	发电效益（亿元）
1997	194.08	62.11
1998	195.85	62.67
1999	182.35	58.35
2000	210.63	67.40
2001	213.39	68.28
2002	253.29	81.05
2003	244.01	78.08
2004	242.36	77.56
2005	241.28	77.21
2006	276.4	88.45
2007	294	94.08
2008	312	99.84
2009	319	102.08
2010	375	120.00
2011	304	97.28
2012	446	142.72
2013	430	137.60
2014	488	156.16
2015	520	166.40
2016	560	179.20
2017	498	159.36
2018	488	156.16
合计	9464	3028.5

附表 7   湖南省水利基建投资及 GDP

年份	水利基建投资（亿元）	水利基建投资累计（亿元）	GDP（亿元）	水利基建投资占 GDP 比例（%）
1949	0.0018	0.0018	18	0.01
1950	0.0068	0.0086	21	0.03
1951	0.0120	0.0206	24	0.05
1952	0.0444	0.0650	28	0.16
1953	0.0353	0.1003	30	0.12
1954	0.1048	0.2051	31	0.34

续表

年份	水利基建投资（亿元）	水利基建投资累计（亿元）	GDP（亿元）	水利基建投资占 GDP 比例（%）
1955	0.1373	0.3424	36	0.38
1956	0.1124	0.4548	38	0.30
1957	0.0917	0.5465	45	0.20
1958	0.2201	0.7666	56	0.39
1959	0.2851	1.0517	62	0.46
1960	0.4377	1.4894	64	0.68
1961	0.1150	1.6044	47	0.25
1962	0.2317	1.8361	51	0.45
1963	0.3354	2.1715	48	0.70
1964	0.4728	2.6443	57	0.82
1965	0.6393	3.2836	65	0.98
1966	0.7104	3.9941	73	0.98
1967	0.7319	4.7260	74	1.00
1968	0.2372	4.9632	76	0.31
1969	0.4067	5.3699	81	0.50
1970	0.5344	5.9043	93	0.57
1971	0.6533	6.5576	99	0.66
1972	0.7067	7.2644	107	0.66
1973	0.8787	8.1431	116	0.76
1974	0.9643	9.1074	108	0.89
1975	0.9509	10.0583	118	0.80
1976	0.9517	11.0100	119	0.80
1977	0.9147	11.9247	129	0.71
1978	1.0126	12.9372	147	0.69
1979	1.1554	14.0926	178	0.65
1980	0.8569	14.9495	192	0.45
1981	0.9239	15.8734	210	0.44
1982	0.8519	16.7253	233	0.37
1983	0.7270	17.4522	257	0.28
1984	0.5234	17.9756	287	0.18
1985	0.6757	18.6513	350	0.19
1986	0.8237	19.4750	398	0.21

年份	水利基建投资（亿元）	水利基建投资累计（亿元）	GDP（亿元）	水利基建投资占 GDP 比例（%）
1987	1.1320	20.6070	469	0.24
1988	1.5935	22.2005	584	0.27
1989	1.5180	23.7185	641	0.24
1990	1.5338	25.2523	744	0.21
1991	1.4245	26.6767	833	0.17
1992	1.8627	28.5394	987	0.19
1993	1.8773	30.4167	1245	0.15
1994	1.5294	31.9461	1650	0.09
1995	1.2453	33.1914	2132	0.06
1996	7.2835	40.4749	2540	0.29
1997	12.5109	52.9858	2849	0.44
1998	17.8926	70.8784	3026	0.59
1999	33.6442	104.5226	3215	1.05
2000	32.4906	137.0132	3551	0.91
2001	14.9543	151.9675	3832	0.39
2002	26.7417	178.7092	4152	0.64
2003	23.4436	202.1528	4660	0.50
2004	39.9989	242.1517	5642	0.71
2005	33.1925	275.3442	6596	0.50
2006	32.1773	307.5215	7689	0.42
2007	42.6984	350.2199	9440	0.45
2008	39.9014	390.1213	11555	0.35
2009	84.9681	475.0894	13060	0.65
2010	66.9404	542.0298	16038	0.42
2011	121.5530	663.5828	19670	0.62
2012	165.4167	828.9995	22154	0.75
2013	125.6359	954.6354	24622	0.51
2014	173.5683	1128.2037	27037	0.64
2015	157.3653	1285.5690	28902	0.54
2016	211.9426	1497.5116	30889	0.69
2017	301.6601	1799.1717	33903	0.89
2018	241.6730	2040.8447	36426	0.66

附表 8　　　　　　　　　　　湖南省水利投资经济效益弹性分析结果

年份	水利投资（亿元）	促进经济增长（亿元）	促进经济增长率（%）
1950	0.0068	0.5621	—
1951	0.0120	0.5766	2.73
1952	0.0444	0.9387	3.84
1953	0.0353	0.4589	1.65
1954	0.1048	1.3805	4.56
1955	0.1373	1.7140	5.62
1956	0.1124	1.0525	2.94
1957	0.0917	1.0386	2.74
1958	0.2201	1.0397	2.30
1959	0.2851	1.0346	1.85
1960	0.4377	1.3734	2.22
1961	0.1150	0.9132	1.43
1962	0.2317	3.9085	8.38
1963	0.3354	4.0555	7.92
1964	0.4728	4.3931	9.14
1965	0.6393	5.3729	9.37
1966	0.7104	5.4696	8.37
1967	0.7319	7.5775	10.42
1968	0.2372	4.1413	5.63
1969	0.4067	3.7350	4.94
1970	0.5344	2.6718	3.29
1971	0.6533	2.9286	3.15
1972	0.7067	4.3318	4.37
1973	0.8787	5.5434	5.18
1974	0.9643	6.1374	5.30
1975	0.9509	5.8527	5.41
1976	0.9517	6.9359	5.86
1977	0.9147	7.2318	6.10
1978	1.0126	4.9416	3.83
1979	1.1554	5.4405	3.70
1980	0.8569	3.4132	1.92
1981	0.9239	3.8746	2.02
1982	0.8519	3.2980	1.57
1983	0.7270	2.2494	0.97
1984	0.5234	1.6616	0.65
1985	0.6757	1.8941	0.66

续表

年份	水利投资（亿元）	促进经济增长（亿元）	促进经济增长率（%）
1986	0.8237	2.2078	0.63
1987	1.1320	3.0543	0.77
1988	1.5935	4.4462	0.95
1989	1.5180	5.6880	0.97
1990	1.5338	6.1519	0.96
1991	1.4245	5.0557	0.68
1992	1.8627	5.2697	0.63
1993	1.8773	4.8816	0.49
1994	1.5294	4.0111	0.32
1995	1.2453	3.3898	0.21
1996	7.2835	18.2465	0.86
1997	12.5109	34.0328	1.34
1998	17.8926	42.6779	1.50
1999	33.6442	76.6985	2.54
2000	32.4906	72.3981	2.25
2001	14.9543	31.6661	0.89
2002	26.7417	54.7780	1.43
2003	23.4436	46.9404	1.13
2004	39.9989	76.1999	1.64
2005	33.1925	57.1271	1.01
2006	32.1773	51.0460	0.77
2007	42.6984	62.7904	0.82
2008	39.9014	54.5958	0.58
2009	84.9681	96.4697	0.83
2010	66.9404	73.1316	0.56
2011	121.5530	139.9214	0.87
2012	165.4167	168.1921	0.86
2013	125.6359	112.5843	0.51
2014	173.5683	143.0245	0.58
2015	157.3653	117.2350	0.43
2016	211.9426	158.1771	0.55
2017	301.6601	218.3976	0.71
2018	241.6730	170.8989	0.50
平均	29.5774	32.4714	2.64

附表 9　　　　　　　　　湖南省防汛抗旱灾损统计表

年份		因灾溃垸个数（个）	因灾溃坝座数（个）	死亡（人）	洪灾直接经济损失（亿元）	水灾成灾率	旱灾成灾率
1949	恢复时期	441	0	57877			
1950		54	0	5		0.653	0.368
1951		1	0	403		0.473	0.470
1952		84	0	4376		0.788	0.444
1953	"一五"	3	0	219		0.308	0.452
1954		356	5	1841		0.602	0.287
1955		26	0	163		0.561	0.374
1956		14	2	28		0.416	0.597
1957		1	2	12		0.480	0.471
1958	"二五"	4	5	29		0.271	0.341
1959		35	16	96		0.410	0.468
1960		1	4	44		0.389	0.625
1961		47	10	96		0.455	0.567
1962		215	11	220		0.518	0.357
1963	调整时期	2	5	110		0.304	0.550
1964		62	5	102		0.541	0.422
1965		0	6	116		0.538	0.379
1966	"三五"	0	18	20		0.259	0.392
1967		9	11	127		0.419	0.427
1968		135	12	489		0.417	0.372
1969		205	20	1042		0.347	0.348
1970		5	9	164		0.359	0.309
1971	"四五"	1	2	66		0.236	0.312
1972		0	8	46		0.280	0.417
1973		8	40	294		0.253	0.418
1974		0	16	74		0.156	0.316
1975		7	15	301		0.356	0.280
1976	"五五"	10	15	233		0.315	0.263
1977		22	8	219		0.348	0.391
1978		0	4	77		0.297	0.395
1979		117	12	330		0.343	0.389
1980		233	9	356		0.393	0.393

年份		因灾溃垸个数(个)	因灾溃坝座数(个)	死亡(人)	洪灾直接经济损失(亿元)	水灾成灾率	旱灾成灾率
1981	"六五"	0	5	103		0.316	0.513
1982		28	10	262		0.313	0.408
1983		145	4	583		0.349	0.357
1984		0	4	237		0.358	0.459
1985		0	0	231		0.355	0.524
1986	"七五"	0	1	151		0.492	0.414
1987		0	1	167		0.391	0.367
1988		24	2	251		0.427	0.456
1989		0	1	142		0.441	0.387
1990		2	8	339	7	0.418	1.000
1991	"八五"	24	0	147	28	0.625	0.612
1992		0	1	271	20	0.565	0.668
1993		25	0	372	53	0.598	0.632
1994		49	8	671	153	0.715	0.674
1995		84	1	633	293	0.699	0.639
1996	"九五"	145	0	744	580	0.618	0.625
1997		0	0	234	60	0.572	0.666
1998		142	1	616	329	0.643	0.570
1999		1	0	125	65	0.543	0.613
2000		0	0	77	13	0.352	0.601
2001	"十五"	0	0	121	25	0.529	0.663
2002		0	1	156	146	0.694	0.624
2003		1	1	110	80	0.680	0.669
2004		0	0	54	65	0.678	0.579
2005		0	0	100	56	0.603	0.623
2006	"十一五"	0	1	458	149	0.580	0.624
2007		0	0	15	106	0.648	0.656
2008		0	1	33	77	0.575	0.680
2009		0	0	41	68	0.587	0.564
2010		0	0	64	247	0.516	0.477

年份		因灾溃垸个数（个）	因灾溃坝座数（个）	死亡（人）	洪灾直接经济损失（亿元）	水灾成灾率	旱灾成灾率
2011	"十二五"	0	3	52	57	0.450	0.670
2012		0	1	20	116	0.529	0.483
2013		0	0	28	65	0.531	0.661
2014		0	0	45	152	0.534	0.160
2015		0	0	14	95	0.533	0.219
2016	"十三五"	1	0	27	214	0.511	0.417
2017		0	0	54	524	0.560	0.906
2018		0	0	7	19	0.443	0.812

附件一:湖南省水利工程之最

1. 新中国第一个大型水利工程——荆江分洪工程(1952年)

1952年3月,中央决定兴建荆江分洪工程,按照团结治水、江湖两利的方针,北岸加固荆江大堤,南岸在荆江以西,安乡河以北,虎渡河以东,开辟一块面积达921km²、有效容积为54亿 m³ 的分洪区,工程于4月5日开工建设。湖南、湖北两省16万民工日夜奋战,不到3个月就胜利完工,完成土石方近1000万 m³,泄水闸过洪能力达8000m³/s,这是新中国第一个大型水利工程。

荆江分洪工程

2. 湖南省自行设计建设的第一座大型水利水电工程——双牌水库(1962年)

双牌水电站位于湖南省双牌县境内湘江干流上游,是一个以发电为主,兼顾灌溉、防洪、航运、养殖等综合效益的大型水利枢纽工程,也是湖南省自行设计建设的第一座大型水利水电工程。工程于1962年建成投产,总库容6.9亿 m³,双支墩大头坝,坝高58.8m,坝后式电站,总装机13.5万 kW,二级船闸,坝基预应力锚固总吨位9.6万 t,是国内最早成功采用预应力锚固技术进行坝基加固处理的水利枢纽工程,对后来类似工程的建设产生深远的影响,被编入诸多专业教材,供人们学习和借鉴。

双牌水库

3. 国内首座采用风化土石料筑坝的工程——黄材水库(1962年)

黄材水库位于湖南省宁乡县境内湘江一级支流沩水上游,是一座以灌溉为主,兼顾发电、防洪、养殖等综合效益的大型水利枢纽工程。工程于1962年建成投产,总库容1.53亿m³,黏土心墙坝,坝高61.5m,设计灌溉面积35.9万亩,是国内首座采用风化土石料筑坝的工程,也是当时国内著名的三大土坝工程之一。

黄材水库大坝全景

4. 湖南省最高的单支墩混凝土大头坝——柘溪水电站(1963年)

柘溪水库位于湖南省安化县境内资水中游,是一座以发电为主,兼顾防洪、航运等综合效益的大型水利枢纽工程。电站于1958年开工兴建,1962年1月第一台机组投产并网,至1975年6台机组全部投产。水库总库容35.7亿m³,电站装机容量44.75万kW,单支墩混凝土大头坝,坝高104m,坝高仅次于当时同时建设的广东新丰江水库(105m)。

柘溪水库大坝泄洪

5. 湖南省第一个也是最大的引水灌溉工程——水府庙砌石坝和韶山灌区(1966年)

水府庙水库位于湖南省双峰县境内湘水一级支流涟水中游,是一座以灌溉、防洪为主,兼顾发电、航运、供水、养殖等综合效益的大型水利枢纽工程。水库于 1965 年建成,总库容 5.6 亿 m³,为韶山水库的源头水库。韶山灌区设计灌溉面积 100 万亩,涉及娄底、湘潭和长沙 3 市 2500km² 土地,1966 年 6 月建成通水。灌区建成后,发挥了巨大的经济效益和社会效益,被誉为"湘中河畔的一颗明珠"。该灌区是湖南第一个也是目前最大的引水灌溉工程。韶山灌区设计和水府庙等工程的砌石筑坝技术曾分获全国科学大会奖。

韶山灌区"云湖天河"渡槽

6. 亚洲地区规模最大的水轮泵站——青山水轮泵站(1972 年)

青山水轮泵站工程位于湖南省临澧县境内澧水干流下游,以灌溉为主,兼顾发电、航运。工程于 1972 年竣工,装机 2.89 万 kW,提水流量 15.1m³/s,净扬程 50m,为亚洲地区规模最大的水轮泵站。

青山水轮泵站夜

7. 世界首次采用拱坝坝身开设 5 个大孔口泄洪的水库——欧阳海水库(1975 年)

欧阳海水利枢纽位于湖南省湘江一级支流舂陵水大峡谷处,是一个以灌溉为主,兼顾发电、航运等综合效益的大(2)型水利枢纽工程。水库于 1975 年建成,总库容 4.25 亿 m³,设计灌溉面积 72.99 万亩,混凝土双曲拱坝,是国际上首次采用坝身开设 5 个大孔口泄洪的水库(孔口面积居世界第二位),开启了我国拱坝坝身大孔口泄洪的先河,实现了世界拱坝设计史上里程碑式的技术突破,曾获国家优秀设计银质奖、国家工程质量金质奖。

欧阳海水库大坝泄洪

8. 我国建造最早、空腹尺寸最大、坝最高的浆砌石空腹重力坝——岩屋潭水电站(1976 年)

岩屋潭水电站位于沅水二级支流蓝溪中游,是一座以发电为主,兼顾防洪、灌溉、水面养殖等综合效益的中型水利枢纽工程。工程于 1978 年建成投产,总装机容量 0.92 万 kW,大坝为砌石空腹重力坝,坝高 66m,空腹尺寸为 59×16.5×24m(长×宽×高),是我国建造最早、空腹尺寸最大、坝最高的浆砌石空腹重力坝。该工程曾获水利电力部优秀设计奖,先后三次参加联合国工业发展组织召开的国际小水电会议展出。

岩屋潭空腹坝 5 孔泄洪时全景

9. 湖南省装机规模最大的电排站——明山电排站(1978 年)

明山电排站位于湖南省益阳市境内洞庭湖大通湖大圈北部藕池河东支河畔,总排涝面

积 $1140km^2$,工程建设于 20 世纪 70 年代,电排站总装机容量 13800kW,装机 6 台 2300kW,设计流量 $150m^3/s$,设计扬程 6.0m,是湖南省装机规模最大的电排站。

明山电排站全景

10. 湖南省最高的砌石重力坝——大圳灌区(1979 年)

大圳灌区位于湖南省邵阳市新宁县扶夷江和武岗县赧水之间高台山林地带的新宁县麻林瑶族乡,是一座集灌溉、发电等功能为一体的中型水利枢纽工程。水库于 1979 年建成蓄水,总库容 0.71 亿 m^3,设计灌溉面积 53.6 万亩,坝高 80m,是湖南省内最高的砌石重力坝。新安铺倒虹吸是大圳灌区关键性输水工程,全长近 5000m,最大承压水头 140m,采用一阶段成型的预应力钢筋混凝土管,曾获国家优秀设计银质奖。

大圳水库大坝及灌区新安铺倒虹吸

11. 湖南省首座采用坝顶溢流、高低坎挑流空中碰撞消能的大型水利工程——凤滩水电站(1979 年)

凤滩水电站位于湖南省怀化市境内沅水支流酉水下游,是一座以发电为主,兼顾防洪、航运等综合效益的大(1)型水电站。于 1979 年建成投产,水库总库容 17.33 亿 m^3,混凝土空腹重力拱坝,电站装机容量 40 万 kW,采用坝顶溢流,高、低坎挑流空中碰撞消能,解决了泄洪流量大、河床狭窄的泄洪安全问题,是一个具有世界意义的创新杰作。

凤滩水电站全景

12. 湖南省第一个向城市供水的大型水库——铁山水库(1982 年)

铁山水电站位于湖南省岳阳县境内新墙河支流沙港河中游,是一座以灌溉、城镇供水为主,兼顾防洪、拦沙、养殖、发电、库内行业和旅游等综合效益的大型水利枢纽工程。工程于 1982 年建成投产,总库容 6.35 亿 m³,为黏土斜墙砂壳坝型,坝高 44.5m,设计灌溉面积 95.37 万亩,涉及岳阳县、汨罗市、临湘市 3 个县(市),设计供水规模 43 万 t/d,供水范围为岳阳市城区,1984 年曾获国家优秀设计金奖。

铁山水库全景

13. 国内首座采用灯泡贯流机组的大型水电站——马迹塘水电站(1983 年)

马迹塘水电站位于湖南省桃江县境内资水干流下游,是一个兼顾发电、航运等综合效益的大型水电工程。电站于 1983 年建成投产,混凝土闸坝,低水头径流式电站,河床式厂房,装机容量 5.55 万 kW,进口灯泡贯流式机组,是国内首座采用灯泡贯流机组的大型水电站,多项技术为国内首创,成为低水头枢纽和灯泡贯流机电站建设样板工程。

马迹塘水电站全景

14. 我国第一个跨流域抽水蓄能发电工程——赵家垭抽水蓄能电站(1985 年)

赵家垭水库位于湖南慈利县境内澧水一级支流大溪暗河入口处,以黏土斜墙堆石坝堵洞成库,大坝潜于水下,被称为全国第一座"无坝"水库,开发任务以抽水蓄能发电为主,兼具蓄洪防洪、抗旱灌溉、营林旅游、水产养殖等多项功能。水库从 1962 年开始勘测,到 1985 年三级电站投产,历时 23 年,是我国第一个跨流域抽水蓄能发电工程,以 1 度丰水电能换 4 度枯水电能的抽水蓄能优势,在 1991 年全国农村电气化达标验收中,曾得到李鹏总理的高度赞扬。

赵家垭水库全景

15. 湖南省库容最大、调节性能最好、已建混凝土双曲拱坝最高的水电工程——东江水电站(1988 年)

东江水电站位于湖南省郴州市境内湘江支流耒水上游,是一座以发电为主,兼顾防洪、航运、供水等综合效益的大(1)型水电枢纽工程。于 1988 年 6 月建成投产,水库总库容

91.55 亿 m³,电站总装机 50 万 kW,是目前湖南省库容最大、调节性能最好、已建混凝土双曲拱坝最高的水电工程。大坝泄洪采用左、右岸滑道,窄缝式挑坎,是我国首次采用此种消能防冲技术的工程。

东江水电站大坝全景

16. 湖南省最高的砌石单支墩大头坝水库——源口水库(1988 年)

源口水库位于湖南省江永县境内湘江支流恭城河,于 1988 年建成投产,总库容 4060 万 m³,设计灌溉面积 15 万亩,大坝为砌石单支墩大头坝,坝高 74.4m,是湖南省此类砌石坝型最高的大坝。

源口水库

17. 湖南省首座采用灰岩和板岩两种分区堆石体的混凝土面板堆石坝水库——株溪桥水库(1990 年)

株溪桥水库位于湖南省浏阳市境内湘水一级支流浏阳河南源小溪河下游,工程以供水、发电为主,兼顾灌溉、防洪、旅游等综合效益的大(2)型水利枢纽工程。工程于 1990 年建成投产,总库容 2.87 亿 m³,坝高 78m,是湖南省参与国内首批混凝土面板堆石坝的水电项目,采用灰岩和板岩两种分区堆石体是其设计特点,开启了湖南省此类坝型建设的先河。

株溪桥水库全景

18. 当时国内水头最高的灯泡贯流式机组电站——南津渡水电站工程(1992 年)

南津渡水电站位于湖南省永州市境内湘江一级支流潇水末端,是一个以发电为主,兼顾航运、灌溉、城市供水等综合效益的中型水电工程。工程于 1992 年建成投产,混凝土闸坝,总装机 6 万 kW,低水头径流式电站,引水式厂房,设计水头 17.8m,为当时国内已建水头最高的灯泡贯流式机组电站,该电站在设计中采用的"黑启动"方式属国内领先技术。

南津渡水电站全景

19. 我国最早采用满应力优化设计的 6 圆心超薄拱坝——满天星水电站(1995 年)

满天星水电站位于湖南省汝城县境内湘江二级支流浙水下游,是一座以发电为主的中型水电工程。工程于 1995 年建成投产,总库容 1420 万 m³,坝型为混凝土双曲薄拱坝,坝高 65m,是我国最早采用满应力优化设计的 6 圆心超薄拱坝。

满天星水电站

20. 湖南省装机容量最大的水电站——五强溪水电站（1996 年）

五强溪水电站位于湖南省怀化市境内沅水干流中游，是一座以发电为主，兼顾防洪、航运等综合效益的大(1)型水电站。工程于 1996 年年底建成投产，总库容 42 亿 m³，混凝土重力坝，坝高 87.5m，电站总装机容量 120 万 kW，是湖南省装机容量最大的水电站。

五强溪水电站全景

21. 湖南省最高的砌石拱坝——长潭岗水库（1998 年）

长潭岗水库位于湖南省凤凰县境内沅水二级支流沱江上游，是一座以防洪为主，兼顾发电、灌溉、供水、旅游等综合效益的中型水利枢纽工程。工程于 1998 年建成投产，总库容 9970 万 m³，坝型为砌石拱坝，坝高 87.6m，坝高位居湖南省同类坝型之首。

长潭岗水库大坝全景

22. 当时同类全断面碾压混凝土坝中的世界最高坝——江垭水电站大坝（1999年）

江垭水电站位于湖南省张家界市境内澧水支流溇水下游，是以防洪为主，兼顾发电、灌溉、供水、航运等综合效益的大（1）型水利枢纽工程。工程于1999年建成投产，水库总库容17.41亿 m³，坝高131m，首创斜层碾压等筑坝技术，江垭水电站大坝是同类全断面碾压混凝土坝中的世界最高坝。

江垭水电站大坝全景

23. 当时国内单机容量和转轮直径最大的灯泡贯流式机组电站——大源渡航电枢纽工程（2001年）

大源渡航电枢纽工程位于湖南省衡阳市境内湘江干流，是一个以航运为主，兼顾发电、交通、养殖、旅游等综合效益的大（2）型水运工程，为开通衡阳至岳阳400多千米的湘江千吨级航道奠定了基础，实现了湘江航电结合、以电养航的目标，为内河开发闯出一条新路。工程于2001年通过竣工验收，船闸为Ⅲ级，通航标准为一顶四艘千吨级，设计年通航能力1200万 t，低水头径流式电站，河床式厂房，总装机容量12.96万 kW，采用灯泡贯流式机组，单机容量和转轮直径均为当时国内已建和在建工程中最大的。国内首创的"坝顶门机＋厂房活动屋顶布置"技术，降低了厂房高度，节省了土建及起重设备投资，整体设计与周边环境协调美观。

大源渡航电枢纽工程全景

24. 湖南省已建最大规模的分洪闸——围堤湖分洪闸(2004 年)

围堤湖分洪闸位于常德市汉寿县境内沅水尾闾南岸、洞庭湖 24 个蓄洪垸之一的围堤湖垸,是已建最大规模的分洪闸,设计流量 3190m³/s 围堤湖分洪闸以行洪为主,行洪兼蓄,属大(2)型工程,标志着洞庭湖治水思路从防御洪水到管理洪水的转变。

围堤湖蓄洪垸分洪闸

25. 湖南省蓄滞洪工程先行建设试点项目——层山安全区(2006 年)

层山安全区位于岳阳市君山区境内,是洞庭湖区钱粮湖垸、共双茶垸、大通湖东垸蓄滞洪工程先行建设的试点项目,于 2006 年 8 月经国家批准进行试点建设,是湖南省最大的蓄滞洪安全建设工程,安全区面积 14.24km²,堤防总长 29.1km,集中安置人口 6.35 万。

层山安全区百花移民小区

26. 湖南省水头最大的引水式电站——楠木坪水电站(2007 年)

楠木坪水电站位于桑植县芭溪乡楠木坪村,工程于 2007 年建成投产,装机 2 台 6400kW,最大发电水头 843m,是湖南省水头最大的引水式电站。

楠木坪水电站压力管道及厂房

27. 湖南省首批 CDM 项目之一——上堡水电站(2009)

上堡水电站位于湘江一级支流耒水中游,是一座以发电为主,兼顾航运等综合效益的水利水电枢纽工程。工程于 2009 年建成投产,总库容为 3317 万 m^3,电站装机 14100kW,最大坝高 24.4m。该水电站 CDM 项目已在联合国气候变化框架公约(UNFCCC)执行理事会(EB)注册成功,这是耒阳市首个 CDM 项目,同时也是湖南省首批 CDM 项目之一。上堡水电站还入选了水利部 2018 年度绿色小水电站工程。

上堡水电站实景

28. 我国投资最大的内河航运工程——湘江长沙枢纽工程(2015 年)

湘江长沙枢纽位于长沙市望城区,属原湘江九级开发梯级规划方案中的第九级,是一个以保证长株潭城市群生产生活用水、适应滨水景观带建设和进一步改善湘江航运条件为主,兼顾发电、旅游等水资源综合利用的枢纽工程。工程于 2015 年建成投产,水库正常蓄水位 29.7m,死水位 29.7m,总库容 6.75 亿 m^3。工程建成后,湘江开始保持"漫江碧透、百舸争流"的面貌,成为名副其实的"东方莱茵河",该工程是我国投资最大的内河航运工程。

湘江长沙枢纽工程

29. 全国首个采用 BOT 模式的水利工程——洮水水库工程(2016 年)

洮水水库工程位于湖南省茶陵县洣水支流沔水末端,是洣水流域防洪体系中的骨干水利枢纽。工程于 2016 年建成投产,坝高 102.5m,总库容 5.25 亿 m³,防洪库容 1 亿 m³,是全国首个采用 BOT 模式、成功实施项目法人招标的水利工程项目,被国家和湖南省列为大型水利基础设施建设投融资体制改革的试点项目。

洮水水库工程

30. 湖南省首座扩建坝高超 100m 的大型水利工程——涔天河水库扩建工程(2018 年)

涔天河水库位于湖南省江华瑶族自治县境内湘江一级支流沱江上游,是一座以灌溉为主,兼顾发电、防洪等综合效益的大型水利枢纽工程。水库于 1970 年 3 月建成,采用双支墩混凝土大头坝,最大坝高 46m。因地处江华林区,其水筏道系国内水头最高、筏量最大工程,筏工能安全随筏下行,其设计曾获全国科学大会奖。

涔天河水库扩建工程是国家"十三五"期间加快推进的 172 项重大水利工程之一,也是具有灌溉、防洪、发电、航运等综合功能的大型水利工程。2017 年 9 月,首台机组顺利并网发电。2018 年 8 月,正常蓄水位蓄水阶段通过验收,现有坝高 114m,这是湖南省首座扩建坝高超 100m 的大型水利工程,同时结束了湘江干流无骨干控制性工程的历史,成为进一步治理和保护湘江的龙头工程。

涔天河水库扩建工程全景

附件二:湖南水旱灾害防御大事记

(一)水灾

水灾,是湖南人民的心腹大患。湖南自有水灾文字记载的汉惠帝五年(公元前190年)至1999年,共出现水灾638年次。自16世纪初至1999年,湖南出现水灾453年次,平均每百年90多次;同一期间出现全省性水灾65年次,平均每百年13.5次。尤其是洞庭湖区"十年九灾"。从公元618年至1999年,洞庭湖区共发生水灾292次,大水灾48次。1949年以来,发生水灾38次,平均4年多发生3次。水灾频率逐渐提高,50年代至70年代平均5年一次;80年代平均3~4年一次;90年代,除1992、1997年以外,均为大水年。

湖南为什么如此多水灾? 原因之一是湖南夏季暴雨强度大、范围广、时间长。湖南的气候特征属亚热带季风湿润气候,湖南省气候温和,热量充足,雨水集中。湖南的河流属雨源河流,一遇暴雨,水位陡涨,酿成水灾。原因之二是洞庭湖泥沙淤积、湖床升高,蓄洪能力降低,当省内"四水"和长江洪水袭来时,洞庭湖即水漫成灾。据统计,长江和湘、资、沅、澧"四水"每年有近1亿 m^3 泥沙沉积于洞庭湖内,1951年以来泥沙积总量超过40亿 m^3,湖底平均淤高1m多,洞庭湖因每年泥沙淤积,增大洲土面积6万亩,使洞庭湖逐步缩小,河床抬高,河道阻塞,水位上涨,水灾频繁。原因之三是湖南四水洪水与长江洪水在洞庭湖中无序组合、互相顶托,洞庭湖水位居高不下,成为一座悬湖。

新中国成立后,历届湖南省委、省政府都非常重视水利建设,带领全省人民励精图治,艰苦奋斗,大力兴修水利工程,提高了全省抗御洪水的能力。但随着国民经济的迅速发展,人口的迅猛增长,人们的生活空间也在不断扩展,河流两岸和湖泊四周的平原地带逐渐成为人口聚居的集结地和政治、经济及文化的中心。同样大的洪水,遭受灾害的经济损失有越来越严重的趋势。从1950年至2018年,湖南省几乎年年有水灾,只是受灾范围的大小和损失的多少不同而已。据统计,1950—2018年湖南省水灾受灾面积累计达69512万亩,年平均1007万亩,成灾面积累计36525万亩,年平均529万亩。其中,1950—1978年,湖南省水灾年平均受灾面积475万亩,年平均成灾面积209万亩;1979—1998年,湖南省水灾年均受灾面积1631万亩,年均成灾面积859万亩;1999—2010年,湖南省水灾年平均受灾面积达1316万亩,年平均成灾面积786万亩;2011—2018年,湖南省水灾年均受灾面积916万亩,年均成灾面积480万亩。

1. 1950 年澧水大洪水

雨水情:

(1)湘江流域,发生洪峰3次,以湘潭为准,第一次发生于4月24日,第二次发生于5月5日,第三次发生于5月29日,其中以第二次最高,但较1949年最高水位38.06m低1.02m。

(2)资水流域,无特殊洪涨现象,以东坪为例,最高洪水位发生于5月21日,水位

92.50m,较历年最高洪水位 99.35m 低 6.85m。

(3)沅水流域,共发生洪峰 4 次,以桃源为例,以第一次发生于 5 月 29 日的水位 38.76m 为最高,但较 1949 年最高洪水位 43.44m 低 4.68m。

(4)澧水流域,澧水流域三江口 7 月 9 日出现最高洪水位 69.94m,洪峰流量 18900m³/s;澧县 7 月 10 日出现最高洪水位,比 1949 年最高洪水位高 0.48m。

(5)长江在宜昌的最高洪水位发生于 7 月 10 日,水位 54.09m,比 1949 年最高洪水位低 0.22m。

(6)洞庭湖根据城陵矶水位,以 7 月 18 日水位最高(31.87m),比 1949 年最高洪水位低 1.42m。7 月中旬,澧水与长江水位同时上涨,滨湖各县受洪水威胁最大,以澧县、安乡等地情况最严重。

灾情:湖区共溃垸 54 个,淹耕地 24 万亩,受灾垸民 23 万多人,冲毁房屋 954 间。

2. 1952 年南洞庭湖区大风暴

雨水情:1952 年 9 月 24 日 18 时开始,洞庭湖区发生 8～9 级大风,风暴中心位于南洞庭湖区的湘阴、沅江、益阳一带。当时水位分别为:湘阴 33.45m,沅江 33.40m(接近 1949 年最高水位)。南洞庭湖水面宽 20km(西部)至 80km(东部),风大浪高,风拥水涨,浪头翻过堤顶,首先在堤内坡冲成陡坑,逐步发展到全线崩溃。而风大浪大,防汛人员在堤上不能行走,抢险器材无法调运。从而,在几个小时之内,风浪冲溃湘阴的民新、鼎新、夹洲、古一、塞梓、护义、康宁 7 垸,沅江的乐城、民主、保民、中复等 5 垸,益阳的集益堂、三阳、温高、复兴、桥西、水浒、细围、先胜 8 垸,共溃决 20 垸,淹田 18 万多亩,受灾 9 万多人,死亡 2100 多人,灾情惨重。

灾情:全省共溃垸 84 个,死亡 4376 人,农作物受灾面积 617 万亩,成灾面积 376 万亩。

3. 1954 年大洪水

1954 年入夏以后,气候反常,雨水特多,造成百年来未有的洪水灾害。由于洪水过大,持续特久,雨水太多,在人力不可抗拒的情况下,共漫溃 356 个堤垸,淹没垸田 588 万亩,灾民共达 256 万人。

(1)雨情:4 月份以来,从南海吹向我国内陆气流比往年更强。同时,北方大陆上的冷空气也频频南下,两者相遇在南岭一带。5—7 月西伯利亚鄂霍次克海和贝加尔湖附近长期维持一个强大而稳定的高压,而西南太平洋副热带高压当年亦比往年偏向东南,受两个高压的控制,从南来的暖气流与北来的冷气流交锋地带很少变动,停滞在长江流域一带,致使锋面长时期维持,产生一次又一次的强降雨。4 月份雨量,湘南较湘北为多(湘南一般为 300mm,湘北 200mm)。5 月份全省一般为 300mm 左右,湘中地区达 400mm。6 月份以 27°N 为界,向南由 400mm 减至 300mm,向北由 400mm 增至 800mm。7 月份湘南少雨,湘北在 300～400mm,个别地区为 600～700mm(吉首、沅陵、烟溪、浏阳、平江等地)。8 月份全省雨量锐减至 100mm 左右,9 月份减至 100mm 以内,个别地区只有 10mm 左右。

（2）水情：1954年汛期，湘、资、沅、澧"四水"连续发生较大洪峰八九次。湘水就长沙而言，往年最高洪峰水位一般在35m左右，一般每年仅有一次，1954年高达八次，而以7月1日的水位37.73m为最高。资水桃江往年最高水位超过40m一年一般只有一次，1954年前后高达八次，其中7月25日的年高水位42.91m。沅水桃源往年最高水位在40m以上者二三次，1954年竟达九次，以7月30日44.39m为最高（超过1949年最高水位0.03m）。澧水三江口往年最高水位65m以上者一般每年仅一次，1954年高达七次，以6月25日67.85m为最高。湖区城陵矶水位8月3日出现洪峰水位34.55m，超过历年最高水位的时间持续50多天。湖区各水位站水位一般都超过1949年最高水位1m以上。长江宜昌水位，自7月以后一般在50m以上，8月7日涨至55.73m，超过1949年最高水位1.41m。从上述水位情况来看，1954年的洪水与往年比较，不但量很大且洪峰次数亦多，持续时间长。

（3）灾情：洞庭湖区先后漫溃大小堤垸356个，淹没耕地面积588万亩，受灾垸民256万，占垸民总数的56%。山丘区共垮小（1）型水库2座（即浏阳宝盖洞、洞口莲塘冲），小（2）型水库3座（江永上力头源、慈利夹石、吉首岩洞）。死亡1841人。

4. 1955年资水流域大洪水

雨情：8月25—26日，副高压南退后稳定在16°N附近，中纬度环流平直，多小波活动，不断带动冷空气南下，使南岭静止峰维持，中低层又受切变线和低涡影响，造成资水流域的大范围降雨过程。暴雨中心在安化至桃江区间。安化县梅城最大日雨量达423.1mm，为湖南省有记录以来的最大日雨量。

水情：由于降雨强度大、范围广，资水干流洪水来势猛，涨幅大，发生特大洪水。桃江水文站8月27日洪峰水位43.82m，超警戒水位3.82m，洪峰流量15300m³/s，为实测最大流量。益阳8月27日洪峰水位38.32m，超警戒水位2.32m。

灾情：死亡163人，淹田6.47万亩，受灾2.47万人，洞庭湖区溃决大小堤垸26个。

5. 1969年沅水流域和湘水支流㳇水大洪水

雨情：7月10—16日，受高空低槽槽前西南暖湿气流影响，沅水流域水汽积累较快，中低层有切变低涡在北部活动，当冷空气向南移动时，产生强烈抬升作用，沅水流域产生强降水过程。暴雨中心在沅陵至桃源区间，三天面平均雨量达214.4mm，七天面平均雨量达309.6mm。8月9—12日，受六号台风影响，湘水尾闾支流㳇水流域发生特大暴雨洪水灾害。

水情：7月10—16日，由于暴雨中心在中下游，对桃源、常德的洪水威胁最大。沅水中下游出现新中国成立以来最大洪水，桃源站7月17日洪峰水位达45.40m，洪峰流量29000m³/s，为实测最大流量，受灾农田114.9万亩，成灾73.7万亩，受灾人口62万，死亡93人，倒房6967间，直接经济损失5570万元。

黄材水库8月10日2时至11日1时，23个小时雨量达300mm。水库从10日6时半起涨，水位164.47m，13时40分出现最高水位167.54m，最大入库流量2280m³/s，最大下泄 800 m³/s,削峰 65%。暴雨历时长、强度大,导致沩水河部分河道改道,宁乡 82%的乡村、50%以上农户严重受灾。沩水两岸大部分农田、房屋被冲毁,下游新民、群英、新康德国堤垸侵溃,淹死 800 多人。宁乡县城被淹,淹没耕地 50 万亩,冲毁桥梁 1390 座。

灾情:洞庭湖区溃决大小堤垸 205 个,山丘区溃坝 20 座,全省死亡 1042 人。

6. 1970 年沅水流域中上游大洪水

雨情:7 月 7—13 日,湘中、湘南和南洞庭湖一带普降暴雨,暴雨中心位于沅水流域上游锦屏以上,7 天平均面雨量达 257mm。

水情:沅水洪水主要来自上游,黔城、安江两站水位创历史纪录。黔城站 7 月 13 日洪峰水位达 197.49m(比历年最高洪水位高 4.78m),为湖南省今年洪水最大、损失最严重的地区。安江站洪峰水位达 167.93m,超警戒水位 4.93m,洪峰流量 23600m³/s;浦市站洪峰水位达 123.03m,洪峰流量 23400 m³/s,仅次于 1938 年洪峰流量 24300 m³/s。

灾情:受暴雨洪水影响,洞庭湖区溃决大小堤垸 5 个,山丘区溃决小(1)型水库 1 座(即东安龙溪),小(2)型水库 8 座(浏阳松江、常宁群英、零陵黑沟槽、邵阳天门坝、大庸牛角洞、水溪峪、风东峪、纸楷湾水库),死亡 164 人。

7. 1973 年大洪水

雨水情:1—6 月,雨量普遍偏多,一般为 800~1000mm,局部达 1200mm,总雨量比常年多 20%左右,澧水流域和岳阳地区多 40%左右。5 月和 6 月中下旬,洞庭湖区及沅、澧水流域和湘南地区相继降暴雨,"四水"干流主要控制站均接近 1954 年同期水位。8 月 12—17 日,全省普遍降雨,常德、安乡、攸县降暴雨。桃源县茶庵卜 12—15 日 57 个小时降雨 416mm,南县厂窖公社 356mm,桃江县三官桥公社 15 日 4 小时降雨 150mm。由于数次暴雨或大暴雨,山丘区山洪灾害严重。

灾情:受暴雨山洪影响,洞庭湖区溃决大小堤垸 8 个,山丘区溃决中型水库 1 座(即宁远凤仙桥),小(1)型 5 座(邵阳杨家、安仁荷叶塘、醴陵藕塘、沅陵岩溪沟、芷江田家溪上),小(2)型水库 34 座(芷江田家溪下、平江高芦、石笋、杨司、溆浦下马冲、亮坳、永顺王家湾、洞坎、怀化甲条溪、大庸龚家老、石碑峪、衡东达底冲、蛇形咀、衡山能仁春、新宁满竹山、常德洞泉灌、阳林坡、邵东白泥塘、武岗东旗、江永牛咀、新化大新、攸县双瓦、东安斗山、隆回划船、新里高寨、岳阳长冲、沅陵雷公洞、岩底溪、长沙东湖、株洲木石塘、高坝、宁乡泉塘、汨罗东排、浏阳磅壁洞水库),死亡 294 人。

8. 1975 年攸县、醴陵等县特大暴雨山洪

雨情:8 月 4—5 日,由于西风带环流经向度大,副热带高压移到 28°N 以后迅速北抬并稳定在 35°N 左右。副高南侧东风气流很强,热带辐合带中有台风群出现。8 月上旬三号台风影响湖南省后北上,在湖北消失。中旬 4 号台风基本按同一路径经湖南省东部到河南南部,造成我国历史上"75.8"型特大暴雨山洪灾害。8 月上旬,受三号台风影响,8 月 4—5 日超过 100mm 的有攸县酒埠江、醴陵大西滩、茶陵龙家山、衡东甘溪、南岳半山亭、安仁、耒阳

排水片、郴州、永兴青山垅、长沙、株洲、沅江、南咀、常德、桃源等水文站。醴陵、攸县出现特大暴雨。4日19时至5日5时10小时内攸县、醴陵降雨150～200mm,其中醴陵藕塘水库降雨236mm,攸县皇图岭220mm。

灾情:攸县30个公社有16个公社遭受暴雨洪水危害,其中严重的有11个公社,200个大队,948个生产队。全县淹没农田18万亩,其中水冲沙压5.5万亩,倒房3440户,13100间,3000多群众被洪水围困,死亡146人,伤106人。醴陵县41个公社,严重受灾的有12个公社,2.6万多名群众被洪水围困,水深一般3～4m,最深达8m,死亡40人,13个公社电话中断。全县48万亩晚稻水淹25.5万亩,部分公路被淹,湘东铁路淹没近1km,80m铁轨、路基被冲断。全省山丘区共垮小(1)型水库1座(即攸县山关水库),小(2)型水库14座(资兴角泉、江永盐下、早禾冲、花垣川洞、江华青衫庙、黄众塘、醴陵下山江、零陵丁塘、攸县界头、炉下冲、广治、宁乡千斤、会同杨溪、沅陵斗蓬溪),洞庭湖区溃决大小堤垸7个,死亡301人。

9. 1976年湘江大洪水

雨情:7月6—10日,湘江流域出现持续性特大暴雨,暴雨中心在老埠头以上流域,七日平均降雨量273.4～354mm,三日面平均雨量达232mm,一日面平均降雨量达97mm。

水情:湘江流域先后三次出现超过警戒水位洪水。第一次5月上旬,第二次5月中旬,零陵老埠头15日洪峰水位106.03m,日涨8.1m,是新中国成立以来最高洪水位。第三次发生在7月上、中旬,上游广西全州三次洪峰重叠,潇水双牌水库9日16时洪峰水位169.49m,超过控制水位2.47m,11孔闸门全开,最大下泄流量6540m³/s,与湘水干流洪峰碰头,零陵老埠头10日6时洪峰水位107.18m,洪峰流量14700 m³/s。

灾情:全省共垮小(1)型水库1座(即汝城革命水库),小(2)型水库14座(祁阳正冲坨、横冲塘、桃源笋子溪、大庸徐家溪、沅陵眉眼溪、保靖黄龙山、祁阳公珍墙、资兴古塘、江永上马坪、东安兰坝、茶陵岩鹰咀、狮子龙、跨里、汝城河江口),溃决大小堤垸10个,死亡233人。

10. 1980年澧水特大洪水

雨情:7月30日至8月4日,澧水流域发生强降雨过程,暴雨中心位于澧水上游及娄水上游,位置稳定少变。次降雨量200mm以上笼罩面积为6.58km²,暴雨历时六天,降雨强度前大后小,前三天雨量占次雨量70%左右,暴雨中心地区降雨时程分配集中,太平镇站次雨量748.1mm,其中3天雨量为587.7mm。采植县八大公山为523.4mm,其中两站最大12小时雨量分别占三天雨量的46.4%和42.8%。

水情:暴雨区主要发生在澧水流域,清江上游和沅水支流酉水上游也出现较大洪水。澧水干流石门站8月2日最高洪水位62.00m,洪峰流量17600 m³/s。支流娄水长潭河站和溇水皂市站最大洪峰流量分别为6400 m³/s和7730 m³/s。干支流主要站洪峰水位均超过1954年1～2m,石门站流量超过10000 m³/s的持续时间达38小时。

灾情:流域内先后遭受五次洪灾,上游桑植县水冲沙压农作物34万亩,占播种面积的45%。澧县、临澧、津市三县市共溃决中小堤垸79个,受淹耕地面积13.87万亩,受淹人口

6.3万,倒塌房屋4.91万间,死亡40人,涔澹农场被迫扒口分洪,受灾耕地面积3.6万亩。全省垮小(1)型水库1座(即隆回对江水库),小(2)型水库8座(湘潭青石、慈利打几岩、沅陵国庆、涂溪、桑植赤石坪、澧县竹林溪、永顺王家湾、桃江牛角洞),溃决大小堤垸233个,死亡356人。

11. 1985年郴州特大暴雨山洪

雨情:8月24—25日,郴州地区除安仁、永兴、嘉禾和桂东四县外,普降大到暴雨,暴雨中心在郴县的东坡、大奎上、高峰一带。其中以东坡矿总雨量560.1mm为最大,24日9时至25日8时23个小时降雨447.9mm,25日零时至2时50分降雨211.6mm。高峰水库24日20时至25日17时降雨348.5mm。这次降雨笼罩面积2915km²,是郴州地区有气象资料以来8月份最大次降雨量。

灾情:郴州地区167个乡镇、28.98万人受灾。冲淹稻田25.243万亩,其中水冲沙压5.41万亩,冲毁旱土1.19万亩,冲走口粮126.6万kg,共损失粮食约3400万kg。倒塌住房971栋、7721间,杂房2247间。冲走生猪2086头,耕牛406头,木材9875m³。冲毁各类水利工程设施6140处,垮山塘2373口,河坝550座,冲垮小水电站38处、4152kW,因灾死亡167人。全省1985年因水灾死亡231人。

12. 1988年大洪水

雨情:1—7月全省平均降雨量比历年同期偏少14.5%。8月中旬后期,由于大气环流的重大调整,原在黄河流域的雨带迅速移到长江南岸。受雨带中强降水影响,湘中以北地区出现了暴雨。8月19日至9月15日,全省平均雨量316.7mm,是历年同期的6倍。暴雨中心集中在洞庭湖的华容、南县、安乡、汉寿县及资水的安化县一带,降雨量超过700mm。降雨量超过300mm的笼罩面积有13.3万km²,占总面积的63%,其中超过400mm的有7.4万km²,超过500mm的有2.4万km²。暴雨笼罩面积仅次于1954年。南县乌咀乡10个小时降雨335mm,华容县新洲乡28个小时降雨435mm,均超历史纪录。8月19日至9月18日,30天雨量:南县八百弓804mm,三仙湖824.9mm,安乡县陆家渡823mm,刮家洲871mm,超过全年平均雨量的一半。湖区15天、30天的降雨量重现期均超过50年一遇,华容北景港15天雨量529mm,30天雨量621mm,分别为历史最大雨量的1.12和1.3倍,重现期相当于百年一遇。降雨远远超过了洞庭湖区实际排涝能力,使内湖、内河、渠道水位普遍超过控制水位1~2m,有425km溃堤靠抢修子堤挡水,大片农田渍水无法排除。

水情:秋汛洪峰一次接着一次,加上与长江洪水碰头,洞庭湖高水位持续了20多天,3471km防洪大堤全面紧张。9月10日资水发生特大洪水,桃江县城关垸防洪堤发生大面积内外滑坡。益阳市的长春垸,湘阴县的湘资垸、城西垸,汨罗的中洲垸等都出了大险。9月3日、4日和11日,西湖农场、常德鼎城区八官坑、大通湖农场一分场的溃堤和高水河堤先后溃决,共淹没耕地17万亩,受灾11万人。在湖区发生暴雨洪水的同时,山丘区的暴雨山洪也很严重,怀化、邵阳、娄底、自治州等地部分县(市)的暴雨强度与历史同期相比也是罕见的。

灾情:全省 71 个县、1854 个乡、23954 个村、1771 万人受灾,特别是湖区 3 市受灾面积大,损失大,全省洪涝面积达 1262 万亩,垮小(2)型水库 2 座(即新邵大坪岩下和大庸吴家溶水库),溃决大小堤垸 24 处,死亡 251 人。

13. 1990 年资水、沅水大洪水

雨情:6 月至 7 月初,大部分地方连续发生暴雨或特大暴雨。6 月 6—8 日,北纬 28°至 30°之间的沅水中下游及其他支流酉水流域、资水中下游、澧水和洞庭湖地区降大到暴雨,暴雨中心位于沅陵、桃源一带。共有 52 个县降暴雨,其中 11 个县降雨量超过 100mm。6 月 11—16 日,湘水、资水和沅水中下游地区连续发生暴雨、大暴雨或特大暴雨,暴雨来势凶猛,持续时间长。从 6 月 11 日下午开始,暴雨中心首先在湘水、资水中下游地区;13—14 日,暴雨中心移到沅水中下游后,再扩大到资水、湘水中游地区;至 15 日晚,雨区在湘水、资水、沅水流域中下游来回摆动;16 日以后雨势减弱南移,湘东、南部分地区降暴雨。11—12 日,浏阳、株洲至宁乡、安化一带降暴雨,以柘溪水库坝址 184mm 为最大。12—13 日,长沙㮾梨、醴陵官庄、双峰城关、安化竹溪坡、溆浦山西桥、檀家湾、怀化市、沅陵城关、泸溪铺市、常德市等降雨量均超过 100mm。14—15 日,暴雨中心仍维持在沅水、资水中游,局部降特大暴雨。自 6 月 11 日 14 时至 16 日 8 时,不到 5 天时间,全省有 74 个县、市约 11.5 万 km² 的降雨量在 50mm 以上,其中超过 100mm 的有 51 个县,笼罩面积 7 万 km²,200mm 以上的有 26 个县,笼罩面积 3 万 km²,300mm 以上的 7 个县,笼罩面积 0.56 万 km²。降雨量最大的有泸溪岩门溪水库 509mm,铺市 495mm,安化柘溪 487mm,沅陵田家坪水库 407mm。6 月 25—27 日,部分地区又降大到暴雨,集中在资水、沅水下游及洞庭湖区,雨量在 50mm 以上的有 24 个水文站,其中超过 100mm 的 4 个站。6 月 30 日至 7 月 1 日,大部分地区又降大到暴雨,其中沅水的酉水流域、澧水上游、洞庭湖区和湘水中上游降暴雨,降雨先从湘西北开始,逐渐向东南移动。6 月 30 日 8 时至 7 月 1 日 8 时,吉首、凤凰、永顺、桑植、大庸、石门、安乡、益阳、湘阴等县市的降雨量超过 100mm,其中吉首市 151mm、安乡黄沙湾 117mm、益阳欧江岔 201mm、湘阴南湖 205mm。7 月 1 日 8 时至 2 日 8 时,全省继续降小到大雨,湘水、资水中游降暴雨。耒阳、欧阳海水库、衡阳石门坎、衡山、衡东甘溪、安仁、邵阳五丰铺、邵东等地降雨量均超过 100mm。雨量在 50~100mm 的有湘水、资水流域的 26 个站。

水情:湘、资、沅、澧"四水"和洞庭湖最高洪水位分别出现在 6 月中下旬和 7 月上旬。除澧水干流流量偏小、水位偏枯外。其余水系均出现超过警戒水位的洪水。长江干流出现了中等洪水。6 月中旬,湘水支流浏阳河、沩水和资水、沅水中下游出现超警戒水位的洪水。沅陵站先后三次出现洪峰,14 日 14 时最高洪水位 98.03m,超警戒水位 1.03m,相应流量 19400m³/s,为 1970 年以来最大洪水。桃源站 14—15 日的 23 小时内水位上涨 7.68m,最大 1 小时上涨 1m,是有记录以来所没有的。6 月 15 日 6 时,洪峰水位 43.28m,超警戒水位 0.78m,相应流量 20600 m³/s,重现期约 8 年一遇,沅水支流溆水思蒙站洪峰流量 4500 m³/s,重

现期约 10 年一遇。洞庭湖区益阳沙头、湘阴毛角口和桃源、常德、汉寿等县部分堤垸超过警戒水位。6 月底 7 月初,湘、资、沅、澧"四水"和洞庭湖区又发生洪水。资水桃江站 7 月 2 日 5 时洪峰水位 40.36m,超警戒水位 0.36m,相应流量 6840 m³/s。湘、沅、澧水虽在警戒水位以下,但由于长江干流出现中等洪水,三口入湖流量超过 10000 m³/s,湖水位全面上涨。7 月 5 日 8 时,"四水"、三口入湖流量 24768 m³/s,其中四水 13680 m³/s,三口 11078 m³/s,分别占 55.3% 和 44.7%。安乡、南嘴、沅江、湘阴、城陵矶等站均超过警戒水位。其中城陵矶 7 月 6 日 8 时洪峰水位 32.64m,超过警戒水位 0.64m,相应流量 22400 m³/s。长江入湖三口除藕池口外,其余各站均超过警戒水位(0.01~0.07m)。

灾情:全省 14 个市(州)的 88 个县(市、区)、2679 个乡镇、25689 个村、19157 个组、1400 多万人,遭到不同程度的暴雨洪水灾害,受灾严重的有溆浦、沅陵、辰溪、泸溪、安化、桃源、新化、娄底、桃江、宁乡等县(市)。受灾面积达 1734 万亩,成灾面积 697 万亩,其中失收 165 万亩,减产粮食近 10 亿 kg。受灾严重的地区溪河改道,大片耕地变为沙滩,在短期内难以恢复。暴雨洪水直接致死 339 人,伤 5800 多人,死亡大牲畜 4.7 万多头,冲走、淹死家禽 56 万多羽,倒塌房屋 12.78 万间,损坏房屋 23.7 万间,冲淹粮食 0.5 亿余千克,损坏大件农机具 7.65 万件(台)、大件家具 3.98 万件,损失化肥 2.11 万 t。共毁坏各类水利工程 20.19 万处,其中垮小(1)型水库 1 座(涟源四新水库),小(2)型 7 座(平江板桥洞、宁乡大坝塘、泸溪唐家坨、沅陵洞门口、辰溪盖子龙、新化洞里坝、安化李子坳),垮塘坝 61783 口,渡槽 1191 座,排灌站、水轮泵 1405 座,小水电站 366 座,涵闸 2711 座,垮渠道 74390 处,3771km,河堤 45592 处,1552km。影响灌溉面积 800 多万亩。有 681 座中、小型水库出现严重险情,其中中型水库 38 座,小(1)型水库 147 座,小(2)型水库 525 座。水毁工程损失折合 3.37 亿元。

14. 1991 年澧水、沅水和洞庭湖区暴雨洪水

雨情:汛期(4—9 月)全省平均降雨量 743.4mm,比多年平均值 930.7mm 少 187.3mm,偏少 20%,除 7 月份偏多 46%(7 月份 177.3mm,多年平均 121.7mm)外,其余 5 个月均偏少 20% 以上。7 月份降雨集中在湘西北地区,其中澧水流域 6 月 30 日至 7 月 10 日,流域平均降雨量 485mm,为多年同期 7 倍多,全流域 32 个站出现暴雨 89 站次,大暴雨 28 站次,特大暴雨 2 站次。沅水流域 6 月 30 日至 7 月 12 日,流域平均降雨量 258.8mm,发生暴雨 69 站次,大暴雨 8 站次,龙山县境内的水田站 13 天降雨量 573mm。8 月 26—27 日,桃江县境内发生了超历史的特大暴雨。根据公塘水文站测报,26 日 23 时 22 分—27 日 13 时,降雨量 471.6mm,最大 1 小时雨量为 113.1mm,最大 3 小时雨量为 227mm,3 小时和 24 小时雨量均超过了省内记录,暴雨笼罩面积为 460km² 左右。

水情:暴雨连降,洪水陡涨,石门站 7 月 1 日 20 时第一次洪峰,16 小时内水位上涨 6.04m;7 月 6 日 16 时最高洪水位 61.58m,仅低于新中国成立以来历史最高洪水位 0.42m,相应洪峰流量 16200m³/s。7 月 7 日 2 时最高洪水位 44.02mm,超过新中国成立以来历史最高洪水位 0.7m,相应洪峰流量 13100 m³/s。西洞庭湖的石龟山站 7 月 8 时最高洪水位

40.82m，超过新中国成立以来最高洪水位 0.39m。安乡站 7 日 17 时最高洪水位 39.34m，仅低于新中国成立以来最高洪水位 0.04m。沅水先在支流酉水发生洪水，7 月 3 日 8 时，凤滩水库水位 200.08m，2 天上涨 5.34m。13 日 18 时，桃源站最高洪水位 43.63m，流量19300 m³/s，超警戒水位 1.13m，为新中国成立以来的第四位。常德站 13 日 20 时洪峰水位40.04m，仅低于新中国成立以来最高洪水位 0.64m。在澧水、沅水普降暴雨的同时，长江宜昌站 7 月 13—18 日，流量维持在 36000～38000 m³/s，15 时 14 时洪峰水位 50.33m。6 月 30日至 7 月 12 日，湖区 11 个站平均降雨 267.4mm，形成了外洪内涝的紧张局面。7 月 1—13日，洞庭湖净增水量 141.7 亿 m³。16 日 11 时城陵矶（七里山）水位达到 33.52m，超过警戒水位 1.52m。

灾情：全省 52 个县遭受了洪涝灾害，受灾严重的有 911 个乡镇、10331 个村，266 万户、865 万人，其中受灾 576 万人，死亡 147 人，伤 6196 人，倒塌房屋 17.9 万间，损坏房屋 43.9万间，有 2.89 万户住房全部倒塌，564 个村庄被洪水围困，造成 36.74 万人无家可归。农作物受灾面积 1614.5 万亩，成灾面积 1009.8 万亩，绝收面积 220.6 万亩。共溃决 24 个小垸，全省因灾直接经济损失 28.49 亿元。共损坏各类水利设施 6.34 万处，冲垮河堤 1.9 万处，706km，冲垮渠道 1900km，冲垮桥梁 1469 座，冲垮公路 2716km。直接经济损失 28.49亿元。

15. 1993 年澧水流域及沅水支流酉水严重暴雨山洪

雨、水情：7 月 19—23 日，受高空低槽及西南低涡所产生的暴雨云团不断东移影响，永顺县出现连续性特大暴雨，次降雨总量达 355.3mm，最大降雨强度 1 小时 88mm，为历史极值的两倍。7 月 18 日 20 时至 24 日 8 时，共降雨 355.3mm，其中 18 日 20 时至 19 日 22 时降雨137.5mm，在土壤饱和状态下，23 日 8 时至 24 日 8 时又降雨 174.7mm，降雨历时长，地面径流系数大。7 月 23 日 8 时 45 分至 9 时 45 分降雨 88mm，23 日 8 时至 24 日 8 时降雨174.8mm。暴雨与洪水同步，暴雨中心在猛洞河中下游，笼罩面积 565km²，暴雨走向从上至下，使猛洞河下游干、支流洪峰于不二门平镜河段交汇，洪峰流量达 4130m³/s。在此情况下又降特大暴雨，使狭窄的猛洞河行洪困难，加上在不二门卡口处严重阻水（河底宽约 20m），逼得洪水壅高漫溢。永顺县城有五分之四的城区淹没达 2h，县城中心平均水深 4.3m，低洼处水深达 11m，城区 2 万多群众被洪水围困长达 7h 之久。全县 9 个区、47 个乡镇 9.28 万户、38.9 万人遭灾，因灾死亡 48 人，有 2 万多人无家可归，3900 余人因灾致伤致残，直接经济损失 3.2 亿元，间接损失在 3 亿元以上。

7 月 22—24 日，澧水中上游普降特大暴雨，茅溪水库上游中湖（23 日 2 时 30 分至 14时）降雨 376mm，澧水上游桑植、天子山、双枫潭 22 日 20 时至 23 日 20 时降雨量均在200mm 以上。22—24 日各雨量点 12 小时最大降雨量在 126～376mm。澧水干流永定区的花岩潭口河段形成高洪水位，大庸站 23 日 5 时 30 分起涨水位 157.73m，23 日 16 时 39 分出现新中国成立以来最高洪水位 166.27m，洪峰流量 9780m³/s，比 1934 年洪峰水位仅低

0.32m,比 1954 年 7 月 22 日洪峰水位高 0.16m;张家界市有两区两县 120 个乡镇 140 万人受灾,17 万群众一度被洪水围困,倒塌房屋 1.8 万间,死亡 54 人,直接经济损失达 6.7 亿元。

灾情:全省先后有 103 个县(市、区)3091 个乡(镇)、34406 个村不同程度遭受洪涝灾害,受灾 2377.8 万人。倒塌房屋 16 万间、250.1 万 m²,损坏房屋 67.3 万间、874.5 万 m²,死亡 372 人。农作物受灾面积 149.69 万公顷,成灾面积 89.55 万公顷,绝收面积 24.87 万公顷,减产粮食 158.99 万 t。损坏水利工程设施 9.54 万处,直接经济损失 52.57 亿元。

16.1994 年湘水流域暴雨洪水

雨情:6 月中旬,由于冷暖气流交汇稳定在江南和华南一带,导致湘水流域持续暴雨或特大暴雨,干流衡阳以下全面出现超历史水位的洪水。6 月 12—18 日,流域内普遍降雨,局部地区降特大暴雨,株洲以上平均降雨量达 200mm,降雨集中在 12—16 日,暴雨中心的江华码市五天累计 575mm,超过 200 年一遇(548mm),安仁 324mm,常宁 317mm,祁阳 307mm。降雨笼罩面积超过 500mm 的有 550km²,超过 400mm 的有 950 km²,超过 300mm 的有 4900 km²,超过 200mm 的有 41200 km²(占全省总面积的 19.5%)。干流衡阳以下全面出现超历史水位的洪水。

水情:汛期湘水流域发生五次洪水,4 月 26 日,干流水位超过警戒水位 1.33～4.68m;6 月 18 日,干流超过警戒水位 2.41～7.88m;7 月 24 日,干流除湘潭、长沙低于警戒水位外,区域均接近或超过警戒水位;8 月 6 日,干流均超过警戒水位 1.03～4.26m;8 月 18 日,超过警戒水位 1.0～3.59m。特别在 6 月中旬,由于连续大范围暴雨,加上前期中上游发生了暴雨山洪,水库蓄满,江河底水高,湘江水位猛涨,洪峰一个接着一个,形成 20 世纪以来的最大洪水,从 6 月 12 日 23 时全州出现洪峰起,零陵老埠头水文站先后多次出现超警戒水位的洪水,17 日 19 时最高水位 104.41m,超警戒水位 2.41m,流量 9560m³/s;17 日 21 时归阳 48.35m(假设高程),超警戒水位 4.35m,流量 11700m³/s。衡阳站 18 日 5 时 60.59m,超历史最高水位 0.22m,流量 18300 m³/s,超历史最大流量 200 m³/s;衡山 18 日 11 时洪峰水位 54.88m,超历史最高水位 1.27m,流量 19400 m³/s,超历史最大流量 1000 m³/s;株洲 18 日 12 时洪峰水位 44.59m,超历史最高水位 0.72m,流量 20200 m³/s,超历史最大流量 300m³/s;湘潭 18 日 11 时洪峰水位 41.94m,超历史最高水位 0.68m,流量 21100 m³/s,超过历史最大流量 800 m³/s;长沙 19 日 7 时洪峰水位 38.93m,超过历史最高水位 0.54m。

灾情:全省绝大部分地方遭受了严重的洪涝灾害,109 个县(市)中有 97 个不同程度受灾,占总县数的 89%。受灾乡镇 2469 个,村 2.97 万个;受灾 2526 万人,死亡 671 人。损坏房屋 32.99 万间,506.83 万 m²,全省共垮小(2)型水库 8 座(临武大冲山、祁阳石马塘、衡南石门口、冷水滩沙子塘、祁阳黄泥塘、衡阳樟树冲、嘉禾百担禾田、新宁马家冲水库),溃决大小堤垸 49 个,直接经济损失 152.86 亿元。

17.1995 年湘水部分支流、资水和沅水干流及洞庭湖区严重洪涝灾害

雨、水情:6 月,全省平均降雨 327mm,较常年偏多 66%,是全年降雨最多的月份。其中

资水下游、沅水下游和湖区降雨量较常年偏多 1 倍以上。

第一阶段，6 月 21—26 日，湘东北、洞庭湖区、资水、沅水下游和澧水流域发生暴雨、大暴雨和特大暴雨。雨量在 100mm 以上的笼罩面积 12 万 km²，200mm 以上的面积 4.3 万 km²，300mm 以上的 7800 km²，导致湘、资、沅水中下游等几条河流洪水泛滥。捞刀河上游螺岭桥水文站，6 月 23 日洪峰水位超过历史实测最高水位 1.51m；浏阳河宝盖洞 23 日洪峰水位仅低于历史最高水位 0.01m；27 日，湖阳河又发生第二次洪水，下游朗梨站 6 时洪峰水位 38.56m，仅低于历史最高水位（1993 年）0.85m；汨罗江平江站 23 日洪峰水位仅次于 1954 年。湘水长沙站和资水上游邵阳站出现年最高洪水位，分别超警戒水位 1.36m 和 0.95m。沅水支流舞水 25 日洪峰水位接近历史最高水位。西洞庭湖和东南洞庭湖自 25 日以后，部分站进入警戒水位。

第二阶段，6 月 29 日至 7 月 2 日，雨带在湘北、湘中加强并来回摆动，沅水、资水、洞庭湖区及湘水下游降大暴雨和特大暴雨。雨区集中在北纬 27°～29°，从西南偏向东北。湘水流域衡山以下，资水中下游、沅水流域和东南洞庭湖雨量最多。湘水下游平均降雨 123mm，资水流域平均降雨 122.3mm，沅水流域平均降雨 148.2mm，湖区平均降雨 109.8mm。这次降雨使本来就处于饱和状态的江河、水库水位陡涨。7 月 2 日，入洞庭湖的总流量达 58500m³/s，相当于 1954 年最大入湖流量的 91%，是 1954 年以来的最大入湖流量，特别是"四水"入湖流量比 1954 年还多 1/3 以上，是新中国成立以来的第一位。沅水、资水、湘水干支流及湖区有 21 个站超过历史实测最高洪水位。

灾情：全省 14 个地州市的 107 个县市区，2761 万人受灾，农作物受灾面积 171 万公顷，倒塌房屋 38.38 万间，死亡 633 人，有 20 个县城进水，239 万人一度被洪水围困，紧急转移 179.9 万人，跨小（2）型水库 1 座即娄底团结水库，直接经济损失 292.6 亿元。

18. 1996 年大洪水

1996 年 7 月份，四水流域和湖区相继发生持续暴雨过程，澧水和湘水发生超警戒水位洪水，资水、沅水和湖区发生特大洪水。

雨情：7 月 1—20 日，由于受副热带高压影响，全省先后多次出现暴雨、大暴雨和特大暴雨。持续多次出现的暴雨全省累计平均降雨量 286mm，其中湘水 157mm、资水 151mm、沅水 381mm、澧水 379mm、湖区 251mm，暴雨中心的永顺石堤西 647mm。特别是 7 月 13—17 日的 5 天时间，日暴雨 264 站次，大暴雨 71 站次。最大 6 小时降雨，洞口高沙 124mm、吉首 152mm，重现期分别为 30 年和 100 年一遇；最大 24 小时降雨，溆浦思蒙 271mm、山溪桥 291mm，分别是 200 年和 300 年一遇；最大三日降雨，麻阳陶伊 323mm，为 300 年一遇。不仅降雨的强度大，而且降雨的范围很广，全省降雨在 200mm 以上的笼罩面积 15 万 km²，占全省总面积的 70%，其中 300mm 以上的面积 10.5 万 km²，占 50%；400mm 以上的面积 5.2 万 km²，占 25%；超 500mm 以上的面积 8000 km²，超 600mm 以上的面积 2000 km²。8 月 1—4 日，受 8 号台风影响，湘水流域平均降雨 84.5mm，湖区平均 89.4mm。其中：湘水支流渌水平均降雨 223mm,洣水 137mm,直接入湖的汨罗江 111.3mm,湖区湘阴、七里山分别降雨 144mm 和 114mm。

水情:7 月初,澧水干流首先出现了较大洪水。3 日 3 时,大庸水文站洪峰水位 165.60m,相应流量 8080m³/s,居新中国成立以来第二位;3 日 12 时,石门出现洪峰水位 59.35m,超警戒水位 1.35m,流量 11300 m³/s;与此同时,沅水酉水上游的凤滩水库 3 日 1 时最大入库流量达 13800 m³/s,3 日 8 时下泄 9800 m³/s,加上沅水干流洪水入库,五强溪水库 4 日 8 时下泄 10600 m³/s,桃源站一天上涨 3.86m,4 日 0 时洪峰流量达 13700 m³/s。澧水、沅水洪水的先期入湖,抬高洞庭湖的底水。紧接着长江上游发生较大洪水,7 月 4 日,宜昌洪峰流量达 40700 m³/s,7 月 13 日长江入洞庭湖洪水最大达 10156 m³/s,使洞庭湖全面超过警戒水位,城陵矶 7 月 12 日水位达 32.13m。在洞庭湖水位还未转退,仍处于高洪水位的情况下,13—17 日,资水、沅水和洞庭湖区连续降大到暴雨,局部大暴雨或特大暴雨,湘水的中上游衡阳一带同时降大到暴雨,资水和沅水发生多次洪峰,洞庭湖洪峰重叠,水位全面超历史,城陵矶从 7 月 11 日超过警戒水位 32.00m,至 8 月 20 日退出,在警戒水位以上持续 41 天。

灾情:全省 14 个地市州都受了灾,受灾的县(市、区)117 个,占全省的 96%,其中,沅江、华容、资阳、桃江、安化、邵阳、新邵、新化、桃源、汉寿、沅陵、辰溪、泸溪等一批县(市)特别严重,全省进水县城 49 个,地市级城市邵阳市城区进水受淹。全省受灾 3325 万人,占全省人口的 52%,因灾死亡 744 人,倒塌房屋 162.1 万间,有 497 万人一度被洪水围困,紧急转移 402 万人,农作物受灾面积 218 万公顷,成灾面积 134.6 万公顷,绝收面积 49 万公顷。各项直接经济总损失达 580 多亿元。

19. 1998 年大洪水

1998 年,湖南省湘、资、沅、澧"四水"及洞庭湖区相继发生大的暴雨洪水。特别是 6 月中下旬资水下游、湘水中下游暴雨洪水及 7 月下旬开始的澧水、沅水、资水暴雨洪水,与长江八次峰高量大的洪水遭遇,形成湖南省 1954 年以来的最大洪水。湘水下游、澧水流域和东洞庭湖先后出现超历史最高水位的洪水,城陵矶连续出现 5 次洪峰,其中 4 次超历史最高水位。洪水洪峰次数之多,洪水来量之大,洪峰水位之高,高洪水位持续时间之长都是空前的。

雨情:6 月中下旬,长江流域的梅雨形势建立,湖南省中北部地区七次受暴雨或持续性暴雨袭击,洞庭湖水系发生严重洪涝。7 月下旬,欧亚大陆到东太平洋一带的天气形势反常,梅雨结束较常年偏晚,梅雨量异常偏多,再次造成湘西北、湘北以及长江流域的大范围连续性暴雨,导致山洪暴发,江湖水位猛涨,洪峰迭起。8 月 1 日副热带高压开始明显西伸北抬控制江南,将湘西北雨带推移至四川盆地及长江流域,此后一直稳定少动,湖南省境内大范围暴雨天气虽告结束,但在长江流域中上游四川盆地、三峡区间、清江流域形成一次又一次降雨,8 月份整整维持了一个月。

水情:一是入湖流量大,洪峰次数多。据省水文部门测算,6—8 月长江干流宜昌以上的洪量和洞庭湖区间产水量超过了 1954 年。6 月 1 日至 8 月 31 日长江来水通过宜昌的洪量达 3046 亿 m³,比 1954 年同期洪量多 70 亿 m³。6—8 月洞庭湖区间产水量 246 亿 m³,比 1954 年同期洪量多 56 亿 m³。长江枝城维持 50000 m³/s 以上流量达 38 天。8 月 17 日三口最大入湖流量达 18934 m³/s,加上"四水"入湖流量,最大总入湖流量达 63800 m³/s。"四水"和长江洪水不断倾灌洞庭湖,致使洞庭湖出现巨大超额洪水,城陵矶连续出现 5 次洪峰,其中 4 次超过历史最高水位。

二是洪水组合恶劣,水位超历史。7 月 3 日以来,长江连续出现流量为 52000~63600 m³/s 的 8 次大洪峰,与湖南省的湘、资、沅、澧"四水"和洞庭湖区间洪水在洞庭湖相遇,使东洞庭湖城陵矶连续出现五次洪峰,且一次比一次高,8 月 20 日,城陵矶出现最高水位 35.94m,超历史最高水位 0.63m,湖区 3471km 一线防洪大堤中,有 1791km 经受住了历史最高水位的考验。

三是长江顶托严重,持续时间长。长江干流螺山站 1998 年最大下泄流量仅 68600 m³/s,比 1954 年减少 10000 m³/s 还多,使城陵矶出湖水量减少,形成严重的下顶上压之势。在 1998 年最高水位 35.94m 时,出湖流量仅 28800 m³/s,比 1954 年最高水位 34.55m 时的出湖流量减少 15000 m³/s 还多。洞庭湖超额洪水近 100 亿 m³,因而水位长时间居高难下。长江干流洪水呈两头低、中间高的现象,螺山以下,宜昌以上在长江干流的 8 次洪峰中未出现超历史水位,而沙市至螺山则全线超过历史最高水位。受长江洪水顶托,洞庭湖区高危水位时间从夏至秋,历时两个多月,大大超过 1954 年和 1996 年。6 月 27 日长沙出现超历史最高水位,8 月 27 日城陵矶退出历史最高水位。城陵矶超过历史最高水位 35.31m 的时间长达 29 天,超过危险水位 33.00m 以上历时 78 天,超过 1954 年最高水位 34.55m 的时间长达 45 天,高危水位持续时间之长前所未有。

灾情:全省 14 个地州市、108 个县(市)、1438 个乡(镇)先后不同程度受灾,常德、张家界、岳阳、长沙、益阳 5 个地市受灾严重,全省受灾 2878.98 万人,曾一度被洪水围困 348.72 万人,紧急转移 350.84 万人,倒塌房屋 68.86 万间,垮小(2)型水库 1 座(沅陵赵里溪水库);因水灾死亡 616 人,直接经济损失 329 亿元。

20. 1999 年大洪水

自 6 月 25 日以来,受西风带降雨系统影响,湖南省湘、资、沅、澧"四水"流域连续发生几次集中降雨过程,湘西北、湘北及湘中地区连降暴雨,局部地方降大暴雨。同时,四川、重庆、贵州、湖北也发生大范围、大强度的持续降雨,致使湖南省沅水下游和洞庭湖区以及长江沿线发生新中国成立以来第二高水位洪水。

雨情:6 月 25 日至 7 月 28 日一个多月时间里,连续出现 4 次大强度降雨过程,累计降雨量 500mm 以上的笼罩面积有 22000km²,400mm 以上笼罩面积 40000 km²,300mm 以上笼罩面积 105000 km²,200mm 以上笼罩面积 170000 km²。城陵矶水位在四次降雨过程中节节攀升,直逼历史最高水位,于 7 月 23 日 7 时达到 1999 年最高洪水位 35.68m。

水情:由于降雨范围广,且持续不断,暴雨产流特别大,江湖水位上涨特别快。沅水五强溪水库 6 月 29 日第一次降雨过程中最大入库流量达 38000m³/s,比 50 年一遇入库流量仅少 2200 m³/s,仅次于 1996 年。从 6 月 25 日至 7 月 29 日,沅水洪水总量达到 288.7 亿 m³,比 1998 年同期多 116.5 亿 m³;"四水"大流量洪水汇入洞庭湖,加上长江三口入湖来水,洞庭湖总入湖流量最大达 58400 m³/s,西南东洞庭湖水位迅速上涨,特别是东洞庭湖城陵矶涨幅更是惊人,6 月 30 日至 7 月 2 日连续 3 天每日涨幅达 1m 以上,再加上长江来水多,洪水顶托异常严重。长江宜昌站自 6 月 30 日起洪水流量一直维持在 40000 m³/s 以上,最大洪峰流量达 57600 m³/s,长江螺山站一直维持 33m 以上的高洪水位,洞庭湖洪水下泄严重受阻。随着长江三口入湖流量不断增加,对洞庭湖的上压下顶也日益加剧。在洞庭湖总入湖流量最大达 58000 m³/s 时,出湖流量仅 28000 m³/s,净存湖流量达 30000 m³/s,形成入湖水量不断加大,出湖水量不断减少,水位不断抬高的严峻局面。沅水下游出现新中国成立以来历史第二高洪水位。桃源站 6 月 30 日洪峰水位达 46.62m,比历史最高水位仅低 0.28m;东洞庭湖城陵矶出现新中国成立以来历史第二高洪水位,7 月 23 日洪峰水位 35.68m,比历史最高水位仅低 0.26m;长江洪山头洪峰水位达 37.55m,仅低于历史最高水位 0.07m。高洪水位维持时间长。城陵矶自 7 月 3 日超过 34m,直到 8 月 1 日退出,维持在 35m 以上时间达 22 天。

灾情:全省 14 个地市 79 县(市、区)1268 万人受灾,倒塌房屋 15.55 万间,因灾死亡 125 人,麻阳县城和吉首市区等 4 个县城进水,农作物受灾面积 106.67 万公顷,绝收 10.97 万公顷,一大批水利、交通、通信、电力等基础设施遭到破坏,直接经济损失 64.87 亿元,其中水利设施直接损失 12.7477 亿元。万亩以上堤垸只溃决民主垸一部分(蓄洪垸),灾民 7.69 万人,垮小(2)型水库一座(即芷江锅溪水库)。

21. 2002 年大洪水

汛期,全省气候反常,降雨偏多,暴雨不断,山丘区山洪频发,汛情严重;资水、湘水、洞庭湖控制站分别出现历史第二、第三、第四高水位,发生了历史上少有的全省性秋汛,防汛形势严峻而复杂。

雨情:汛期主要降雨过程有 6 次,其中 5、6 月各 1 次,7、8 月各 2 次。全省各地都出现了一次以上的暴雨过程,共计出现暴雨 1270 次,大暴雨 192 站次。各级雨量笼罩面积:1200mm 以上 15.6 万 km²,1400mm 以上 7.1 万 km²,1600mm 以上 1 万 km²,1800mm 以上 0.2 万 km²。在汛期发生的六次暴雨过程中,许多站点的暴雨强度特别大:湘水支流柏家坪最大一日降雨量 206mm,重现期约为 100 年一遇;涔天河最大一小时降雨 77mm,重现期为 100 年一遇;洣水五里牌最大 6 小时降雨 144mm,重现期 200 年一遇;春陵水欧阳海最大 12 小时降雨 195mm,重现期 80 年一遇,最大 24 小时和最大 3 日降雨分别为 273mm、342mm,重现期均达到 200 年一遇;香花岭最大一日降雨 159mm,最大三日降雨量 290mm,分别为 50 年一遇和 200 年一遇;澧水流域张家界最大 24 小时降雨 226mm,重现期为 100 年一遇;温塘最大三日降雨量 428mm,重现期约为 150 年一遇。暴雨和大暴雨站次之多,雨强之大,为历史少见。

第一次降雨过程发生在 5 月 7—13 日。受高空低槽、中低层切变、地面冷空气及西南暖空气气流的共同影响,湖南省自北向南普降大到暴雨,全省平均降雨 138mm,其中湘江流域 133mm、资水流域 158mm、沅水流域 150mm、澧水流域 71mm、洞庭湖环湖区间 149mm。暴雨中心在湘江上游,中心点最大雨量永州东安站 304mm。降雨导致湘、资、沅水分别出现入汛以来的第一场洪水。

第二次降雨过程发生在 6 月 13—21 日。受中低层切变、低涡、强盛的西南暖湿气流共同作用,副高边缘的强降雨带在湖南省形成,湘中、湘南及湘西北地区连降大到暴雨,部分地区出现大暴雨。全省平均降雨 130mm,其中湘江流域平均降雨 157mm,沅水一级支流酉水 190mm。此次暴雨有两个中心点:一个位于湘江上游的舂陵水、耒水、洣水,中心点雨量耒阳欧阳海 372mm;另一个为沅水流域的酉水与澧水干流上游张家界一带,中心点雨量为张家界温塘 433mm。此次降雨造成湘江流域全线超警戒水位,张家界和湘西自治州永顺等县部分地方山洪成灾。

第三次降雨过程发生在 6 月 27 日至 7 月 3 日。随着副热带高压的减弱南撤,并受高空低槽、中低层切变及地面冷锋的共同影响,梅雨峰雨带在长江流域重建。27 日晚,湘西北最先出现暴雨,随后强降雨带自北向南发展。全省平均降雨量 102mm,其中湘江流域平均 134mm。暴雨中心在湘江流域上游的洣水、舂陵水、耒水和一级支流,中心点最大雨量为洣水坑口站 289mm,桂阳飞仙站 264mm 次之。此次降雨导致湘江干流全线和资水上游河段超警戒水位,部分地区山洪暴发。

第四次降雨过程发生在 7 月 17—26 日。由于前期控制湖南省的大陆高压明显减弱,受高空低槽和低层切变及地面南下冷空气共同作用,17 日开始,全省大部分降中到大雨,18—20 日主雨带维持在湘南,后又缓慢南压,自北至南先后出现大到暴雨。此次降雨过程中,全省平均降雨 171mm,其中:洞庭湖区间 215mm、资水 183mm、柘溪至桃江区间 203mm、五强溪至桃源区间 224mm、沅水一级支流溆水 236mm、湘江一级支流蒸水 236mm、涓水 221mm。两个暴雨中心一个位于洞庭湖区间,最大雨量为岳阳城陵矶 411mm;另一个位于湘江干流衡阳至一级支流蒸水一带,最大点雨量为衡阳井头江 333mm。降雨导致湘江上游河段出现超警戒水位洪水。

第五次暴雨过程发生在 8 月 5—8 日。受今年 12 号强热带风暴"北冕"减弱后的热低压和冷空气的影响,8 月 5—8 日,湘中以南地区普降大到暴雨,湘江流域平均降雨 106mm。暴雨中心在湘江上游的舂陵水、耒水和洣水一级支流上,其中平均降雨量 155mm、舂陵水 174mm、耒水 156mm、洣水 141mm,暴雨中心最大点雨量涔天河 256mm,出现严重山洪灾害的郴州市降雨 239mm。暴雨导致舂陵水发生超历史洪水,湘江干流全线超警戒水位。

第六次暴雨过程发生在 8 月 11—20 日。8 月 11 日开始,由于西太平洋副热带高压加强西伸,洋面上热带气候系统活跃,青藏高原东部有低压槽东移,加上中低层西南气流开始形成,秋雨天气出现。全省连续性降雨达 10 天,平均降雨量 150mm,其中湘江流域 128mm、资水流域 201mm、沅水流域 165mm、澧水流域 140mm、洞庭湖区 201mm。全省大于 100mm、200mm 降雨的笼罩面积分别为 20.1 万 km^2、3.5 万 km^2,暴雨中心在资水中下游、沅水下游和湘江一级支流涟水、沩水一带,中心点最大雨量桃江蒙公塘 332mm、汉寿 324mm 次之。降雨致使江湖河库水位陡涨,形成历史上最大秋汛。

水情:与六次大范围的灾害性降雨过程相对应,全省形成了六次大的洪水过程。

第一次:5 月上中旬的降雨,导致湘、资、沅、澧和湖区出现超警戒水位的较大洪水过程。湘江部分河段超警戒水位,长沙站 17 日洪峰水位为 36.13m,超警戒水位 1.13m,资水桃江站于 14 日出现洪峰水位 42.64m,超警戒水位 1.64m,流量 7170m^3/s(其中柘溪水库下泄流量 4000m^3/s);沅水五强溪水库 13 日出现今年第一次洪峰,流量 26900 m^3/s,为今年入库流量之最,也是历史上同期最大流量,水库调蓄后最大下泄流量 17000 m^3/s,桃源站 14 日出现洪水水位 43.13m,超警戒水位 0.63m,流量 19000 m^3/s。经分析,5 月中上旬,湘、资、沅、澧同时出现超警戒水位洪水,遭遇重现期约为 30 年一遇,历史上仅 1962 年出现过一次。受"四水"和环湖区间来水影响,洞庭湖水位逐渐上升,城陵矶 5 月 16 日进入防汛水位,比 1998 年、1999 年分别提前 42 天、46 天,19 日洪峰水位 31.52m,超防汛水位 0.52m。湖区有 91 个堤垸 1548km 地段超过防汛水位,其中 42 个堤垸 456km 地段超过警戒水位。

第二次:6 月 13—21 日的降雨,使湘水流域各支流、湘西北等地发生了严重的山洪灾害,湘江干流全线超警戒水位,株洲以下堤段超危险水位,沅水下游及西、南洞庭湖区超防汛水位。湘江干流老埠头站,连续两次出现超警戒水位:6 月 17 日洪峰水位 103.21m,超警戒水位 1.21m;受广西全州、灌阳降雨影响,19 日再次出现洪峰水位 104.82m,超警戒水位 2.82m。与此同时,湘江一级支流耒水、洣水暴涨。湘江干流衡阳、衡山、株洲、湘潭、长沙等站依次出现洪水水位 58.16m、52.73m、41.93m、39.47m 和 35.72m,分别超警戒水位 2.16m、5.73m、1.93m、1.47m 和 0.72m。随着暴雨向湘西北的转移,沅水五强溪水库入库流量逐渐加大,6 月 19 日洪峰流量 24500 m^3/s,最大下泄流量 15100 m^3/s,沅水常德站以下堤段提前进入防汛水位。澧水石门站也于 6 月 18 日出现今年最大流量 7120 m^3/s。洞庭湖入湖流量随之逐步增加,水位抬高,湖区共有 2024km 堤防进入防汛水位,1305km 进入警戒水位,516km 进入危险水位。

第三次:第二次洪灾刚刚结束,6 月 27 日开始,湖南省自北向南又发生一次强降雨过程,特别是湘江流量从下游到上游,普降暴雨到特大暴雨,导致湘江流量主要支流春陵水出现 100 年一遇洪水,湘江干流全线超危险水位,东南洞庭湖再次超警戒水位。7 月 2 日湘江支流潇水双牌站最大入库流量达 6630 m^3/s,春陵水飞仙站出现 146.76m 的洪峰水位,超过 1975 年 146.62m 历史最高值 0.14m,欧阳海站洪峰水位 89.95m,超过历史最高水位 0.76m。同日,湘江干流老埠头站出现了 105.33m 的洪水水位,超警戒水位 3.33m,洪峰流量 10700 m^3/s。3—4 日,干流站归阳、衡阳、株洲、湘潭、长沙分别出现了 47.44m、58.96m、52.78m、42.37m、40.10m 和 37.62m 的洪峰水位,分别超危险水位 1.62~4.78m。受"四水"和长江来水影响,城陵矶 7 月 5 日出现 32.22m 的洪峰水位,超过警戒水位 0.22m。有 156 个堤垸 2125km 堤防进入防汛水位,其中 68 个堤垸 647km 堤防进入警戒水位,23 个堤 垸 285km 堤防进入危险水位。

第四次:7 月 17—26 日自北向南的降雨过程,使澧水、沅水、资水、湘水水位先后回涨,但 澧水、沅水、资水水位为超过警戒水位,湘江干流老埠头站、归阳站及衡山站先后超过警戒水 位 0.16m、1.27m、1.28m。

第五次:8 月 5—8 日,受 12 号强热带风暴"北冕"影响,湘江中上游普降暴雨和特大暴 雨,湘江流域山洪暴发,各支流水位陡涨,一批水库先后溢洪,干流水位再次上涨。春陵水嘉 禾站、飞仙站分别于 7 日、8 日出现洪峰水位 96.85m、148.84m,超历史最高水位 0.18m、 2.22m,其他支流也出现接近历史最高水位的洪水。受上游来水影响,湘江干流水位上涨迅 速,老埠头站 8 日洪峰水位 104.13m,超警戒水位 2.31m;归阳、衡阳、湘潭、长沙站洪峰水位 分别为 46.85m、59.24m、39.86m 和 37.06m,分别超警戒水位 2.85m、3.24m、1.83m 和 2.06m。这次暴雨由于与上一次降雨过程间隔短,且集中在湘江流域,产流多、洪水组合更 为复杂,高洪水位持续时间长,从老埠头起涨,到长沙站出峰、整个过程历时 5 天。

第六次:8 月 11 日开始,全省自北向南发生降雨过程,加上长江上游普降大雨,导致全省 汛情紧张,发生了历史上少见的全省性秋汛。至 18 日,14 号强热带风暴的外围云系影响湖 南省湘中南,形成强降雨过程。受其影响,湘、资水及洞庭湖出现今年最高水位,其中:湘水 衡阳站 21 日出现洪峰水位 58.09m,超警戒水位 2.09m;湘潭站与 22 日出现洪峰水位 40.32m,超警戒水位 2.32m,流量 15200m³/s;长沙站在上游来水和洞庭湖顶托的双重作用 下,于 22 日出现洪峰水位 38.38m,超警戒水位 3.38m,为 1910 年有水文资料以来的第三高 水位。与此同时,资水邵阳站于 20 日出现洪峰水位 217.66m,超警戒水位 3.66m,流量 6070 m³/s,为历史同期最大流量;新化站于 20 日出现洪峰水位 174.38 米,为建站以来的第二高 洪水位;桃江站 21 日 12 时出现 44.31m 的洪峰水位,超警戒水位 3.31m,居历史第二位。沅 水五强溪 8 月 22 日出现最大流量 15200 m³/s,通过水库调洪,桃源站流量维持在 10000 m³/s 左右长达 7 天,沅水下游水位在防汛水位上下徘徊。同时,长江上游亦出现了当年最 大洪水。宜昌站 8 月 19 日出现 49200 m³/s 的洪峰流量。城陵矶水位迅速上升,从 8 月 6 日 的 30.11m 一致上涨到 8 月 24 日的 34.91m,超警戒水位 2.91m,列有实测资料以来的第四 位。这次洪水过程是当年全省防汛形势最紧张、持续时间最长的一次,面临着多条江河同时 紧张、同时作战的局面,湘水、资水主要控制站点维持在警戒水位以上的时间长达 7 天,洞庭 湖则长达 16 天,有 2300km 堤防超警戒水位。

灾情:全省 14 个市州 110 个县(市、区)1771 个乡镇 1937.22 万人均遭受了不同程度的 洪涝灾害,部分县(市、区)几次重复受灾,其中永定、永兴、永顺、耒阳、桂阳、道县、炎陵、新 邵、龙山、桑植、衡东、新田、蓝山等县(市、区)受灾较为严重。因暴雨山洪,10 座县城曾一度 受淹,其中新邵、道县县城曾两度进水,永定城区内渍受淹,最大水深 3m;道县县城主要街道 水淹深度达 4m;国道 319、209 线,省道 1828、1801、1835、8212 线等多处曾一度中断;郴州四清水库(中型)等一批防洪工程出现重大险情,大量基础社会遭到冲毁。全省洪灾直接经济总损失到 146.44 亿元,其中水利基础设施直接经济损失 36.37 亿元。

22. 2003 年大洪水

雨情:2003 年汛期,受灾害性天气系统影响,全省与 5 月中旬、6 月下旬及 7 月上旬先后出现了 3 次较大范围的强降雨过程。

第一次暴雨过程(5 月 10—16 日):受西南暖湿气流和地面弱冷空气影响,5 月 10 日,降雨从湘水的长株潭地区开始,随即扩展覆盖到全省,中心雨带位于湘水上游的潇水、春陵水一带,至 16 日,全省平均降雨 121mm,雨量大于 100mm 有 148 站,大于 150mm 的有 62 站,最大为永州道县站 217mm,日雨量最大为茶陵县高珑站 135mm(5 月 16 日)。降雨量大于 100mm、150mm、200mm、250mm 的笼罩面积分别为 13.5 万 km²、5.8 万 km²、1.4 万 km² 和 0.1 万 km²。降雨导致湘、资、沅、澧出现不同程度的洪水过程,部分地方暴发山洪。

第二次暴雨过程(6 月 23—27 日):由于西太平洋副高加强西伸,高空低槽分裂并带动冷空气南下,6 月 23—27 日,全省大部分地区经历了一次强降雨过程。这次降雨,自湘北、湘西北开始,向湘中及湘中以南转移,湘北、湘西北和湘中部分地区出现了暴雨和大暴雨,局部特大暴雨。全省平均降雨 80mm,其中澧水流域平均 222mm。降雨量 100mm、200mm、300mm 以上的笼罩范围分别为 6.5 万 km²、1.32 万 km²、0.19 万 km²。5 天内累计降雨 50mm 以上的 166 站,其中 200mm 以上的 23 站,300mm 以上的 5 站,最大降雨为常德石门所市站 338mm,日最大降雨为株洲朱亭站 206mm(6 月 26 日)。受降雨影响,澧水石门站出现三次超警戒水位的洪峰,澧水一级支流溇水出现超历史洪水,湘西自治州、张家界、常德、株洲等地遭受了较为严重的洪涝灾害。

第三次暴雨过程(7 月 7—10 日):7 月 7—10 日,湖南省处于副热带高压边缘,中低空西南暖湿气流强盛。暴雨从 7 月 7 日 20 时首先在澧水干流中上游的桑植、凉水口、龙潭坪及酉水的亭章、石堤西、永顺等地开始,随后发展到澧水全流域、沅水的酉水及五强溪库区。暴雨中心在酉水的永顺及澧水的张家界、慈利、溪口等地,至 11 日 8 时降雨基本结束,持续时间 84 小时;澧水流域平均降雨 367mm,酉水流域平均降雨 310mm;这次暴雨累积量超过 100mm 的站有 64 站,超过 200mm 的有 24 站,最大降雨为澧水张家界站 617mm,其次为酉水永顺的石堤西站 604mm;降雨量大于 200mm、300mm、400mm、500mm 的笼罩范围分别为 2.58 万 km²、1.75 万 km²、0.93 万 km²、0.26 万 km²。暴雨中心永顺石堤西站、张家界站最大 1 日降雨分别达到 408mm 和 379mm(7 月 8 日),重现期均超过 1000 年一遇;最大 60h 降雨张家界 594mm,重现期达 300 年一遇。连续的强降雨导致澧水、酉水流域大小溪河山洪暴发、湘西北严重受灾。

水情:与降雨过程相对应,全年先后发生了三次明显的洪水过程。

第一次洪水过程(5 月中旬):受 5 月 10—16 日大范围的强降雨影响,湘水全线和资水上游水位迅速上涨,出现今年第一次超危险水位的洪水,部分地区山洪暴发。本次湘江洪水重现期约为 10 年一遇,老埠头站 5 月 16 日出现洪峰水位 105.57m,超警戒水位 3.57m,洪峰流量 11400m³/s,为建站以来第六大洪水;18 日衡阳、衡山、株洲、湘潭、长沙下游各站相继出现 58.61m、53.3m、43.24m、40.84m、38.10m 的洪峰水位,分别超警戒水位 2.61m、5.3m、3.24m、2.84m、3.10m,均为历史同期最高水位。资水邵阳、冷水江 5 月 17 日洪峰水位 216.29m、179.16m,分别超警戒水位 2.29m、2.26m。另外,沅水桃源 5 月 19 日 0 时出现洪峰水位 42.69m,超警戒水位 0.19m。湖区湘阴 5 月 19 日 22 时出现洪峰水位 33.34m,超警戒水位 0.34m。

第二次洪水过程(6 月下旬):6 月 23—27 日的降雨,使澧水干流及溇水水位迅速上涨,石门站从 6 月 24 日 8 时 52.37m,流量 936m³/s 开始陡涨,25 日 7 时出现第一次洪峰,水位 58.37m,超警戒水位 0.37m,洪峰流量 8970m³/s。之后,25 日 22 时出现第二次洪峰,水位 58.01 米,超警戒水位 0.01m,流量 8320m³/s,26 日 17 时出现第三次洪峰,水位 59.39m,超警戒水位 1.39m,流量 11000m³/s。支流溇水所市站 24 日 14 时水位从 3.2m 起涨,至 24 日 22 时出现洪峰水位 18.16m,流量 8600m³/s,为 1935 年以来最大洪水。干流津市站 27 日 3 时出现洪峰水位 42.16m,超警戒水位 0.66m,流量 9000m³/s。西洞庭湖石龟山 27 日 13 时出现洪峰水位 38.31m,超警戒水位 0.31m。江垭、五强溪、凤滩等大型水库相继开闸泄洪,最大下泄分别达 2200m³/s、9500m³/s 和 6000m³/s。

第三次洪水过程(7 月上旬):受 7 月 7—10 日的连续强降雨影响,澧水、酉水水位全线猛涨。澧水张家界站 7 月 9 日 8 时出现洪峰 8930 m³/s,洪峰水位 166.12m,仅比 1998 年的 167.08m 低 0.96m;石门站 10 日 1 时出现洪峰水位 62.31m,超警戒水位 4.31m,居历史第二位,相应流量 19000 m³/s(第一位发生在 1998 年,洪峰水位 62.66m,流量 19900 m³/s),洪水重现期超过 20 年一遇;津市站 10 日 21 时洪峰水位 45.02m,超历史最高水位 0.01m,相应流量 17200 m³/s,洪水重现期 50 年一遇。7 月 19 日 11 时,凤滩水库最大入库达 19200 m³/s,仅次于"98.7"洪水中的最大入库 19300 m³/s,9 月 15 日,最大下泄达 16200 m³/s。受凤滩下泄及库区来水影响,7 月 10 日 17 时,五强溪水库最大入库 26900 m³/s,10 日 9 时,最大出库达 20700 m³/s。受五强溪开闸泄洪及五桃区间来水影响,7 月 10 日 11 时至 11 日 13 时,沅水下游桃源站流量维持在 20000 m³/s 以上,7 月 10 日 23 时,洪峰水位为 45.39m,相应流量为 21400 m³/s,其洪峰水位排建站以来第六位。受澧水、沅水和长江来水影响,洞庭湖区全面超警戒水位,石龟山站 11 日 2 时洪峰水位 41.84m,超警戒水位 3.34m,仅比历史最高水位低 0.05m。安乡站 11 日 14 时洪峰水位 40.19m,超警戒水位 2.69m。

灾情:汛期,全省 14 个市州 88 个县(市、区)1279 个乡镇遭受了不同程度的洪涝灾害,其中自治州、张家界、常德 3 个市州受灾较为严重,张家界市、祁阳、道县、永顺、保靖、桑植、慈利、石门 8 个城市因渍水或山洪受淹,部分县(市、区)多次重复受灾。枝柳铁路、部分国道、省道多处路段一度中断,在建的重点工程张清铁路、张桑铁路等部分路段也遭受了严重的水毁。永顺县中坪水库[小(2)型水库]因超设计标准洪水漫溃(7 月 10 日 4 时 30 分溃坝);长沙五合垸因管涌溃决,澧县澧南垸、北民湖相继启动分洪,临澧关山、洞坪,澧县白马、毛坪、廖坪、彭坪、英溪等垸行洪;部分水利工程相继出险。严重的洪涝灾害,给湖南省工农业生产和人民生命财产造成了较大损失。全省洪灾直接经济损失 80.15 亿元,其中水利设施直接经济损失 19.46 亿元。

23. 2006 年特大暴雨山洪

雨、水情:2016 年,湖南省境内先后发生 9 次较大雨洪过程,受湘东南"7.15"特大暴雨山洪影响,湘江支流耒水发生 100 年一遇特大洪水,干流衡阳站、衡山站出现了 20 年一遇的较大洪水。

第 4 号强热带风暴"碧昂丝"带来的强降雨、大暴雨、特大暴雨的笼罩范围和暴雨强度在历史上都十分罕见。据统计,7 月 14 日 8 时至 17 日 8 时,全省 3 日累计降雨量 50mm、100mm、200mm、300mm、400mm 以上的降雨笼罩范围分别为 8.6 万 km²、5.4 万 km²、2.5 万 km²、0.9 万 km²、0.4 万 km²。郴州高强度降雨的暴雨中心集中在郴州地区,次平均面雨量达 300mm。位于暴雨中心之一的耒水流域,中心点永兴站降水达 358mm,汝城文明站达 280mm,均为百年罕见的特大暴雨,平均降雨 330mm。此外春陵水流量平均降雨 231mm,潇水流域平均降雨 174mm,洣水流域平均降雨 169mm。3 日累计雨量最大为东江库区龙溪站 631.8mm;最大 24 小时、12 小时降雨发生在坪石站,分别为 391mm(14 日 14 时至 15 日 14 时)、335mm,(15 日 2—14 时)降雨频率均为 500 年一遇;最大 6 小时降雨为汝城文明站 186mm(15 日 2—8 时),降雨频率约为 500 年一遇。暴雨引发山洪暴发,江河水位陡涨,部分水库塘坝爆满,最终导致湘江干流全线超警戒水位。16 日清晨 5 时左右,耒水最高水位达 83.6m,超历史最高水位 1.4m。

汛期,全省郴州、衡阳、永州、邵阳、怀化、娄底、株洲、湘潭、长沙、益阳、张家界、岳阳 12 个市 85 个县(市、区)1716 个乡镇 1884 万人受灾,死亡 458 人(其中郴州 339 人、衡阳 27 人、邵阳 17 人、怀化 7 人、株洲 7 人、张家界 1 人)。失踪 128 人,倒塌房屋 20.32 万间,先后有隆回、新化、耒阳、汝城、永兴 5 个县城因严重积水或洪水漫堤受淹,直接经济损失 148.61 亿元。

24. 2007 年特大暴雨山洪

雨水情:2007 年,汛期发生了三次大的强降雨过程。

6 月 5 日 8 时至 6 月 10 日 8 时,湘中以南地区发生了强降雨过程,全省累计平均降雨 63mm,暴雨中心位于湘水支流潇水流域以及湘水上游地区,潇水流域的道县、新田、宁远等地降特大暴雨。全省累计降雨在 200mm 以上的站共 10 站,其中 8 个站集中在湘江上游和支流潇水、春陵水流域,最大降雨为道县站,累计雨量达到 321mm。5 天内湘水流域平均降雨 88mm,资水流域平均降雨 81mm,沅水流域平均降雨 54mm,澧水流域平均降雨 16mm,洞庭湖区平均降雨 9mm。全省 50mm 以上的笼罩面积约 10.7 万 km²,100mm 以上的笼罩面积约 4.3 万 km²,200mm 以上的笼罩面积约 0.6 万 km²。

7 月 19 日 8 时至 7 月 27 日 8 时,湘西北沅水、澧水流域出现强降雨过程,降雨集中在澧水和沅水部分地区,湘西北部分地区连续降中到大雨,局部地区出现暴雨和大暴雨,全省平均降雨 58mm,其中沅水流域降雨 126mm、澧水流域降雨 221mm、资水流域降雨 21mm、洞庭湖区降雨 22mm、湘水流域仅 8mm。全省 50mm 以上的笼罩面积约 6.1 万 km²,100mm 以上的笼罩面积约 4.5 万 km²,200mm 以上的笼罩面积约 2.8 万 km²,300mm 以上的笼罩面积约 0.3 万 km²。全省日降雨量在 100mm 以上的站点共 26 站次,全部集中在沅、澧水流域,日降雨量最大值为新晃站 198.5mm,累计降雨量最大点为澧水流域桑植县五道水站 470.9mm。

8 月 19 日 8 时至 22 日 8 时,受第 9 号超强台风"圣帕"影响,从 19 日下午开始,湘水流域普降大到暴雨,部分地区大暴雨,局部特大暴雨。全省平均降雨量 97mm,其中湘江流域平均降雨 167mm,资水流域平均降雨 85mm,沅水流域平均降雨 54mm,澧水流域平均降雨 42mm。暴雨中心维持在湘江一级支流耒水、洣水和春陵水,暴雨中心最大降雨量为资兴兴宁 615mm,资兴龙溪 606mm 次之。特别是在降雨最集中的时段 19 日 8 时至 22 日 14 时,湘江支流耒水、洣水和春陵水平均降雨分别为 387mm、402mm、184mm;各级暴雨笼罩面积:50mm 以上 11 万 km²、100mm 以上 5.6 万 km²、200mm 以上 2.9 万 km²、300mm 以上 2.2 万 km²、400mm 以上 0.82 万 km²、500mm 以上 0.11 万 km²、600mm 以上 0.02 万 km²。市州累计降雨量以郴州 334mm 为最多,株洲 256mm 次之,衡阳、湘潭、长沙累计降雨量分别为 196mm、140mm、67mm。全省累计降雨量超过 400mm 的有 4 站,超过 300mm 的有 13站,超过 200mm 的有 28 站,超过 100mm 的有 48 站。2007 年"圣帕"较去年"碧昂丝"降雨中心强度更强,面上过程雨量更大,局部发生山体滑坡,房屋倒塌。

水情:6 月 5—10 日,潇水双牌以上的大部分支流、溪河水位陡涨,洪水泛滥。道县的泡水河和宁远的九嶷河发生了百年不遇的洪水,蓝山舜水河洪水达到 50 年一遇。永州冷水滩、道县、双牌三县(区)受淹面积超过 30%。其中,道县县城淹没范围达 43%,紧急转移 1.2万人,经济损失 2500 万元;冷水滩区进水受淹持续时间近 30 小时,淹没最深处达 3.08m,受淹面积 10km²。

8 月 19—23 日,湘江一级支流耒水耒阳站发生历史第二高水位洪水,水位 50 小时上涨9m,洪峰水位达 82.49m,重现期 30 年一遇,超警戒水位 4.99m,耒阳市进水被淹,受淹面积达 40%,最大淹没水深 3m,经济损失 1.35 亿元。6 个县城河段(茶陵、炎陵、安仁、永兴、攸县、衡东)的水位超历史最高水位。其中,永兴县城 80% 的城区进水或积水,县城最大淹没水深 2.5m。位于耒水上游河畔的汝城县城进水受淹,浸水时间长达 20h,面积达 45%,最大淹没水深 1.8m,直接经济损失 2415 万元。

灾情:全省因洪涝灾害造成 14 个市(州)的 91 个县(市、区)1423 个乡镇 1427.75 万人受灾。全省因灾死亡 15 人,失踪 4 人,6 个县级城市进水受淹,倒塌房屋 5.83 万间,直接经济损失 105.77 亿元。

25. 2010 年大洪水

2010 年汛期,降雨总量偏多,暴雨洪水过程多。全省累计面平均降雨量列新中国成立以来湖南省第 7 位,发生 13 次较大降雨过程,湘、资、沅、澧"四水"及洞庭湖区都发生超警戒水位洪水,特别是湘江流域出现 2 次全线超警戒水位洪水,发生了 1998 年以后的第三大洪水。

雨情:汛期,全省发生了 13 次较强的降雨过程,其中 4 月 2 次,5 月 4 次,6 月 4 次,7 月 2 次,9 月 1 次,其中累计最大次降雨量站点依次为衡东站、永州市桐梓坪站、邵阳市双林站、浏阳市官庄站、桂阳县莲塘站、溆浦县均坪站、江永县源口站、沅陵县草龙潭站、会同县岩头站、吉首市洛塔站、岳阳县胜龙站、沅陵县七甲坪站。降雨高值区主要集中在湘西北地区,分别为:①五强溪库区至五桃区间。中心点最大降雨量为桃源县王家湾站 1816mm;②澧水上游地区,中心点最大雨量为桑植县五道水站 1730mm。日降雨量大于 100mm 的有 458 站次,其中大于 150mm 的有 84 站次,大于 200mm 的有 7 站次。

水情:汛期,受强降雨过程影响,湘、资、沅、澧"四水"干流均发生超警戒水位洪水过程,受长江洪水影响,洞庭湖区出现超警戒水位洪水:湘江流域在 4 月、5 月、6 月都出现了超警戒水位洪水,在"4.17""6.23"过程中现有两次出现全线超警;资水中下游在 5 月、6 月、7 月出现超警戒水位洪水;沅水中下游、澧水下游 7 月出现了超警戒水位洪水;洞庭湖区 7 月下旬至 8 月上旬出现了超警戒水位洪水。

灾情:汛期 13 次强降雨过程,导致 14 个市(州)122 个县(市、区)1975 个乡镇 1600 万人受灾,因灾死亡 64 人,失踪 8 人,倒塌房屋 14.36 万间,直接经济损失 247 亿元,其中水利设施直接经济损失 67.02 亿元。

26. 2016 年大洪水

雨、水情:

(1) 湘江流域春汛。3 月湖南省湘南地区降雨偏多,尤其是发生了"3.19"暴雨洪水过程。3 月 19—24 日,全省平均降雨量 58.9mm,降雨量较多的郴州、永州两市过程降雨量 143mm 以上、98mm 以上、50mm 以上、100mm 以上笼罩面积分别为 10.6 万 km² 和 3.1 万 km²,最大单站日雨量为汝城县三江口站 166.5mm。强降雨造成了 1998 年以来最大春汛,湘水上中游干流及其支流潇水、洣水部分河段发生超警戒水位洪水,双牌、欧阳海等大型水库开闸泄洪,永州、郴州、邵阳 3 市 12 县(市、区)103 个乡镇 27.94 万人受灾,紧急转移 0.29 万人,倒塌房屋 275 间,农作物受灾面积 6.08 千公顷,直接经济损失 2.09 亿元。其中,郴州市灾情较重,有 9 个县市区 81 个乡镇 24.33 万人受灾,转移 2341 人,倒塌房屋 149 间,直接经济损失 1.54 亿元。

(2)局部山洪及中小河流洪涝灾害。4—6 月,全省主要暴雨洪水过程共 10 次,其中 4 月 3 次,5 月 2 次,6 月 5 次。这一时期,全省山洪多发,湘江干流及部分支流、沅水部分支流、澧水干流及湖区部分中小河流发生了超警戒水位洪水。其中 4—6 月上旬,暴雨为短时强降雨并伴有强对流性天气过程,前期主要在湘南,后期向湘中及湘北部分地区移动。一场暴雨洪水过程往往由几个时段的短时强降雨组成,如"5.4"暴雨洪水过程,强降雨分为 5 个阶段:4

日集中在湘南,6日在湘中及湘西北,7日覆盖全省范围,8日、9日分别在湘西北、湘东北,整个过程多为局地短时暴雨,最大单站日降雨量为祁阳县三湾脚站195mm,最大单站1小时、3小时、6小时降雨量分别达82.4 mm、131.7 mm、183 mm。6月中旬起,暴雨入梅特征明显,随副热带高压北进,暴雨自南向北覆盖全省,具有过程频繁、间歇短、雨强大、雨区稳定且降雨历时较长等特点。如"6.14"与"6.18"暴雨洪水过程间隔不到两天,其中:"6.14"过程降雨持续近两天,雨区一直稳定在湘中,湘潭、株洲、娄底三市过程平均降雨量分别为132.7 mm、87.5 mm、77.4 mm,湘江一级支流涓水、渌水、涟水发生超警戒水位洪水,其中渌水大西滩站发生超保证水位洪水,涓水射埠站发生超历史最高水位洪水;"6.18"过程暴雨集中在湘西北,张家界市过程平均降雨量92.6mm,最大单站日雨量为桑植县周家垭站324 mm,受邻省强降雨共同影响,沅水一级支流酉水发生超历史最高水位洪水,重现期接近100年一遇。这一段时期频繁发生的暴雨洪水过程,主要发生在湘南、湘中及湘西北地区,洪涝灾害成因以局地暴雨山洪和中小河流洪水为主,共造成长沙、株洲、湘潭、娄底、衡阳、邵阳、永州、郴州、湘西、怀化、张家界、常德12个市州103个县市区1156个乡镇的513.75万人受灾,因灾死亡12人、失踪1人,转移41.18万人,倒塌房屋1.13间,农作物受灾面积436.83千公顷,直接经济总损失81.46亿元。其中"6.14"暴雨洪水过程造成了长沙、株洲、湘潭、娄底、衡阳、邵阳、永州、郴州、湘西、怀化10个市州68个县市区574个乡镇的137.25万人受灾,因灾死亡8人,转移8.84万人,倒塌房屋3392间,农作物受灾面积82.46千公顷,直接经济总损失13.97亿元。受强降雨影响,6月15日湘中局地发生多起泥石流滑坡,造成湘潭县、衡山县、隆回县共死亡8人。"6.18"暴雨洪水过程中,受酉水发生超历史最高水位洪水影响,20日龙山县里耶镇河段堤防发生漫溃,导致该镇受淹面积达2.1km²,紧急转移1.85万人,直接经济损失达3.35亿元。

(3)洞庭湖区洪涝灾害。由于6月以来强降雨过程频繁,中小河流洪水频发,使得洞庭湖区水位持续上涨。7月份共发生了"7.1""7.15"2次暴雨洪水过程,主要发生在湘中以北,尤以洞庭湖区暴雨集中,降雨产流量大。这两次过程的暴雨洪水与6月以来的暴雨洪水形成叠加,加之长江干流水位顶托致使洪水出湖不畅,造成了今年洞庭湖持续近1个月的区域性大洪水。其中:"7.1"特大暴雨洪水过程,全省平均降雨量86.6mm,降雨量较多的益阳、长沙、岳阳、娄底四市分别达236.7 mm、225.5 mm、220.7 mm、193.2 mm,最大单站日雨量为赫山区泉交河镇水管站336.3 mm,最大单站过程累计雨量为望城区茶亭水库站518 mm,这次暴雨洪水造成洞庭湖全面超警,资水尾闾一度全线超保证水位,湖区内渍内涝严重;"7.15"暴雨洪水过程,全省平均降雨量52.3 mm,降雨量较多的张家界、长沙、湘西自治州三市(州)过程降雨量分别达153.1 mm、104.1 mm、103.6 mm,最大单站日雨量为永顺县龙塔站269 mm。这次暴雨洪水造成了洞庭湖水位复涨,城陵矶站水位复涨约0.5m,超警戒水位时间延长近9天,湖区水位持续超警,汛情进一步发展。7月以来,洞庭湖区堤防水位持续超警,7月7日最多时有75个堤垸、1928km堤防超警,其中岳阳市建新垸、新华垸、新太垸、人民大垸,益阳市南汉垸、目平湖、畔山垸、长春垸、永新垸、静下洲垸10个堤垸173.6km

堤防超保证水位。洞庭湖城陵矶站自 7 月 3 日 16 时超过警戒水位,8 日 3 时达到洪峰水位 34.47m(超警戒水位 1.97m,低于保证水位 0.08m),29 日 5 时退出警戒水位,超警历时长达 27 天,超警时间之长、水位之高分别列 1998 年以来第三位、第四位。7 月以来的洪涝灾害过程中,益阳、岳阳、娄底、怀化、长沙、常德、怀化、湘西、张家界、湘潭、邵阳 11 个市州 89 个县市区 1052 个乡镇 633.67 万人受灾,因灾死亡 15 人,转移 52.18 万人,倒塌房屋 1.92 万间,农作物受灾面积 479.23 千公顷,直接经济总损失 157.43 亿元,其中水利设施直接经济损失 33.25 亿元。7 月 3—4 日,局部山洪泥石流滑坡导致新化县、汨罗市、隆回县共死亡 10 人。7 月 4 日 10 时许,安化县仙溪镇发生 1 起大型山体滑坡,2 万多立方米的滑坡体冲入沂水河中,将完成桥面铺装施工的常安高速安化段沂水 1 号大桥冲垮,但未造成人员伤亡。7 月 10 日 11 时许,华容县新华垸发生内溃,受淹面积 3.2 万亩,平均水深 1.6m,溃水约 3500 万 m³,紧急转移 2.36 万人,直接经济损失达 3.8 亿元。湖区内溃严重,特别是赫山区泉交河镇有 8 个村、1 个社区被淹,持续浸泡 13 天,平均水深 3m,溃水超过 2000 万 m³,受灾 3.85 万人,占该镇总人口的 90%,倒塌和损毁房屋 1.23 万间,受灾农作物 3.3 万亩,直接经济损失达 8.77 亿元。

灾情:2016 年汛期的降雨共造成 14 个市州 126 个县市区(含经开区 12 个)1625 个乡镇 1003.2 万人受灾,因灾死亡 27 人,失踪 1 人,转移 83.3 万人,倒塌房屋 2.93 万间,农作物受灾面积 758.53 千公顷,直接经济损失 214.18 亿元,其中水利设施直接经济损失 46.45 亿元。直接经济损失为 1998 年以来第三位、近五年来第一位。

27. 2017 年大洪水

雨、水情:

(1)6 月 22 日至 7 月 2 日暴雨洪水。本次过程全省累计降雨 270mm,持续时间长达 10 天,降雨超过 300mm 的笼罩面积 8.8 万 km²,主要发生在湘水下游、资水流域、沅水流域以及东洞庭湖地区;降雨 500mm 以上笼罩面积 0.8 万 km²,主要集中在湘水下游、资水流域柘溪水库库区、沅水流域五强溪水库库区以及湖区汨罗江流域,累计点最大降雨为浏阳市玉泉站 824 mm。主要分为三个阶段:第一个阶段是 6 月 22 日 8 时至 25 日 8 时,全省累计降雨 90.5 mm,集中在湘中以北,50mm 以上、100mm 以上、200mm 以上笼罩面积分别为 12.24 万 km²、8.22 万 km²、1.9 万 km²,累计点最大降雨为沅陵县三渡水站 467 mm;第二个阶段为 6 月 25 日 8 时至 28 日 8 时,全省累计降雨 53.7 mm,集中在湘中以南,50mm 以上、100mm 以上、200mm 以上笼罩面积分别为 9.64 万 km²、3.81 万 km²、0.018 万 km²,累计点最大降雨为常宁市建成村 239 mm;第三个阶段为 6 月 29 日 8 时至 7 月 2 日 8 时,全省累计降雨 117.2 mm,主要集中在湘东北及湘中,50mm 以上、100mm 以上、200mm 以上笼罩面积分别为 15.5 万 km²、11.67 万 km²、3.64 万 km²,累计点最大降雨为平江县瓮江站 483mm。受强降雨影响,洞庭湖水系发生特大洪水,其中湘江发生了流域性特大洪水,资水及沅水发生了大洪水,湘水、资水、沅水三条河流洪水同时在洞庭湖遭遇,形成洞庭湖区大洪水。其中湘江干流全线、沅江干流中下游、资水干流除冷水江至新化河段外以及洞庭湖1/3堤段均超保证水位。全省共12站发生超历史洪水,其中湘江干流中下游及一级支流共10站发生超历史洪水。洞庭湖组合最大入湖流量、最大出湖流量均排历史第一。湖区各站超警戒水位,城陵矶、沅水及汨罗江平江等站超保证水位。城陵矶7月4日14时,洪峰水位34.63m,排历史实测第5位。

(2)8月11—14日暴雨洪水。8月11—14日,湘中及以北的岳阳、怀化、益阳、常德等地普降大到暴雨,部分地区暴雨到特大暴雨,全省平均降雨量为76.8mm,最大是岳阳市的162.9mm。受降雨影响,汨罗江及其支流发生较大洪水。支流昌江上游平江县高南站8月12日11时30分出现洪峰水位144.07m,涨幅7.93m,最大涨率达3.37m/h;下游平江县梅仙站8月12日16时15分出现洪峰水位71.02m,涨幅7.40m,最大涨率达1.86 m/h。干流加义站8月12日18时30分出现洪峰水位91.86m,涨幅3.02m;平江站8月13日3时出现洪峰水位69.25m,距警戒水位1.25m,涨幅2.15m;伍市站8月12日21时40分出现洪峰水位34.39m,洪峰流量2170m³/s,涨幅4.43m。

灾情:受暴雨洪水影响,今年全省共发生7次较强洪涝灾害过程,累计造成14个市州141个县市区(含经开区等19个)1889个乡镇1348.49万人受灾,32个城镇受淹,因灾死亡95人、失踪3人(其中因洪涝灾害死亡54人),转移194.35万人,倒塌房屋5.73万间,农作物受灾面积1074.93千公顷,直接经济损失524.42亿元,其中水利设施直接经济损失104.92亿元。直接经济损失排1998年以来第一位,是近5年(2012—2016年)直接经济损失年均值的4倍。

28.2019 年大洪水

雨情:部分场次暴雨时间长强度大。汛期13轮暴雨过程少则2~3天,多的4~5天,甚至7~9天。"7.6"暴雨过程从7月6日开始至14日结束,持续了9天,经历了两个阶段。降雨集中在湘水中上游等地区,全省降雨超过300mm、400mm、500mm分别有40县474站、19县146站、10县19站。日降雨最大点为双牌县五星国营林场旱禾田村站285.2 mm,其次为安仁县坪上乡曹婆水库站271.5 mm。

水情:2019年,全省水情一度紧张,主要有以下几个特点:

(1)湘江流域发生春汛,全省入汛提前。3月4—5日,湘江上中游发生一轮强降雨过程,上游干、支流先后出现超警戒水位洪水,全省较往年4月1日常规入汛提前了26天。

(2)超警超保河段长,洪水峰高量大。汛期,全省江河水文站共109站次超警戒水位、20站超保证水位、3站超历史水位,集中在湘江、资水、沅水、洞庭湖,澧水全年未发生超警戒水位洪水。"7.6"暴雨洪水过程,全省共80站超警、18站超保、2站超历史,湘江干流长沙以上、资水干流新化以上全线超警戒,部分河段超保证,洪峰水位接近历史最高,流量超历史,其中湘江流域洪峰水位达50年一遇,衡山、株洲、湘潭、长沙站洪峰流量达到80~200年一遇。湘江干流控制站湘潭站洪峰水位41.42m(7月10日20时42分),超保证水位1.92 m,

排历史实测第二(历史最高为 1994 年 6 月 18 日 41.95 m),洪峰流量 26300m³/s,超历史最大流量(1994 年 6 月 18 日 20800 m³/s),洪峰流量频率为近 200 年一遇,湘潭站最大 1 天、最大 3 天洪量也超历史;沅水辰溪站,洞庭湖城陵矶、沅江(二)、鹿角、岳阳等站也一度超警戒。

(3)洪水组合恶劣,支流洪水突出。在"7.6"暴雨洪水过程中,湘江干流在 5 天内相继出现 2 次全线超警洪水过程,大部分支流出现 3 次洪水过程。湘江一级支流渌水大西滩站、二级支流新田河新田站均发生超历史洪水,分别超实测历史最高水位 0.43m、0.07m;湘江中下游主要支流洣水、蒸水、渌水、涓水、涟水等洪水同时在干流遭遇,恶劣的洪水组合造成了下游出现峰高、量大、时长的持续洪水过程,衡阳、湘潭、株洲等沿线河段同时出现洪峰。强降雨的连续发生导致前轮洪水尚未完全退却,后轮洪水接踵而至。湘江、资水洪水又复涨超警或超保,且一峰高过一峰,干流洪水与支流洪水短时间汇合后,形成了衡山站以下河段超历史洪峰流量,湘江干流自永州老埠头至长沙河段均于同一天出现洪峰,历史罕见。同时,沅水、洞庭湖部分站点也一度发生超警戒水位洪水。

(4)洪水传播时间短、上涨迅猛。湘江干流洪水从老埠头至长沙通常传播时间在 60 小时左右,衡山至株洲、株洲至湘潭、湘潭至长沙洪水的传播时间通常为 12 小时、6 小时和 6 小时。在"7.6"暴雨洪水过程中,老埠头至长沙第一次洪水过程洪水传播时间为 20.6 小时,仅为正常传播时间的 1/3,第二次洪水传播时间也只有 38 小时;衡山至株洲、株洲至湘潭、湘潭至长沙,第一次过程洪水传播时间分别为 0 小时、3 小时、2 小时,为有记录以来罕见。同时,在本轮洪水过程中,湘江干流老埠头站最大 1 小时、3 小时涨率分别达 0.68m、1.73 m,衡山站最大 1 小时、3 小时涨率分别达 0.35 m、0.93 m,均为有记录以来罕见。

灾情:汛期 14 个市州因洪涝均有不同程度受灾,水利工程灾损较重。全省共溃决堤防 9 处,溃决小(2)型水库 2 座,另有 87 座水库、2833 处 386km 堤防、6935 处护岸、1027 座水闸、5388 座塘坝、23992 处灌溉设施、81 个水文测站、2309 眼机电井、851 座机电泵站、78 座水电站受到不同程度损坏,水利设施直接经济损失 45.8 亿元,与近 10 年均值相比偏多 19.6%,仅次于 2017 年、2010 年和 2016 年。

(二)旱灾

1. 1960 年大旱

1960 年是新中国成立以来第一个全省性旱年,旱情的特点是:旱期早、来势猛、发展快。6 月中旬以后,连续 40 余天未下过透雨,而气温蒸发又比历年同期增高,旱期较往年提前。当年又因稻谷种植比例有较大变动,早稻减少,中晚稻增多,需水时间及需水量相应有较大增长,故旱情来势猛。该年旱情先在前期未降透雨的湘北滨湖区,继而向衡邵干旱走廊扩展,此外在湘西黔阳地区沅陵和通道各成一块,而以衡邵地区最为严重。全省受灾县数达 72 县,受灾面积 2006 万亩,实际成灾 1253 万亩,失收面积 181 万亩,减产粮食 13.33 亿 kg。

2. 1963 年大旱

1963 年夏,湖南大旱。1962 年冬起全省雨水不足,该年入春后降水稀少,从而出现冬干春旱,湘南许多地区早稻无法插。4月中至5月中的雨季,旱象一度缓和。但自5月中、下旬开始,湘南和衡阳地区开始夏旱,6月初蔓延到长沙、岳阳及芷江等地,随又遍及湘中、湘西南各地,持续到9月仍未下过透雨。从而形成了历史上罕见的冬旱接春旱、春旱连夏旱以及夏旱继秋旱的四季连旱,旱期一般达250天,最长达370天。1963年是湖南近百年罕见的特大旱年,全省受灾达76县,受灾面积达2066万亩,成灾1135万亩,失收面积313万亩。

3. 1972年大旱

1972年,湖南大旱。该年干旱发生时间较往年提前一个月,从6月下旬开始一直延续到9月下旬,旱期一般在90天以上,有的长达120天。全省有32座中型水库、6000多座小型水库、110多万口塘坝干涸,4万多个生产队水田断了水源,1万多个生产队饮水困难。据统计,全年受旱面积1759万亩,成灾面积737.8万亩,共计减产粮食10.005亿kg。

4. 1978年大旱

1978年,湖南大旱。入春以后,雨水特别稀少,且分布不均。4月下旬进入雨季后,于6月2日提前结束雨季,连睛20多天滴雨未下,全年1—9月平均降雨930mm,较历年偏少20%～30%。据统计,全年春旱受旱面积781万亩,7月22日最大受旱面积达2528万亩,早、中、晚稻减产面积775万亩,失收321.21万亩,损失稻谷10.95亿kg。

5. 1985年大旱

1985年夏,湖南大旱。本年发生春夏两季或春夏秋三季连旱,属全省性大旱年。旱期中,全省有24座中型水库、4548座小型水库、108.8万处塘坝干涸、1.1万条溪河断流、226万人和127万头牲畜饮水发生困难。全省受旱面积2275万亩,占全省耕地面积的45.5%。成灾面积1193万亩,占全省耕地面积的23.8%,成灾面积占受灾面积的52%。因灾减产粮食14.03亿kg。

6. 1986年大旱

1986年8月,出现全省范围的春旱连夏旱、夏旱连秋旱。干旱发生在春、秋两季,春季少雨,春耕、春插缺水;秋季少雨,晚稻生长期水量严重不足。大多数地区旱期长达80多天,部分地区超过百日。旱灾最严重的是湘江流域,北起汨罗、南至郴州。7月下旬至10月上旬降雨量不到100mm,特别是湘江中游近10个县雨量不到50mm。全省有101个县,2084个乡镇和36606个村遭受不同程度旱灾。最大受旱耕地面积达2753万亩。粮食作物受旱面积达2885万亩,占播种面积的40%,粮食作物减产面积达1314万亩,失收面积334万亩,因旱全年减产粮食达16亿kg。

7月上旬起从湘南开始相继断雨,农作物受旱面积每天递增40多万亩。据9月10日统计,受旱面积达1891万亩,其中晚稻1394万亩,占实插面积的47%,晚稻受旱面积中脱水805万亩,枯萎死苗110万亩。受旱最严重的衡阳、株洲,其次是湘潭、长沙、娄底、零陵、邵阳、郴州等地市。衡阳市9个县(郊)全部受旱,413个乡镇有386个受旱,占93%。由于长达 3 个多月的秋旱,全市有 11 座中型水库仅存底水,67 座小(1)型水库、681 座小(2)型水库、23 万处塘坝干涸,775 条溪河断流。全省 2070 个乡受旱,受旱面积 1610 万亩,其中晚稻受旱面积 1145 万亩。

7. 1990 年大旱

1990 年 7 月初开始,由于雨少、气温高,全省大面积出现旱情。全省大部分地方 7 月 3 日结束雨季,湘南个别地区自 6 月中旬就进入了少雨季节,干旱时间一般为 100~120 天。7—9 月全省平均降雨量 243mm,比历年同期降雨量 332mm 少 89mm。其中长沙、大庸、湘西自治州、娄底、岳阳、零陵、湘潭等地市偏少 50％以上。7 月份全省出现了持续酷暑高温天气,大多数地方日平均气温在 30℃以上,8 月份全省大部分地区出现了 37℃以上的高温天气。与常年比较,7 月中旬全省平均气温偏高 1~3℃。7 月中旬,全省水利工程蓄水量达 153 亿 m³,至 9 月中旬,蓄水量减少到 48.69 亿 m³,仅占水利工程可蓄水量的 28％。干涸中型水库 41 座,小(1)型水库 781 座、小(2)型水库 5756 座、塘坝 151.52 万处,20681 条溪河断流。全省 107 个县(市、区)、3375 个乡(镇)、43176 个村的 3789 万人不同程度受到干旱的威胁。最大受旱耕地面积达 3903 万亩,占总耕地面积的 78％。农作物受旱面积 3935 万亩,减产面积 2447 万亩,失收面积 820 万亩,因灾损失粮食 28.8 亿 kg。全省 9.57 万个村民小组的 767.8 万人、572.2 万头牲畜饮水发生困难。

8. 1991 年大旱

1991 年,湘南地区连续两年大旱之后,又出现大范围的春、夏、秋三季连旱,受旱时间之长,灾情程度之深是新中国成立以来罕见的。4 月份湘南地区春季旱象露头,比往年提早 2~3 个月。5 月中旬,干旱向湘中发展蔓延。6 月 30 日至 7 月 13 日,湘西、湘北接连出现暴雨山洪灾害,但湘南、湘中长时间高温少雨,特别是从 7 月中旬末开始,旱情由南向北迅猛发展。7 月底,受旱范围达 94 个县、2749 个乡、受旱面积达 2098 万亩,其中水稻受旱面积 1414 万亩,枯萎死苗 121.5 万亩。8 月上中旬,受冷空气影响,全省出现 3 次降雨过程,受旱面积减少到 1078 万亩。8 月下旬,又出现高温少雨天气,蓄水量不断减少,灌溉用水得不到保证,受旱面积再回到 1203 万亩。

受旱最严重的是零陵、郴州、衡阳、株洲、邵阳、娄底等地市。零陵地区继 1989 年南部 6 县大旱和 1990 年夏秋连旱之后,这年有发生全区性春、夏、秋三季连旱,旱情超过前两年,最大受旱耕地面积 294.9 万亩,占全区耕地面积的 91％,因旱损失粮食 2.7 亿 kg,减收 1.235 亿 kg。新田县连续三年干旱,这年受旱持续 140 多天,仅插早、中稻 11.1 万亩,干死 2.3 万亩,因缺水未插秧晚稻 7.5 万亩,共计减产面积 0.71 亿 kg,直接经济损失 0.45 亿元。

全省 99 个县 2983 个乡、34403 个村不同程度受到干旱威胁。最大受旱耕地面积达 2737.9 万亩,农作物受旱面积 3379.2 万亩,减产面积 1866 万亩,失收面积 485.2 万亩。粮食作物受旱面积 2999.6 万亩,损失粮食 15.6 亿 kg。有 19 座中型水库、32 座小(1)型水库、3362 座小(2)型水库基本无水,106.9 万口山塘干涸,10931 条溪河断流,3.98 万个村民小组

209.8 万人,275.4 万头牲畜饮水困难。

9. 1992 年大旱

1992 年,全省出现夏、秋、冬三季连旱,干旱持续时间长,受旱范围广,灾情程度深。7 月 6 日,全省普遍断雨,旱情首先在衡邵干旱走廊露头,然后蔓延到湘南、湘西,继而遍布全省。最大受旱耕地面积 2924 万亩,粮食作物实播面积 6184 万亩,受旱面积 2592 万亩,减产 1445 万亩,绝收 403 万亩,因旱损失粮食 18.06 亿 kg。晚稻因旱少插 79 万亩,改种 68 万亩。8 月中旬干旱高峰期,全省受旱面积达 2541 万亩,其中水稻受旱 1534 万亩,脱水开坼 1306 万亩,过白 143 万亩,枯萎 85 万亩,旱粮和经济作物死苗 29.2 万亩。9 月底,全省有 12 座中型水库和 3266 座小型水库干涸,107.9 万处塘坝枯竭,12702 条溪河断流,41425 个村民小组、384 万人饮水困难。

10. 2000 年大旱

2000 年,全省夏秋发生大范围的干旱。6 月下旬以来,受副热带高压控制,全省维持晴热高温少雨天气。郴州、湘西自治州,张家界、怀化、常德、岳阳和永州等市州相继出现严重旱情。

7 月 18 日,全省 66 个县(市、区)1046 个乡镇遭受不同程度的旱灾,受旱耕地面积 693.55 千公顷,910 座水库、6.35 万处山塘干涸,738 条溪河断流。7 月 25 日,全省有 13 个市州、91 个县(市、区)、1552 个乡镇遭受旱灾,受旱耕地面积达 1271 万亩。7 月 31 日,全省 14 个市州有 120 个县(市、区)2011 个乡镇遭受旱灾,受旱严重的有张家界、湘西自治州、怀化、郴州等市州,受旱较严重的县(市、区)有永定、桑植、保靖、凤凰、泸溪、古丈、永顺、芷江、辰溪、沅陵、麻阳、临武、宜章等。全省受旱耕地面积达 1649.46 万亩,因旱减产粮食达 17.7 亿 kg,经济作物损失达 23.8 亿元。

11. 2001 年大旱

2001 年,全省湘北、湘西北、湘中、湘东等部分地区于 6 月中旬至 9 月底遭受了两次较大范围的旱灾,旱情发展之快、持续时间之久、受灾范围之广,是近几年所罕见的。而且,旱灾不仅在山丘区发展蔓延,洞庭湖区干旱也很严重,常德、益阳、岳阳都出现从外河引水抗旱的局面。澧县、慈利、桑植、平江、安化、华容、新宁、邵阳、溆浦等县市旱情尤其严重,部分乡村人畜饮水困难。这年夏秋干旱,全省最大受旱耕地面积 1658 万亩,有 24427 个村民小组 212.88 万人、109.7 万头大牲畜饮水困难。全省因旱减产粮食 25 亿 kg,直接经济损失达 19 亿元。

12. 2006 年大旱

2006 年 6 月下旬湘西北、湘北地区开始出现旱情。特别是 7 月中旬以后,张家界、湘西自治州等地持续热高温,日照时间长,蒸发量大,出现了严重旱情。据 8 月 14 日统计,全省有 325 座小型水库,9 万多口山塘干涸,1800 条河流断流。随着旱情的进一步蔓延,湘北洞庭湖区也出现了严重旱情,洞庭湖水位创历史新低,9 月 11 日 8 时,水文部门监测的城陵矶水位为 21.56m,继续改写新的历史同期最低纪录,至 18 时,水位稍有回升为 21.74m,为历史同期纪录中第二低水位。湖区来水减少,河流流速缓慢,使洞庭湖自净能力大为降低,水质日益恶化,洞庭湖区面临结构性缺水危机。

全省作物受旱面积达 945 万亩,2036 个村名组 81.64 万人、35.41 万头大牲畜饮水发生困难。全省因旱减产粮食 54.53 万 t,经济作物损失 7.35 亿元。

13. 2011 年夏秋连旱

2011 年,1—5 月,洞庭湖区和山丘区局部发生了严重春夏连旱,部分地方人饮困难,5 月洞庭湖水面不及常年的 1/2,水量不及常年的 1/4;6 月,全省连续发生 4 次较大降雨过程,部分地方旱涝急转,造成了较大经济损失和人员伤亡;7 月份开始,降雨持续偏少,湖南省山丘区又发生了较为严重的夏秋连旱。湘江中下游控制站从 8 月份开始水位持续降低,相继出现历史同期实测最低水位,10 月中下旬以后形势更为严峻,相继跌破历史最低水位。全省农作物累计受旱面积 1776 万亩,其中成灾面积 1190 万亩,绝收 178 万亩,因旱造成粮食损失 147 万 t,经济作物损失 17 亿元,其他行业直接经济损失 13 亿元,减少水力发电 2.49 亿 kW·h;全年共有 147 万农村人口,73 万头大牲畜因旱发生饮水困难。

14. 2013 年夏秋连旱

6 月下旬至 8 月中旬,全省大部分地区出现持续晴热高温少雨天气,降雨严重偏少,为新中国成立以来同期雨量最少年份,其中娄底、湘潭偏少 90% 以上,衡阳、邵阳、娄底、长沙等市部分站点两个月无有效降雨,"四水"部分一级或二级支流出现断流或创历史新低水位。全省农作物累计受旱面积达 2576 万亩,其中成灾 1702 万亩,绝收 529 万亩,粮食因旱损失 334 万吨、87 亿元,经济作物因旱损失 86 亿元,其他行业直接经济损失 48 亿元;全年共有 338 万农村人口 107 万头大牲畜因旱发生饮水困难。

附件三：湖南水利机构沿革大事记

1949年,统一全省水利机构。1949年8月长沙解放后,长沙市军事管制委员会接管了湖南省沅资流域规划发展委员会等11个水利单位。10月,湖南省临时政府决定,将上述接管的水利单位合并,组建湖南省农林厅水利局,由农林厅副厅长李毅之兼任局长,局领导3人。内设洞庭组、"四水"组、江堤组、勘测组和研究室、秘书室。另设有勘测总队、水文总站。

1950年,全省水利机构调整。1950年5月,省政府任命孟信甫为农林厅水利局局长,李毅之不再兼任。局内设2室5科:总工程师室、秘书室、人事科、水政科、工务科、设计科、测验科。1954年调整为10个科室:局长室、总工程师室、办公室、监察室、人事科、财务科、水政科、设计科、工务科、农田水利科。另设有省水利测量队、省水利工程队、省水文分站、省抽水机站、省挖泥船队等直属单位。

1950年,设立洞庭湖工程处。10月,长江水利委员会设立洞庭湖工程处,驻长沙。处内编制设六科(测验、计划、器材、行政、人事、财务)两室(监察、办公)和水文站。1956年3月,长江水利委员会主任林一山来长沙,与中共湖南省委书记周小舟洽商流域机构与省水利机构的分工合作问题,决定撤销洞庭湖工程处,部分干部拨交省水利局。该处成立以来,除完成洞庭湖的查勘、测量、水文测验诸项工作外,先后编拟了《整理洞庭湖轮廓计划草案》《洞庭湖区防洪排渍计划草案》《"四水"河流说明及开发意见》以及明山头排水闸、长荆闸、君山蓄洪垦殖区工程等的设计工作。

1954年,成立水利厅。1954年6月21日,省人民政府发出〔1954〕府人办字第1268号通知:"经本府1954年6月12日第七次主席副主席办公例会通过并报中央批准,将本府农林所属水利局改为湖南省人民政府水利厅。任命齐寿良为水利厅厅长,史杰、刘宗舜为副厅长"。省水利厅于7月1日正式组建,厅机关设两室(办公、监察)九科(规划、设计、堤防、农田水利、器材、计统、财务、人事、行政);厅直属单位有:工程队,抽水机总站,水文分站,勘测总队。1956年,水利厅机构调整,厅机关设两室(监察、办公)四处(政治、计划财务、农田水利、修防)。包括下属单位在内,全厅职工总人数2186人。至1956年,改由崔强任厅长。

1958年,省水利厅与省农业厅并为湖南省农业厅。1958年3月,省委为压缩编制,省人民委员会决定将省水利厅与省农业厅并为湖南省农业厅,任命刘洪源为厅长。原水利厅所属省水利设计院、省水利工程总队、省水利修配厂三个单位组成省水利工程局(二级局),由副厅长史杰兼任局长。当年7月,又决定改组省水利工程局,成立湖南省水利水电局,任命李善民为局长。内设6个处室:办公室、干部处、劳动工资处、计划财务处、器材供应处、施工管理处。局直属企事业单位有11个:省水文总站,省水利学校,省水利第一、二、三、四施工队,省水利安装队,省水利水泥厂,省水利修配厂,东江水力发电工程局,柘溪水力发电工程局。至1959年3月,有局领导3人。

1959年,省水利水电局与省电业局合并为湖南省电力工业局。1959年3月,省人民委员会决定,将省水利水电局与省电业局合并为湖南省电力工业局,任命李善民为局长。局内设8个处室:总工程师室、办公室、干部处、劳动工资处、计划处、财务器材处、基建管理处、生产管理处。厅直属单位有:省水利电力勘测设计院、省水利电力工程公司、省送变电安装公司、省水文总站、省通信队、省水利学校、省电力技工学校、省水利水电科学研究所、省水利电力水泥厂、省水利电力修配厂、省电力调度室、省东江水力发电工程局、省柘溪水力发电工程局。至1960年6月,本届局领导共有7人。

1960年,成立湖南省水利电力厅。1960年6月,省人民委员会决定将省农业厅农田水利局成建制划归省电力工业局,成立湖南省水利电力厅,任命杨子云为厅长。厅内设6个处室:办公室、人事处、计划处、规划处、财务处、器材处。厅内设4个局:农田水利局、水电工程管理局、机电工程局、生产管理局。1961年9月,规划处并入计划处;生产管理局改为生产处;水电工程管理局改为基建处;农田水利局改为机关处室建制,名称不变;增设劳动工资处。1964年7月调整为1部1室5处:政治部(组织处、干部处、宣教处、武装保卫处)、办公室、劳动工资处、生产处、计划处、财务处、器材处。另设5个局:省电力排灌基建局、省农田水利基建局、省工程灌溉管理局、省湘中北电网局、省机电排灌局。厅直属有:省水利电力勘测设计院、省水利电力科学研究所、省水利电力学院、省水利学校、省电力技工学校、供电所、水泥厂、修配厂、工程总队、水文总站、通信队、柘溪水力发电工程局、东江水力发电工程局、皂市工程局。本届厅领导至1966年10月共有12人。

其间的1964年,为了加强全省农田水利建设,集中力量打歼灭战,省委决定成立省农田基本建设指挥部,李瑞山(省委书记)任总指挥长,孙国治、杨子云、白玉兰、史杰任副指挥长,孙国治兼任指挥部政治部主任,傅声远任政治部副主任。指挥部办公室由省人民委员会农林水办公室与省水利厅负责组成。同时,成立省水轮泵办公室,由蒋怀玉兼任办公室主任。

1968年,撤销省水利电力厅,设水电小组。1966年"文化大革命"开始后,厅机关工作陷于瘫痪。1968年8月,湖南省革命委员会以湘革发052号文,决定撤销省水利电力厅,当年10月在省革委会生产指挥组农林水组设水电小组,由闫利生、李祥云、聂芳容(群众代表)任副组长,负责全省水利电力工作。

1969年,撤销水电小组,成立湖南省水电服务站。1969年3月,省革命委员会湘革发037号文,决定撤销水电小组,成立湖南省水电服务站,由军代表芦万义任主任。至1970年6月,水电服务站有领导10人。

1970年,撤销湖南省水电服务站,成立湖南省水利电力局。1970年6月,省革命委员会湘革发056号文,决定撤销湖南省水电服务站,成立湖南省水利电力局,任命张英为局长。局内设5个处室:办公室、政治处、水利处、电力处、后勤处。厅直属单位有8个:省水利水电勘测设计院、省水文总站、省水利水电建设公司、水利学校、电力技校、省水工机械修造厂、省机电工程局、省湘中供电局。至1973年8月,本届局领导先后有15人。

1973年,杨子云任省水利水电局局长。1973年8月,省革命委员会任命杨子云为省水利水电局局长。局内设6个处室:办公室、政治处、水利处、电力处、后勤处、援外办公室。此后 5 年内,机关人员编制和处室变动较大,至 1978 年调整至 14 个处室:办公室、政治处、劳动工资处、计划处、财务处、科教处、小水电建设公司、电力基建处、社队企业处、援外办公室、农电管理处、农田水利处、工程灌溉管理处、物资供应公司。局直属单位有 10 个火电厂、省水利电力勘测设计院、省水利水电建设公司、省水文总站、水利学校、省机电工程局、湘中供电局、水利机械修造厂,以及各供电所等 29 个单位。至 1980 年 3 月,本届局领导先后有 18 人。

1980 年 3 月,撤销省水利电力局,分别成立省水利厅和省电力局,傅声远为省水利厅厅长。1980 年 3 月,省人民政府湘政发 22 号文,决定撤销省水利电力局,分别成立省水利厅和省电力局,任命傅声远为省水利厅厅长。省水利厅归口省农业委员会。厅内设 14 个处局:办公室、政治处、计划处、财务处、劳动工资处、科教处、工程灌溉管理处、洞庭湖工程处、农田水利处、机电排灌处、援外办公室、移民办公室、小水电公司、物资公司。厅直属单位 9 个:省水利水电勘测设计院、省水利水电工程公司、省水利机械修造厂、省水文总站、省水利科学研究所、水利学校、水利技工学校、省酒埠江水电站、省工农水电厂。至 1983 年 4 月本届厅领导 10 人。

1983 年,省水利厅更名为省水利水电厅,傅声远任厅长。1983 年 4 月,省委、省政府决定将省水利厅更名为省水利水电厅,任命傅声远为厅长。厅内设 12 个处局:办公室、人事处、计划财务处、物资处、科教处、援外办公室、移民办公室、农田水利局、洞庭湖水利工程局、水利工程管理局、机电排灌局、小水电公司。另设有机关党委、纪检组。1985 年 3 月,上述机构稍作调整:计划财务处分为计划处和财务处。撤销洞庭湖水利工程局和机电排灌局,增设水利水电基建局。厅直属企事业单位 10 个,新增省双牌水库管理局,其他与上届相同。至 1986 年 6 月,本届厅领导有 9 人(其中顾问 2 人)。

1986 年,王明湘任省水利水电厅厅长。1986 年 6 月,省人大常委会湘常发干〔1986〕8 号文及省政府湘政人〔1986〕16 号文,任命王明湘为省水利水电厅厅长。厅内设机构调整为 15 个:办公室、人事处、计划处、财务处、科教处、援外办公室,增设行政处、基建办公室,农田水利局、水利工程管理局、机电排灌局、小水电公司、移民办公室、物资处、恢复洞庭湖工程处、撤销水利水电基本建设局。另设厅机关党委、厅纪检组。1988 年 10 月,洞庭湖工程处改名为洞庭湖水利工程局。1989 年 2—5 月,先后增设监察室、审计处、水政处、防汛办公室,基建办公室并入行政处。1990 年 3 月,援外办公室更名为对外经济办公室。1992 年增设水利水电重点工程办公室。厅直属单位 12 个:省水利水电勘测设计院、省水利水电工程公司、省水文总站、省水利科学研究所、省水工机械厂、省水利水电学校、省水利水电技工学校、省欧阳海灌区工程管理局、省双牌水电站、省水府庙水电站、省酒埠江水电站、省洞庭湖洪道管理站(其间 1988 年 7 月,省政府决定将省双牌水库管理局由省水利水电厅下放到零陵行署领导和管理)。本届厅领导至 1993 年 3 月共 9 人(其中顾问 1 人)。

1993 年,刘红运任省水利水电厅厅长。1993 年 3 月,省人大常委会湘常发干 1 号文,任命刘红运为省水利水电厅厅长。厅内设机构在 1995 年改革中有 13 个行政处室:办公室、规划计划处、水政水资源处、财务处、人事处、科技教育处、水利建设处(加挂水保处)、水电及农村电气化处、水利管理局、河道处、纪检组(监察室)、机关党委、审计处。厅内属事业单位 10 个:后勤服务中心、防汛办公室、水利工程管理局、洞庭湖水利工程局(1997 年 12 月省编委湘编 28 号文批准升格为副厅级单位)、小水电公司、物资公司、对外经济办公室、水利水电重点工程办公室、水利经济管理中心、离退休人员服务管理所。厅内属公司 6 个:省洞庭总公司、省地方电力有限公司、省疏浚有限公司、省综合经营公司、省国际合作技术公司、省水利水电技术咨询公司。1996 年 8 月,省政府决定成立省移民开发局(副厅级),原厅移民办人员成建制划归该局。厅直属单位 17 个:省水利水电勘测设计研究总院(1996 年 5 月,省编委湘编 7 号文批准为副厅级单位)、省水利水电科学研究所、省水文水资源勘测局(1997 年 12 月湘编 27 号批准为副厅级单位)、省水利水电学校、省水利水电学校泉塘分校、省防汛通信中心、省水利水电医院、省水利水电施工管理局、省水工机械厂、省欧阳海灌区水利水电工程管理局、省双牌水电站、省南津渡水电站、省水府庙水电站、省酒埠江水电站、省水利水电第一工程公司、省水利水电第二工程公司、省水利机械施工公司。至 1998 年 3 月,本届厅领导 12 人。

1998 年,王孝忠任省水利水电厅厅长。1998 年 3 月,省人大常委会湘常发干 1 号文,任命王孝忠为省水利水电厅厅长。厅内设处室 13 个:办公室、规划计划处、水政水资源处、财务处、人事处、科技教育处、水利建设处(加挂水保处)、水利管理处、水电及农村电气化处、河道处、审计处、纪检组(监察室)、机关党委。厅内属事业单位 10 个:后勤服务中心、省防汛抗旱指挥部办公室、水利工程管理局、洞庭湖水利工程局(副厅级)、小水电公司、水利水电物资仓库、对外经济办公室、水利经济管理中心、水利水电重点工程办公室、离退休人员服务管理所。厅内属公司 6 个:洞庭总公司、疏浚有限公司、地方电力公司(1998 年 1 月更名为水利水电开发(集团)有限公司)、综合经营公司、水利水电国际经济技术合作公司、水利电力工程建设监理咨询公司。厅直属单位 17 个:省水利水电勘测设计研究总院(副厅级)、省水文水资源勘测局(副厅级)、省水利水电科研所、水利水电学校、水利水电工程学校、省防汛通信中心、省水利水电医院、省水利水电施工管理局、欧阳海灌区水利工程管理局、省水工机械有限责任公司、双牌水电站、南津渡水电站、水府庙水电站、酒埠江水电站、水利水电工程总公司、水利水电第一工程公司、水利水电机械施工公司。至 2000 年 12 月,本届厅领导有 12 人。

2000 年,省水利水电厅更名为省水利厅,王孝忠连任厅长。2000 年 12 月,王孝忠连任厅长。2000 年 4 月,省政府决定将省水利水电厅更名省水利厅。7 月,根据省委、省政府关于机构设置和改革的通知精神,明确省水利厅是主管水行政的省人民政府组成部门。厅内设处室 11 个:办公室、规划计划处、水政水资源处(加挂湖南省节约用水办公室)、财务处、科技教育处、水利建设与管理处、水土保持处、人事处、机关党委、纪检组(监察室)、离退休人员管理服务办公室。厅内属事业单位 8 个:后勤服务中心、省防汛抗旱指挥部办公室、省洞庭湖水利工程管理局(副厅级)、水利工程管理局、水利重点工程办公室、综合事业局(2002 年 9 月由综合经营公司更名,原对外经济办公室、水利经济管理中心并入该局)、小水电公司〔2001 年 4 月更名为湖南省农村水电及电气发展中心(局)〕、水利水电物资仓库。厅内属公司6个(省洞庭总公司、省疏浚有限公司、省水利水电开发(集团)有限公司、省水利水电工程建设监理公司、省水利水电国际经济技术合作公司、省水电建设公司。厅直属单位17个:省水利水电勘测设计研究总院(副厅级)、省水文水资源勘测局(副厅级)、省水利水电科学研究所、省防汛通信中心、省水利水电施工管理局、省水利水电工程学校、省水利水电医院、省水工机械有限责任公司、省双牌水电站、省欧阳海灌区工程管理局、省水府庙水电站、省酒埠江水电站、省南津渡水电站、省水利水电工程总公司、省水利水电第一工程公司、省水利水电机械施工公司、省江垭水库管理处。原省水利水电学校并入长沙理工大学,新增设省江垭水库管理局。至2003年10月,本届厅领导9人。

2003年,王孝忠连任厅长。2003年10月至2006年4月,王孝忠连任厅长。厅内设处室11个,与上届相同。厅内属事业单位8个,将物资公司列入厅内属公司,增加信息中心。厅内属公司7个,增加物资公司。厅直属单位与上届相同,仍为17个,其中省水利水电工程学校升格为省水利水电职业技术学院(副厅级)。本届厅领导至2006年4月有10人。

2007年,张硕辅任省水利厅厅长。2007年1月,省人大常委会任命张硕辅为省水利厅厅长。厅内设处室11个,内属事业单位10个,厅内属公司7个,厅直属单位17个,均与上届相同。至2008年1月,本届厅领导有11人。

2008年,戴军勇任省水利厅厅长。2008年3月,省人大常委会任命戴军勇为省水利厅厅长。厅内设处室13个,其中新增政策法规与安全监督处、农村水利处,其他与上届相同。科教处更名为科技外事处,外事工作职能由综合事业局划归该处管理。内属事业单位调整为10个:后勤服务中心、省防汛抗旱指挥部办公室、省洞庭湖水利工程局(副厅级)、省农村水电及电气化发展中心(局)、省水利工程管理局、综合事业局、省水利水电重点工程办公室、信息中心、水利工程质量监督中心站、省防汛抗旱物资储备中心(省防汛抗旱机动抢险队)。厅内属公司6个(根据加大水利投入的形势需要,新增设了有关投资公司,以利于发挥资金的最大效益):省水利发展投资有限公司、省水利投资有限公司、省疏浚公司、省水利水电开发集团公司、省水利电力工程建设监理咨询公司、省水利电力有限责任公司。厅直单位16个:省水利水电勘测设计研究总院(副厅级)、省水文水资源勘测局(副厅级)、湖南水利水电职业技术学院(副厅级)、省水利水电科学研究所、省防汛通信中心、省水利水电施工管理局、省水利水电医院、省双牌水电站、省水府庙电站、省酒埠江水电站、省南津渡水电站、省水利水电工程总公司、省水利水电第一工程公司、省水利水电机械施工公司、省欧阳海灌区水利水电工程管理局、省江垭水库管理处。省水工机械有限责任公司撤销实行整体改制。至2012年8月,本届厅领导有11人。

2012年,戴军勇连任厅长。2012年8月至2013年3月,戴军勇连任厅长。厅内设处室13个,与上届相同。厅内事业单位调整为10个:后勤服务中心、省防汛抗旱指挥部办公室、省洞庭湖水利工程管理局(副厅级)、省农村水电及电气化发展中心(局)、省水利工程管理局、综合事业局、水利水电重点工程办公室、信息中心、水利工程质量监督中心站、省防汛抗旱物资储备中心(省防汛抗旱抢险队)。厅内属公司7个:比上届新增省水利水电物资公司

（物资仓库）。厅直属单位由 16 个减少为 13 个:省水利水电勘测设计研究总院（副厅级）、省水文水资源勘测局（副厅级）、省水利水电职业技术学院（副厅级）、省水利水电科学研究所、省防汛通信中心、省水利水电施工管理局、省水利水电医院、省双牌水电站、省水府庙电站、省酒埠江水电站、省南津渡电站、省欧阳海灌区水利水电工程管理局、省江垭水库管理处。原湖南水总水利水电建设有限公司、湖南省水利水电第一工程有限公司、省水利水电机械施工有限公司均划出实行整体改制。本届厅领导至 2015 年 3 月有 13 人。

2013 年,詹晓安任省水利厅厅长。2013 年 3 月,省人大常委会任命詹晓安为省水利厅厅长。厅内设处室 13 个,厅内属事业单位 10 个,均与上届相同。厅内属公司 6 个,原省水利水电物资公司（物资仓库）并入省防汛抗旱物资储备中心。厅直属单位 13 个,与上届相同。至 2017 年 3 月,本届厅领导有 11 人。

2017 年,詹晓安连任省水利厅厅长。2017 年 3 月至 2019 年 2 月,詹晓安连任省水利厅厅长。按照省委省政府关于对机关进行机构改革的规定,厅内设处室 12 个,与上届单位相同,另单设省纪委驻省水利厅纪检组。厅内属事业单位 9 个,调整为:后勤服务中心、省防汛抗旱指挥部办公室、省洞庭湖水利工程管理局（副厅级）、省水利工程管理局、省农村水电及电气化发展中心（局）、河湖中心、技术评审中心、水资源中心、水利工程质量监督中心站。厅直属单位 9 个:省水利水电勘测设计研究总院（副厅级）、省水文水资源勘测局（副厅级）、湖南水利水电职业技术学院（副厅级）、省水利水电科学研究院（水科所更名）、省水利信息技术中心、省水利水电施工管理局、省水利水电医院、省欧阳海灌区水利水电工程管理局、省江垭水库管理处。原厅直属的 6 个公司:省水利发展投资有限公司、省水利投资有限公司、省疏浚公司、省水利水电开发集团公司、省水利电力工程建设监理咨询公司、省水利电力有限责任公司,以及省双牌水电站、省水府庙电站、省酒埠江电站、省南津渡电站等 10 个单位,依照国家政策规定,其人员、资产全部由省国有资产管理委员会收归管理。本届厅领导 11 人。

2019 年,颜学毛任省水利厅厅长。2019 年 2 月,省人大常委会任命颜学毛为省水利厅厅长。厅内设处室 15 个:办公室、规划计划与科技处、政策法规处、财务处、人事处、水资源处、水利工程建设处、运行管理与监督处、河湖管理处、水土保持处、农村水利水电处、水旱灾害防御处、河长制工作处、机关党委、离退休人员管理服务处。单设省纪委省监委驻厅纪检监察组。厅内属单位 10 个:后勤服务中心、省水旱灾害防御事务中心（副厅级）、省洞庭湖水利事务中心（副厅级）、省农村水电及电气化发展中心（局）、省水利工程管理局、省河道湖泊中心、技术评审中心、省水资源中心、水利工程质量监督中心站、省防汛抗旱物资储备中心（省防汛抗旱机动抢险队）。厅直属单位 10 个:省库区移民事务中心（副厅级）、省水利水电勘测设计研究总院（副厅级）、省水文水资源勘测中心（副厅级）、湖南省水利水电职业技术学院（副厅级）、省水利水电科学研究院、省水利信息技术中心、省水利水电施工管理局、省水利水电医院、省欧阳海灌区水利水电工程管理局、省江垭水库管理处。本届厅领导至 2019 年 10 月有 11 人。

附件四：湖南水利建设大事记

1949 年，洞庭湖修复溃垸。1949 年 11 月，临时省政府发出了关于修复溃损堤垸的指示，1950 年 4 月中旬陆续竣工，共修复溃垸 347 个，堵复溃口 709 处、总长 54613m，培修堤长 3210km，共完成土方 3237 万 m^3。复堤中，对有碍泄洪或其他原因放弃或缓修 68 垸，还结合县界调整进行并垸，将原有的 993 垸减少为 831 垸。

1950 年，大通湖蓄洪垦殖工程竣工。1950 年 1 月，水利部批准大通湖蓄洪垦殖工程为"蓄洪垦殖试验区"，这是长江流域兴建的第一个蓄洪垦殖区。大通湖位于洞庭湖中部，大通湖的南、西、北三面俱已围垦成田，东部出口与东洞庭湖相连但口门已逐年淤高。工程于 1950 年 1 月开工，共动员民工 5.5 万人，除武岗洲排水渠暂未施工外，7 月 1 日基本竣工。工程包括横堤、排水、堵塞等项：横堤南起增福垸的莫公庙，中经丁家团湖、金盆北洲、再淤洲、农乐垸、河心洲，北抵三才垸以南的三吉河坝，全长 16.8km；堵塞工程为增福垸、积庆垸间河口 218m 及普丰、宝三两垸间河口 308m；排水工程为南金湖排水渠 316m、甘港子排水渠 2160m，共完成土方 130 多万 m^3。垦殖区面积为 421.8 km^2，控制蓄洪容量约 25 亿 m^3。

1950 年，资水炸礁及甘溪港河槽整理工程相继竣工。资水炸礁工程分上游、下游两段进行，上游段工程于 1950 年 2 月开工、4 月结束，共炸去 14 个滩的礁石共 1.2 万多 m^3；下游段于 1950 年 11 月开工、12 月结束，共炸去 7 个滩的礁石共 2575 m^3。

1951 年，湖南承担的荆江分洪南线工程任务竣工。1951 年 3 月 11 日，中央人民政府政务院发布《关于荆江分洪工程的规定》，决定在长江治本工程未完成以前，加固荆江大堤并在南岸开辟分洪区。分洪区位于长江南岸大堤以西、虎渡河以东，北至太平口，南至藕池口及安乡河北岸地区，总面积 921.34 km^2，蓄洪量 60 亿 m^2。3 月 15 日，中南军政委员对施工作了具体部署，由湖北省人民政府主席李先念担任荆江分洪工程委员会主任委员，湖南省人民政府主席程潜及农林厅长李毅之担任委员。另设工程总指挥部和南线、北闸工程指挥部，湖南主要承担南线工程任务。南线工程包括：黄山头节制闸（32 孔、全长 336m，底板高程 35m，控制虎渡河进入洞庭湖的流量为 3800 m^3/s）、黄天湖新堤、虎渡河拦河坝及培修虎流河西堤和安乡河北堤。整个南线工程调集军工 7.1 万、民工 7.1 万、技工 5300 人，此外还有数千名行政、技术、医疗、文化和政工干部，总人数近 16 万人。南线工程自 4 月上旬开工，6 月 20 日基本完成。

1952 年，湖南第一座农村水电站建成。1952 年 3 月，驻永顺县剿匪的 141 师将一部 16kW 发电机赠送县人民政府。县建设科将该发电机调往王村并自制木质水轮机，利用原有水碾改造为水电站，成为湖南最早修建的农村水电站。

1953 年，整修南洞庭湖竣工。1952 年 12 月 10 日，南洞庭湖整修工程开工，按照"以改善湘资洪道使二水主流分离，减少顶托干扰，并有计划地结合修复溃垸进行并垸堵流，同时兼顾航运与排渍"的整修方针，由 21 个县市调集 25 万劳力、近万名干部参加施工，共完成小河口、三里桥、西林港、乔口、刘家湖、郭公咀、高溃湖、茈湖口、黄口潭、塞梓库庙、易婆塘、三家河、南湖洲 13 处堵口工程，并南洞庭湖地区 48 垸为三个大圈，使湘、资两水基本分流，保留毛角口支流、甘溪港支流作为航道，建新泉寺、和平和南湖洲等三处排水闸。工程完成后，1952 年被淹的 23 万亩耕地恢复生产，10 多万灾民重建家园，缩短堤线 900 里，扩大耕地 6 万亩。

1954 年，浏阳宝盖洞水库大坝垮塌及修复。宝盖洞水库 1952 年 12 月动工修建，1953 年 7 月竣工，水库土石坝坝高 33.6m，总库容 862 万 m³，国家投资 30.68 万元。1954 年遇到特大暴雨，7 月 25 日 11 时 30 分坝顶开始漫水，约 20 分钟大坝全部崩垮，酿成沉重事故。事故发生后，党和政府发放救济款 8 万多元，急赈 5000 多千克米和衣服等物资，及时安排灾区人民生活和恢复生产。中央监察部、中央水利部、中共湖南省监委会、湖南监察厅及湖南水利厅派员成立联合检查组，调查原因并指导救济工作。此次垮坝共死亡 466 人，受灾田 23561 亩，冲毁房屋 20664 间。该水库大坝属四级建筑物，设计洪水标准为 30～50 年一遇；但据核算，本次溃坝洪水相当于"1000 年一遇"。12 月 31 日，水库开始动工修复，将坝型改为圬工重力坝，设计坝高 13m，至 1955 年 4 月 14 日竣工，国家投资 22.1 万元。

1955 年，治理洞庭湖及堤垸修复工程竣工。1954 年 10 月，省人民政府成立洞庭湖堤垸修复委员会，由程潜任主任委员，另成立修复工程指挥部，夏如爱任指挥，常德、湘潭两专区设立地区指挥部。修复工程结合治理洞庭湖分为如下两个部分：重点工程主要依据经常受灾情况选定为西洞庭湖、大通湖与南洞庭湖三个区域，设计标准为抗御 1949 年洪水位和六级风力，重点垦区还争取紧张度过 1954 年洪水位；一般堤垸除选择重点培修加固使其能抗御 1949 年洪水位，其余只堵复决口恢复生产。工程于 1954 年 12 月 1 日正式开工，1955 年 4 月 15 日竣工。西洞庭湖区堵口 24 处，并成沅澧大圈，建西湖、西洞庭湖农场，使沅澧两水彻底分流；大通湖区堵口 9 处，修成南大市重点垦区；南洞庭湖堵口 1 处，修成大众沙田重点垦区；一般堤垸堵口 31 处；共兴建大中型排水闸 7 座。整修洪道方面，沅、澧二水洪道共刨除阴水废坝 53200m，开挖疏浚引河 17113m。11 月又由工程指挥部提出 1955 年冬尚待继续完成的工程计划，至 1956 年秋以前陆续建成明山头、大东口、赵家河等排水闸，黄茅洲船闸，罗家铺节制闸以及沙河口、王家垱进水闸等项工程。

1955 年，修建湖南最早的电力灌溉站和钢筋混凝土平板坝。1955 年 4 月，长沙市郊东屯渡的长善垸电灌站建成投产，安装 55kW 发电机二台，配套 16 寸卧式离泵，灌田 1.5 万亩，为湖南最早修建的电力灌溉站。5 月，平江县夜合山水库建成投产，坝址位于谷口宽 3～5m 的狭谷，采用堰顶溢流的钢筋混凝土平板坝，平板直接嵌入两岸岩壁，坝高 19m，总库容 127 万 m³。

1956 年，建成全省第一座叠塔式闸门拦河坝。1956 年 2 月，宁乡县沩丰拦河坝建成，灌田 9 万多亩，是全省第一座叠塔式闸门拦河坝。河坝位于县城下游 1km 处，混凝土拦河坝坝高 2.2m，其上为 1.5m 高的叠塔式闸门，闸门共有 57 扇，每扇跨度 3.28m。当河水达到一定高程时将闸墙上的门闩开启，全部闸门的开启时间仅 1 分 52 秒。

1956年,湖区兴建大型蒸汽机排灌站两处。1956年4月,湖区建成大型蒸汽机排灌站两处,分别位于南县三仙湖镇和湘阴县白马寺镇塞梓庙,这两处排灌站开创了湖南使用大口径和叶轮角度可调节轴流泵的先河。

1956年,建成湖南最早的中水头小水电站。1956年4月,由水利厅第一次设计施工的南岳华严湖水电站建成投产发电,大坝为26.6m高的圬工重力坝,电站引水渠长1200m,水头65m,装机一台200kW,是湖南最早建成的中水头小水电站。

1956年,展宽松滋洪道竣工。1954年冬至1955年春治湖工程陆续结束,不堵塞濠河的松澧基本分流方案被提出。1955年冬,由常德地区成立张九台移堤工程指挥部,抽调民工5万多人展宽松滋洪道,对松滋河张九台至小望角一段约7.5km的洪道进行裁弯取直、移堤展宽。工程于1956年1月23日竣工,完成土方300多万m³。

1958年,16处大中型工程动工。1958年7月22—28日,湖南省委召开大中型水利工程施工准备会议,决定"除4月已动工的衡阳柿竹、东安金江、安仁仙下、宁乡黄材4座大型工程外,再动工兴建零陵双牌、双峰水府庙、攸县酒埠江、涟源白马寺、澧县王家厂、临澧官亭塔、兰山万年桥、绥宁红岩8座大型水库及华容钱粮湖围垦工程、藕池口建闸工程"。本年实际动工的大型工程还有:醴陵官庄与桃源黄石2座大型水库,柘溪、东江2座大型水电站。

1959年举办松澧分流工程随又恢复原状。常德地委、荆州地委协商同意举办松澧分流工程,采取堵流并垸、洪道分流的措施,堵塞观音港、挖断岗、青龙窖、濠口、彭家港、郭家口、王守寺、小望角等口,堵松滋东西两支,展宽中支,建珠玑湖、小望角排水闸。工程于1959年冬动工,1960年春基本完成。但因施工时中支疏刳不彻底,又没有赶在汛前彻底完成,给甘家厂闸排水带来暂时影响,遭到湖北省反对,经长江流域规划办公室出面邀集两省省委协商决定该项工程报废。1961年春挖开青龙窖、濠口处堵口,恢复松滋西支,挖开王守寺、小望角堵口恢复东支,使松滋河基本恢复原状。经过1955年冬、1956年冬和1958年冬三个冬春的施工,展宽洪道废田6万亩,国家投资千万元的工程至此报废。

1960年,王家厂、官庄两大型水库先后竣工。澧县王家厂水库位于澧水一级支流涔水上,控制流域面积462km²,枢纽为均质土坝,最大坝高35.5m,总库容3.28亿m³,设计灌溉面积31.5万亩。工程于1959年9月开始动工,1960年5月大坝建成。醴陵县官庄水库位于湘水二级支流涧江上,控制流域面积201km²,枢纽建黏土心墙坝,最大坝高40.4m,总库容1.28亿m³,设计灌溉面积21.17万亩。1959年8月开始动工,1960年12月建成。

1960年,酒埠江、水府庙两大型水库竣工。酒埠江水库位于湘水二级支流攸水的上游,控制流域面积625km²,库容2.53亿m³,灌区52万亩,发电装机9MW,1958年10月开始动工,1960年5月建成。水府庙位于湘水一级支流涟水中游,控制流域面积3160km²,库容5.6亿m³,配合韶山灌区引水坝灌田100万亩,发电装机30MW。枢纽建筑物有大坝(圬工重力坝)、电站、船闸等,由省水电勘测设计院设计,省水电厅工程总队施工,1958年9月开始动工,1960年9月建成。

1960年,湖南最早河床式径流电站白渔潭水电站竣工。白渔潭电站位于湘水支流耒水下游,距河口仅 15.7km。大坝为圬工重力坝,溢流段长 182m、高 16.4m,非溢流段长 93.7m、高 19.5m;电站主厂房与非溢流坝段等长,宽 13.63m、高 15.5m,8 个钢筋混凝土管贯穿非溢流坝身与主厂房机组相接,单机最大引用流量 50 m³/s,由平板式闸门控制,厂房内布置水轮发电机组 8 台共 20.9MW,工程于 1958 年 11 月动工修建,1960 年 9 月第一台机组发电。工程总造价 3600 万元,单位千瓦投资 1720 万元。

1961 年,湖南省首批高压电力排灌工程投产。1960 年 5 月,湖南省首批高压电力排灌工程开工,工程分布在长沙黄花、靖港、益阳窑山口和湘潭南北塘等地,1961 年 6—7 月相继竣工。工程架设 35kV 输电线 70km、6.6kV 和 10kV 输电线 83km,有 19 个机埠、41 台电动抽水机投产。

1962 年,湖南省第一座大型水电站——柘溪水电站建成投产。1958 年 7 月,柘溪水电站开工兴建,1962 年 1 月 28 日正式移交生产。柘溪水电站位于资水干流安化县东坪以上 12.5km,控制流域面积 22640km²,约占资水流域面积的 80%,是一座以发电为主,兼顾防洪、航运、养鱼等综合效益的大型枢纽工程。水库总库容 35.7 亿 m³,有效库容 22.58 亿 m³,电站装机容量 447.5MW。大坝为混凝土单支墩坝,坝高 104m,坝后式厂房。电站通过柘(溪)、湘(乡)线 110kV 高压输电线路将电力输送至湘中地区。

1962 年,疏浚大通湖。1962 年冬,省水电厅集中三条挖泥船疏浚大通湖,以打通大东口入湘水的水道,并降低大通湖水位。至 1965 年春基本完成外湖大东口出煤炭湾的渠道工程,余下鲤鱼湖鱼坝以下出煤炭湾一段是黄花老河槽新淤积的稀泥,采用水流冲刷扩大。

1963 年,双牌水库竣工。双牌水库位于湘水一级支流潇水下游,控制流域面积 10330km²,总库容 6.9 亿 m³,大坝为混凝土双支墩大头坝,最大坝高 58.8m,坝后式电站,设计灌溉面积 32 万亩,发电装机 135MW。枢纽工程于 1958 年 11 月动工,1963 年 4 月建成并有一台 3MW 机组投入电网运行。灌区从 1963 年 8 月开始建设,1965 年建成开灌,灌溉面积 32 万亩。

1965 年,黄材水库竣工。宁乡县黄材水库位于湘水支流沩水上游,控制流域面积 235km²,总库容 1.495 亿 m³。枢纽主坝为黏土心墙坝,最大坝高 61.5m,电站为坝后式封闭厂房,安装 2×1560kW 机组,架设 35kV 线路至煤炭坝并入湘中电网。工程于 1958 年 6 月动工修建,1965 年 5 月建成并投产发电。

1965 年,围垦四季红农场,安置柘溪水库移民。1965 年冬,益阳地区抽调南县、沅江、益阳三县劳力,围垦大通湖内湖 17km² 建四季红农场,作为安置安化柘溪水库的移民基地。

1966 年,三年的电力排灌歼灭战基本完成。湖区的电排歼灭战,从 1963 年冬至 1966 年春基本告一段落。1963 年冬至 1964 年春增加装机 22129kW,1964 年冬至 1965 年春增加 54395kW,1965 年冬至本年春增加 61587kW,三年总共增加电排装机 138111kW,为湖区 1963 年春电排装机 37875 kW 的 3.6 倍。三年来,山丘区的电灌建设也有很大发展,三年增加的电灌装机容量有 8 万多千瓦,相当于 1963 年已有装机容量的 20 倍。截至 1966 年年底,全省电力排灌总装机约 22 万 kW。

　　1966年，韶山灌区总干渠及北干渠建成通水。韶山灌区位于湖南省中部的丘陵地区，横跨湘水一级支流紫云河、涓水、涟水和勒水四个流域；灌区覆盖双峰、湘乡、湘潭、宁乡、望城等县，设计灌溉面积100万亩。灌区工程包括水府庙水库枢纽、洋潭引水枢纽和渠系工程（总干渠及南、北干渠）三大部分，水库枢纽于1960年建成。引水枢纽工程1965年7月1日开工建设。本期工程包括洋潭引水枢纽及总干渠、北干渠建筑物1000多处、干渠总长174km，1964年4月底竣工，耗时10个月。1966年6月2日举行通水典礼，总、北干渠通水后，当年灌田万亩。第二期南干渠工程紧接着进行，1967年2月建成竣工，随后又进行了支斗渠的开挖和渠系配套工作，现已达到设计灌溉面积100万亩。

　　1967年，荆江中洲子人工裁弯竣工。长江流域规划办公室主持的下荆江裁弯工程有中洲子、上车湾两处，中洲子于1967年5月竣工，上车湾于1969年汛前竣工过流。1972年7月，又发生沙滩子自然裁直。荆江的3处裁弯使下荆江河长缩短1/3，降低了荆江河段石首以上的水位，减少了三口入湖流量，扩大了荆江的泄量，但就洞庭湖口（七里山）而言，由于监利泄量的增大，进一步缩减了湖口泄量。

　　1968年，黄石水库竣工。桃源县黄石水库位于沅水支流白洋河上游，控制流域面积552km²。大坝为黏土心墙土坝，最大坝高41m，总库容6.12亿m³，设计灌溉面积42万亩，发电装机6000kW。工程于1958年9月动工，建成高38.5m土坝后于1961年8月停工。1966年7月再次动工，1968年4月大坝加高竣工，1972年底灌区基本配套竣工，灌溉面积40万亩。

　　1970年，湖区矮围灭螺。1969年冬至1970年春，湖汊矮围灭螺的有：岳阳围青镜湖760亩、小毛家湖1500亩、香严垸1412亩、费家河1.85万亩，湘阴围东湖1.35万亩。1970年秋冬矮围灭螺有：汉寿县废金石垸总面积2.0267万亩、耕地8748亩，围垦菱角湖总面积3.6万亩；岳阳县低围麻塘3万亩，大毛家湖8000亩，反修垸1020亩，月形湖1500亩；华容县低围新洲农场面积2.5万亩、耕地1.5万亩；沅江县低围合兴洲9400亩，蓼叶嘴1.18万亩，大堤塘5000亩，五家嘴7500亩，庙嘴7000亩，五汊湖1500亩，大冲191亩，檀木冲150亩，镰刀嘴800亩。1970—1971年继续矮围灭螺的有：沅江低围东南湖0.7万亩，汉寿低围六角山2.5万亩，湘阴低围青山3000亩。华容还在1970年高围新洲农场总面积16.9平km²，耕地1.52万亩。岳阳县低围麻塘22000亩、月形湖900亩、吉家湖3000亩，大毛湖5210亩。

　　1970年，涔天河水库竣工。涔天河水库位于湘水支流潇水上游，控制流域面积2423km²，总库容1.05亿m³。水库为以灌溉为主、结合发电和放木的水利枢纽，设计灌溉面积12万亩，发电装机2.25万kW。工程于1966年7月动工，1970年3月建成大坝，4月放水灌溉。水筏道和水电站相继于1971年和1973年完成，第一台机组于1973年底投产发电。

　　1970年，欧阳海水库竣工。欧阳海水库工程为我国第一座坝身开大孔口泄洪的双曲拱坝，工程以灌溉为主，兼顾发电、航运等综合效益，水库位于湘水支流舂陵水下游，控制流域面积5409km²，总库容4.24亿m³，设计灌溉面积72.74万亩，发电装机3.6万kW。工程于

1966 年 10 月动工,1970 年 6 月大坝竣工蓄水,1974 年第一台机组投产发电。

1971 年,青山水轮泵站竣工。临澧县青山水轮泵站位于澧水干流下游,控制流域面积 15810km²。工程于 1966 年秋动工,1967 年 7 月 1 日建成枢纽工程。由于砂卵石基础建坝经验不足,主坝、副坝在 1968 年 7 月 16 日被洪水冲垮,1969 年再动工重建,砌底清基到岩层,当年建成主坝,1971 年春副坝竣工。1971 年冬开始灌区工程建设,1972 年通水开灌,工程设计灌溉面积 55 万亩。工程建成后,有 9 省、18 个地市和 545 个县派员以及 16 个国家的国际友人前来参观,1978 年 3 月还被评为全国水利管理战线的标兵单位。

1974 年,花木桥电站建成投产。花木桥电站位于汝城县境,其控制流域面积 1064km²,为以发电为主的枢纽(仅灌田 0.3 万亩),装机 54MW(3 台单机 18MW)。枢纽大坝为混凝土拱坝,最大坝高 37.5m。工程于 1970 年施工,1973 年二台机组投产,本年全部投产达到设计生产能力。

1975 年,株洲引废水灌溉工程竣工。1973 年 12 月,株洲市引湘江氮肥厂废水灌溉工程动工,1975 年 8 月竣工,共完成引水干渠 27.1km,电动抽水机埠 2 处以及渡槽、隧洞及其他小型建筑物等共 520 多处。工程完工后,可将湘江氮肥厂含氮 15g/L 左右的冷却废水引往株洲市郊区灌溉农田,设计灌溉面积 2.6 万亩。

1977 年,4 处装机 1 万 kW 以上的小水电站相继投产。1977 年建成装机 1 万 kW 以上的小水电站有甘溪、塔里、螺丝塘、水口 4 处。衡东县甘溪位于湘水支流洣水,为灌溉 10 多万亩的中型水轮泵站,装机 13004kW,1973 年开始安装,至 1977 年有 11 台先后投产。花垣县塔里在酉水支流,为引水式电站,装机 13860kW,一、二台机组 1977 年投产。黔阳县螺丝塘在沅水支流渠水,为河床式电站,装机 6 台 1.6 万 kW,1977 年第一台 1600kW 机组投产。酃县水口在洣水支流河漠水,为引水式电站,设计水头 234.2m,设计装机 5×3000kW,1977 年第一台投产。

1978 年,凤滩水电站竣工投产。电站位于沅水支流酉水下游,控制流域面积 17500 km²,占酉水流域面积的 94.4%。水库正常蓄水位 205m,正常库容 13.9 亿 m³,有效库容 10.6 亿 m³。电站装机 4 台总容量 40 万 kW,年发电量 20.8 亿 kW·h,联合运行保证出力 22.8 万 kW、年发电量 24.2 亿 kW·h。电站以发电为主,兼顾航运、灌溉及防洪等综合效益。工程于 1970 年 10 月动工,1978 年 5 月第一台机组投产。

1978 年,湖区三座电排站竣工。湖区总装机容量在 5000kW 以上的岩汪湖、坡头、明山头 3 座电排站,均于 1978 年建成投产。汉寿县岩汪湖电力排灌站坐落在沅水尾南岸的岩汪湖堵口,安装单机 800kW 电动机 8 台,设计灌排面积 34.58 万亩,1975 年 10 月动工,1978 年 6 月竣工投产。南县明山头电排站位于大通湖大圈疏河出口、藕池东支右岸的明山头,安装 6 台单机容量 1600 kW 的电动机组,1974 年 12 月动工,1978 年 7 月基本建成。至 1981 年止,湖区共建成电排站 19 处,总装机容量 68800 kW。

1979 年,大圳灌区建成通水。大圳灌区地处资水上游的夫夷水和赧水之间的高台地带,长期以来是湖南的严重干旱区。工程根据灌区地形和水源特点,采取以蓄为主、蓄引结合、长藤结瓜、灌溉自流的方案,在夫夷水支流新寨河中游建大圳水库,通过万峰隧洞将水引到万峰山北麓,再通过云里坳、太平、新安铺三处沟壑洼地把水引上报、夫二水分界线上,然后通过 248.71km 的干渠和上千千米的支渠,串联灌区内三座中型水库、200 多座小型水库和三万多处塘坝,形成长藤结瓜式的水利自流灌溉网。灌区范围包括新宁、武冈、邵阳、洞口、隆回五个县的 13 个区、53 个乡镇、624 个村,设计灌溉面积 54.7 万亩。沿途利用落差建小水电站 5 处,装机 1.11 万 kW。工程于 1965 年冬动工,1974 年起已有部分灌区受益,至 1979 年 7 月 1 日全线通水。全部工程历时 14 年。

1979 年,湘江、渣滩两水电站建成投产。湘江电站位于东安县石期市羊角坪的湘水干流上,为河床式径流电站,装机 9 台 19950kW,1975 年冬动工,1979 年第 1 台机组投产。邵阳渣滩位于资水支流赧水,为河床式径流电站,设计装机 13 台 17750kW,1979 年有 2 台 1250kW 机组投产。

1980 年,国内第一座具有厂房集鱼系统的新型鱼道投产运行。12 月,国内第一座具有厂房集鱼系统的新型鱼道即衡东县洋塘水轮泵水电站的鱼道设施通过鉴定并投产。

1982 年,春阳滩水电站首台机组投产。春阳滩电站位于沅水支流舞水中游芷江县境的满天星峡谷河段,坝址控制流域面积 7741km²,占舞水的 74.9%。电站以发电为主、兼顾航运等综合利用。大坝为圬工重力坝、最大坝高 25.7m,电站装机 4 台单机 8800kW。工程于 1977 年 8 月动工,1982 年 1 月第 1 台机组建成投产。

1982 年,铁山灌区水库大坝竣工。岳阳铁山灌区工程包括枢纽和灌区两部分,枢纽工程由大坝、溢洪道、引水隧洞、南北渠首电站等组成,灌区工程包括南、北灌区干渠及分支渠总长 166.53km,大中型渠系建筑物 1785 处。枢纽坝址位于新墙河支流沙港河的铁山口上,控制流域面积 493 km²,总库容 6.35 亿 m³。灌区范围包括岳阳、汨罗、临湘三县(市)、设计灌溉面积 95.37 万亩。枢纽工程除电站外均于 1982 年 4 月竣工,南干灌区也大部分建成。

1983 年,马迹塘水电站竣工。马迹塘电站位于资水干流下游桃江县境的马迹塘,控制流域面积 26171 km²。水库正常蓄水位 55.7m,对应库容 3400 万 m³,是一座低水头径流式电站。电站装有 3 台从奥地利引进的灯泡式水轮发电机组,装机容量为 3×1.85 万 kW,工程于 1976 年动工兴建,1983 年 6 月 3 台机组相继并网发电。

1983 年,东江水电站浇筑第一仓混凝土。东江水电站双拱坝于 1983 年 11 月 25 日 19 时起开始浇筑 14 号河床坝段基础混凝土,27 日 21 时收仓,混凝土全部合格。东江水电站位于湘水一级支流耒水上游资兴县东江镇以上 10km 的峡谷内,控制流域面积 4720km²,约占耒水流域面积的 40%。水库总库容 91.58 亿 m³,有效库容 56.7 亿 m³。电站装机容量 50 万 kW,年平均发电量 13.2 亿 kW·h。水库建成后,除提高下游两岸农田、白渔潭及遥田两水电站和京广铁路耒阳站的防洪标准,改善上下游通航条件,发展养鱼事业,还可以解决下游鲤鱼江火电厂的冷却用水。东江是湖南调节性能最好的大型水电站,民国时期曾提出过开发计划但始终未能实施。1958 年,经水利电力部批准兴建并于同年 10 月动工,1961 年,因压缩基本建设停工缓建,1978 年经中央批准复工,1987 年建成发电。

1984 年,柘溪电站大坝加固主体工程竣工。柘溪电站大坝于 20 世纪 60 年代浇筑完成后,正常运行近 10 年。到 1969 年 6 月,电站观测班发现 1 号支墩 114.5m 高程检查廊道(位于坝轴线下游 20m)的上、下游均出现裂缝,后逐渐发展到 2、6、8 号墩裂缝并出现严重渗水、射水现象。1980 年 4 月采用前堵、后排和空腔中浇筑大体积混凝土的加固方案进行修复,1985 年 5 月修复完毕。

1984 年,建立灌溉试验站 10 处。1984 年 9 月 20 日,省水利水电厅、省编制委员会和省财政厅联合发文,决定在长沙、岳阳铁山、澧阳平原、南茅运河、酒埠江灌区、韶山灌区、双牌灌区、青山垅灌区、白马灌区、梨溪口灌区等 10 处建立灌溉试验站,共配编制 43 人。

1984 年,洞庭湖区防洪蓄洪工程设计审查并上报初步设计书。1983 年 12 月 31 日,水利电力部下达了《关于洞庭湖近期治理工程安排的批复》。省水利水电厅从 1984 年 1 月开始,组织人员进行编制初步设计工作,10 月完成了《湖南省洞庭湖区近期防洪蓄洪工程初步设计书》,并于 10 月 18—23 日在长沙召开由水电部、长江流域规划办公室、湖南省等相关方面的负责人和工程技术人员参加的设计审查会议。设计书随后于 11 月上报水利电力部、长江流域规划办公室和其他有关单位。

1986 年,武岗县成为以小火电供电为主的农村电气化试点县。2 月 21 日,水电部批准武岗县为以小火电供电为主的农村电气化试点县。

1988 年,增补麻阳、芷江、泸溪作为农村电气化试点替补县。11 月 2—3 日,由小水电公司主持,在长沙召开了农村电气试点县及有关地(州)、市水电局负责人参加的电气化工作会议,提出了加快实现农村电气化试点县全面达标的五项措施,原选定黔阳、城步、花垣三个县为替补县,此次会议又增加了麻阳、芷江、泸溪三个县作为替补县。

1991 年,南津渡水电站投产。中澳协作工程南津渡水电站于 11 月 30 日投产发电,副省长王克英和奥地利国驻华大使布可夫斯基为电站剪彩。南津渡水电站位于永州市南郊,属湘江支流潇水梯级开发最后一级电站,引进奥地利先进灯泡机组 3 台,总装机容量 6 万 kW,总投资 19846 万元,年发电量 2.93 亿 kW·h,是全国最大的灯泡式水电站和全省水电建设规模最大的涉外工程,对推动永州市和零陵地区经济的发展将起到重要作用。

1991 年,组网建设完成 5 项无线通信工程。洞庭湖区 24 个蓄洪垸警报无线通信网完成 15 个蓄洪垸的警报系统工程,建成澧县、安乡、沅江、南县、益阳、湘阴 6 个县市发射中心台,在 15 个蓄洪垸的区、乡村配置 642 台接收机,增配 14 个车载台,237 部手持机。湘南无线通信网部分建成开通湘潭、株洲、衡阳、娄底 4 个地、市水电局及水府庙、酒埠江、官庄三座大型水库与全省通信防汛网联通,实现通话通信。铁山水库灌区水文自动测报系统工程已完成设备安装调试。建立柘溪—安化—益阳无线通信网,并开通益阳至桃江自动拨号电路,建立南岳水文报汛网。以省水文总站为中心,建立经南岳中转至湘潭、株洲、衡阳、邵阳四个地市的水文报汛对讲电路。

1992 年,第一期农业开发验收。11 月 27 日至 12 月 13 日,国家农业综合开发验收组对湘南第一期农业开发进行验收,为期 3 年的第一期开发任务超额完成。验收组认为,各开发区兴修水利大都以小型配套为主,蓄、引、提、灌、排等各种水利设施布局合理,基本上能达到10年不大修的标准。完工后的农业开发区由单季稻变成双季稻产区,亩产一般达到800kg以上,平均每亩增产粮食294kg。

1992年,永州南津渡水电站竣工投产。5月31日,全国最大的灯泡式机组水电站和全省水电建设规模最大的涉外工程——永州南津渡水电站第3台机组投产发电,标志着这座投资近2亿元、装机3台6万kW的电站全部竣工投产,比中(国)奥(地利)合同规定工期提前1年。南津渡水电站于1989年8月全面开工,1991年11月30日,首台机组提前半年投产发电,创国内外同类电站最短投产工期,至1992年5月31日全部竣工投产。

1993年,长沙、岳阳两市城市防洪规划通过审查。2月22—26日,由水利部、能源部规划设计总院、国家防总指挥部、长江水利委员会对长沙市和岳阳市城市防洪规划进行审查,原则通过。

1993年,湖南省第一批缺水城市供水水源规划工作和全国第二批实施取水许可制度基础工作试点通过验收。3月3—4日,长江水利委员会水政水资源局来长沙对湖南省第一批缺水城市供水水源规划工作(试点单位:益阳县、祁东县)和全国第二批实施取水许可制度基础工作试点(试点单位:湘潭县、桃江县)一并进行了验收。

1994年,桃源成为第一个消灭病险水库的县。全省各地按照省委、省政府要求,把病险水库治理作为头等大事来抓,全省全年处理病险水库850座。桃源县举全县之力完成了病险水库处理的扫尾工作,成为全省第一个全部消灭了病险水库的县。

1995年,湘西自治州实现全州电气化,成为全国实现地区电气化的两个地市之一。

1995年,韶山灌区被列入全国灌溉工程试点。水利部将韶山灌区列为全国20个灌溉工程试点单位之一,1995年底完成试点工程的论证和设计,正式投入实施阶段。

1996年,洞庭湖一期治理工程通过国家验收,二期治理规划由国家计委正式批准。在七大项工程措施中,已有大堤加固洪道整治的部分单项工程通过了水利部的审批,正式付诸实施。

1997年,10县列入国家"长治"工程。芷江、凤凰、永顺、辰溪、新化、新邵、隆回、衡东、衡南、攸县等水土流失严重县列入国家"长治"工程,开始重点治理。

1998年,江垭水库蓄水。1998年10月18日,江垭水库蓄水成功,这是世行贷款江垭项目建设至关重要的里程碑。江垭大坝落闸蓄水,标志这一重点工程将正式开始发挥效益。1999年5月18日,江垭电站1号、2号机组并网发电仪式在慈利县江垭镇举行,同年12月23日第三台机组并网发电。

1998年,水府庙观测系统正式动工。10月,中国和加拿大政府合作项目——中国大坝安全监测和管理工程"水府庙观测系统"正式动工。

1999年,全省第一条城郊型水土保持综合治理小流域通过验收。7月29—31日,长江委水土保持局和厅水土保持处有关领导和技术人员组成联合验收组,对涟源市毛坪小流域综合治理工程进行竣工验收,从而使毛坪小流域成为全省第一条通过验收的城郊型水土保持综合治理小流域。

1999 年,全省农网建设与改造规划得到批复。11 月 10 日,省计委以湘计能〔1999〕696 号文批复全省农网建设与改造规划,明确地方电力农网建设的改造总规模为 18 亿元,涉及 30 个县(市、区)。其中全部由地方电力负责实施的县(市、区)共 25 个:苏仙区、北湖区、临武县、汝城县、宜章县、永兴县、资兴市、鹤城区、靖州县、溆浦县、芷江县、新晃县、麻阳县、衡东县、武冈市、新宁县、绥宁县、城步县、洞口县、花垣县、永顺县、龙山县、蓝山县、桑植县、炎陵县。由大小电网共同实施的县 5 个:桃源县、新化县、耒阳市、江华县、江永县。

1999 年,皂市水利枢纽可行性研究报告通过审查。12 月,水利部水利规划设计研究总院在北京通过了皂市水利枢纽可行性研究报告的审查。此前,皂市水利枢纽工程项目建设书于 1998 年 9 月通过了水电水利规划设计总院的审查,并于 1999 年 9 月通过了中国国际咨询公司的评估。

2002 年,国家计委批复湖南第二期农网建设与改造规划。1 月 8 日,国家计委组织有关部门对湖南省第二期农网建设与改造规划进行了审查,并正式批复总投资规模为 8.3 亿元,使湖南省地方电力农网建设与改造规划达到了 22.4 亿元,地方农网改造县(市、区)达 38 个县。

2002 年,皂市水库枢纽工程取得阶段性进展。11 月 11—17 日,皂市水利枢纽工程初步设计报告在长沙通过了水电水利规划设计总院的技术审查。19 日,皂市水利枢纽可行性研究报告获得国家批准。29—31 日,水电水利规划设计总院在海口市主持召开了皂市水利枢纽工程淹没及移民安置报告审查会。

2003 年,国家计委、水利部下达节水灌溉增效示范项目 6 个。3 月 12 日,国家计委、水利部下达湖南省 2003 年度节水灌溉增效示范项目 6 个(双峰县、赫山区、蓝山县、岳阳云溪区、永顺县、汉寿县),安排国债资金 600 万元,建设高标准节水灌溉工程面积 1.443 万亩。

2003 年,5 个省级水利风景区、1 个国家级水利风景区获批。经过景区单位申报、评审专家组实地考核、评审委员会审查、省厅批准,正式公布酒埠江水库、长沙白鹭湖度假村、中方县五龙溪、通道阳洞滩、吉首八月湖 5 个省级水利风景区。省厅根据部评审专家组意见,通道阳洞滩风景区更名为"九龙潭大峡谷水利风景区",10 月 8 日,该景区被水利部评定为国家水利风景区。

2003 年,湖南省成为全国第一批水土保持监测网络建设省区。4 月 10—13 日,水利部对湖南省水土保持监测网络基础设施建设进行了验收。同时,根据国家计委批准的全国水土保持监测网络建设实施方案,湖南省成为全国第一批水土保持监测网络建设省区。

2004 年,皂市水利枢纽工程成功截流。2 月 8 日,总投资 32.5 亿元的皂市水利枢纽工程正式开工建设。9 月 30 日,工程正式截流并获得圆满成功。

2004 年,3 个示范区列为全国第一批开展建设的水土保持生态建设示范区。6 月,水利部以水保〔2004〕11 号文将湖南省沅水流域水土保持生态建设示范区、湘西自治州猛洞河中下游水土保持生态建设示范区、芷江县中阳溪水土保持生态建设示范区 3 个示范区列为全国第一批开展建设的水土保持生态建设示范区。

2004年,水利部评定湖南省3个国家级水利风景区。经我厅推荐的衡东洣水、长沙湘江和酒埠江3个风景区评为国家级水利风景区。至此,湖南省已有6个国家水利风景区。

2005年,大型灌区续建配套评估分值位居全国第一。4月19—25日,水利部灌排中心副主任顾宇平率全国大型灌区续建配套与节水改造项目评估专家组对湖南省13处大型灌区1998年以来续建配套与节水改造项目进行了现场评估。根据专家组的最终评分结果,湖南省大型灌区续建配套评估分值位居全国第一,为今后湖南省大型灌区建设继续得到水利部的支持奠定了良好的基础。

2005年,三个蓄洪垸项目建议书通过批复。7月,《钱粮湖、共双茶和大通湖东垸蓄洪垸围堤加固工程项目建议书》通过国家发展和改革委员会批复,批复工程总投资11.49亿元。

2005年,全省第二期国家农村人口饮水解困工程通过验收。8月,全省第二期国家农村人口饮水解困工程通过省发改委、省水利厅组织的验收,标志着湖南省农村人饮解困第二期工程全面竣工。湖南省农村人饮解困二期工程,总投资2.45亿元,2002—2004年分三年实施。共建成各类饮水工程7539处,解困人口89万。

2005年,15处洞庭湖区项目通过审查。6月6—9日,《洞庭湖区钱粮湖、共双茶、大通湖东垸三垸蓄洪工程层山安全区试点项目可行性研究报告》通过水利部水规总院审查,审定投资3.25亿元。10月14—20日,长江水利委员会对《城西、民主、安澧三垸2005年度蓄洪安全建设应急工程初步设计报告》和《围堤湖、西官、澧南三个蓄洪堤防加固工程应急工程初步设计报告》进行审查,审定投资1.65亿元。11月,国家发展和改革委员会投资评估中心对湖南省首批实施的明山等6处大型泵站更新改造工程进行了投资评审,评估投资4.17亿元。

2011年,确定农田水利沟渠清淤疏浚试点县。1月14—15日,省财政厅、省水利厅首次采用公开竞争的方式,按照初选入围、自愿申报、公开竞争、专家评审、效益优先、择优入选的原则,在洞庭湖区和丘陵区遴选出了27个县区作为2010—2011年沟渠清淤疏浚项目试点县。

2011年,涔天河水库扩建工程指挥部成立。9月23日,永州市委、市政府在冷水滩区举行涔天河水库扩建工程建设指挥部揭牌暨技术合作协议签约仪式,标志着610万永州人民殷切期盼20年的湖南省水利"一号重点工程"正式进入了实质性建设阶段。

2012年,耒水东岸防洪工程奠基。1月16日,耒水东岸防洪工程BT项目在武广高铁衡阳站前隆重举行奠基典礼。这标志着湖南水利工程建设广集各方资源,联合发展水利的新思想、新模式的开拓。

2012年,确定35个沟渠清淤疏浚项目县。2月8—10日,省财政厅、省水利厅采用公开竞争的方式,在全省42个指定入围的粮食产能大县中,遴选出安乡等35个县(市、区)作为2011年度沟渠清淤疏浚项目县。

2012年,三基地入选"国家第四批水土保持科技示范园区"。2月24日,经水利部评定,宁乡县长沙水土保持科技示范园、茶陵县慧科生态园、中科院长沙农业环境研究基地成为

"国家第四批水土保持科技示范园区",水利部在 2012 年水土保持工作会议上予以授牌。至此,湖南省已有 5 个国家级水土保持科技示范园区。

2012 年,双牌水电站 1 号机和酒埠江水电站 2 号机组增效扩容改造取得圆满成功。3月 19 日,双牌水电站 1 号机增容改造于日前圆满成功并网试运行,机组最大功率达到 5.5万 kW,经湖南省电力科学试验研究院测试,机组各项指标均达到设计要求。机组经 72h 试运行正式并网,比原计划提前 8 天投产发电。11 月 14 日 17 时,湖南省酒埠江水电站顺利完成二号机组增效扩容改造并投入试运行。二号机组经过 72h 试运行检验,机组性能和各项技术指标满足设计和规范要求。在上游水位 158m 时,调速器开度 80% 情况下,机组出力能达到 3500kW,综合效能由改造前的 70% 多增加到 92%。水轮机在各运行工况点的空化安全系数均大于 1.1,机组振动、摆度和各部位温度一切正常。这标志着 2 号机组增效扩容改造达到了预期的效果,并取得圆满成功。

2013 年,涔天河水库灌区工程立项。6 月 25 日,国家发展和改革委员会下发《关于湖南涔天河水库灌区工程项目建议书的批复》(发改农经〔2013〕1204 号),正式批准涔天河水库灌区工程立项。涔天河水库灌区设计灌溉面积 113.35 万亩,建成后将成为湖南省最大灌区。

2013 年,新增 3 处国家级水利风景区。10 月 29 日,经水利部批准,湖南省常德柳叶湖水利风景区、益阳皇家湖水利风景区和江华瑶族自治县潇湘源水利风景区晋升为国家水利风景区,湖南省国家水利风景区增至 27 处。

2014 年,水生态文明城市建设试点。6 月 26 日,长沙市、郴州市的水生态文明城市建设试点实施方案(试点期 2014—2016 年)获得湖南省人民政府批复,标志着两市水生态文明建设全面进入实施阶段。在 2017 年 10 月水利部和湖南省组成的验收委员会对长沙市的验收中,认为长沙市水生态文明建设理念先进、措施扎实、成效显著,在全国第一批水生态文明建设试点中起到了良好的示范作用。

2015 年,莽山水库正式开工建设。这是我国确定的 2015 年拟开工建设 27 项重大水利工程的首个重点工程开工,标志着湖南省重大水利工程建设全面提速。该工程于 5 月 21 日举行开工仪式,省委副书记、省长杜家毫出席仪式并宣布工程开工,水利部总工程师汪洪,副省长戴道晋在仪式上致辞。省水利厅厅长詹晓安、副厅长甘明辉参加开工仪式。

2015 年,涔天河水库扩建工程灌区可报批复。8 月 5 日,国家发展和改革委员会以《关于湖南省涔天河水库扩建工程灌区可行性研究报告的批复》(发改农经〔2015〕1732 号)文件,批复了湖南省涔天河水库扩建工程灌区可行性研究报告,标志着湖南省涔天河水库扩建工程灌区完成申报工作,进入初步设计和施工阶段,为力争今年下半年正式开工建设奠定了坚实的基础。

2017 年,涔天河水库电站首台机组并网发电。7 月 1 日,涔天河水库扩建工程首台机组顺利启动,具备发电条件,向党的生日献了一份厚礼。9 月 23 日,涔天河水库扩建工程电站首台机组成功并网发电,标志着工程建设即将产生经济效益,进入发电运行阶段。

2017年,水资源监控能力建设项目(2012—2014年)通过验收。2月22日,国家水资源监控能力建设湖南省项目(2012—2014年)通过验收。该项目以支撑水资源定量管理和"三条红线"监督考核为目标,自2012年起历时3年,建设完成324户592个取用水户水量在线监测点、168个水功能区207个监测断面水质监测点、6个国家级重要饮用水水源地水质自动监测站和湖南省水资源管理系统平台,完善了省级及市州水环境监测中心实验室设备配置。基本建立了与用水总量控制、用水效率控制和水功能区限制纳污控制相适应的重要取用水户、重要水功能区、饮用水水源地三大监控体系,实现全省河道外取水户许可水量在线监控率80%以上、国家重要江河湖泊水功能区和国家级饮用水水源地在线监控率100%的目标,为全面实行最严格水资源管理制度提供了技术支撑。

2017年,绿色小水电建设正式启动。8月15日,在试点基础上,湖南省绿色小水电建设正式启动,出台绿色小水电建设评价标准和指导意见。9月13日,省厅下发《关于开展小型农田水利工程生态化标准化建设试点工作的通知》,这是推进湖南省小农水工程装配式施工方面的指导性文件。

2017年,高效节水灌溉面积实施方案批复。8月8日,省政府批复《湖南省"十三五"新增150万亩高效节水灌溉面积实施方案》。

2017年,黄盖湖防洪治理工程启动。8月25日,黄盖湖防洪治理工程可行性研究报告获国家发展和改革委员会批复,该工程是国务院确定的172项节水供水重大水利工程,也是2017年国家重点推进的15项重大水利工程之一。9月30日,工程正式开工建设。

2017年,全省新增3家国家水利风景区。8月31日,经水利部批准,湖南省新增3家国家水利风景区,分别是芷江侗族自治县和平湖、长沙市洋湖湿地、祁阳县浯溪。至此,湖南省国家水利风景区已达到40个。10月27日,株洲市万丰湖、华容县华一水库、安化县资江风光带、邵阳市水土保持科技示范园、永州市晒北滩、溆浦县刘家坪获评省级水利风景区。至此,全省共创建水利风景区91个。

2017年,国家级水生态文明建设试点通过验收。10月19—20日,长沙市、郴州市国家级水生态文明建设试点顺利通过了水利部与省政府的联合验收,标志着湖南省第一批国家级水生态文明城市建设试点全部完成试点阶段任务,水生态文明城市建设试点取得积极进展,建成了一批具有鲜明特色的示范工程,形成了南方城市水生态文明建设的成功经验,在水生态修复、水环境改善、水安全保障方面取得了明显成效。

2017年,省委省政府专题研究灾后治理和冬春水利建设。11月2日,杜家毫主持召开省委水利工作专题会议,专题研究灾后薄弱环节治理和冬春水利建设工作,要求各级各部门找准薄弱环节,增强抗灾能力,确保来年安全度汛。省领导许达哲、乌兰、谢建辉、隋忠诚、戴道晋、杨光荣等出席。省委办公厅、省政府办公厅,以及省发改、财政、水利、住建、农业等部门主要负责人参加会议。11月13日,许达哲主持召开省政府常务会议,专题研究全省水利建设等民生工作,并原则同意了《湖南省水利薄弱环节治理三年行动计划(2018—2020年)》,要求紧密结合湖南省实际,突出抓重点、补短板、强弱项,扎实推进治水等民生工作。

2019 年,推进湘江保护"一号重点工程"。2 月 21 日,湘江保护"一号重点工程"13 个入河排污口试点在线监测站开工建设。湘江流域主要入河排污口在线监控系统是《湖南省湘江保护和治理第二个"三年行动计划"(2016—2018 年)实施方案》安排的重点工作之一,系统建成后将显著提高湘江流域水环境治理的针对性、有效性,提高流域所在市、县水环境突发事件应对能力。

2019 年,长江经济带生态建设。3 月 15 日,省厅下发《关于加快推进长江经济带生态环境问题(涉水部分)整改排查的实施方案》的通知。通知旨在进一步做好长江经济带生态环境问题(涉水部分)整改排查工作,明确任务,压实责任,推进整改,加强督导与调度,切实完成问题整改排查任务。4 月 30 日,省厅印发《关于成立湖南省长江经济带生产建设项目水土保持监督执法专项行动领导小组的通知》,明确成立以厅长颜学毛为组长的长江经济带生产建设项目水土保持监督执法专项行动领导小组,对成员单位职责进行了分工。要求成员单位按照各自职责,加强领导,采取有效措施,扎实开展专项行动,在 2019 年 12 月底前圆满完成生产建设项目水土保持监督执法专项行动工作任务。

2019 年,涔天河等大型水利工程获重要进展。1 月 22 日,涔天河水库扩建工程取水工程顺利通过水利部、长江水利委员会的现场验收。验收工作由长江委水资源局组织,长江委水政与安全监督局、省水利厅、永州市水利局、江华县水利局以及湖南涔天河工程建设投资有限责任公司等单位的代表和专家参加验收。2 月 25 日,省厅主持召开莽山水库工程导流洞下闸蓄水阶段验收会,通过下闸蓄水阶段验收,莽山水库工程基本具备下闸蓄水条件。3 月 6 日,莽山水库工程举行下闸蓄水仪式。副省长隋忠诚出席仪式并宣布莽山水库工程下闸蓄水,省政协副主席、郴州市委书记易鹏飞出席活动,厅长颜学毛讲话。

2019 年,《犬木塘水库工程可行性报告》通过审查。10 月 12—16 日,省发改委、省水利厅联合对水电设计院编制的《犬木塘水库工程可行性报告》进行评估和技术审查并原则通过,为立项报批奠定了基础。12 月 23 日,项目顺利通过省政府第 56 次常务会议审议。犬木塘水库是国务院确定的"十三五"分步建设的 172 项国家重大水利工程之一,也是解决湖南省衡邵干旱走廊水资源短缺问题的关键工程,项目预计总投资 103 亿元,为湖南省目前最大的水利工程项目。

附件五：湖南水利管理大事记

1950 年，印发《湖南省滨湖各县人民护堤公约》。省水利局印发《湖南省滨湖各县人民护堤公约》，提出"爱国护堤""保堤如保命"的口号作为群众信守的乡规民约。

1950 年，抽水机总站移归省水利局。省农村厅接收农垦处的各式抽水机 18 台（849kW），于 1950 年 4 月组设长沙抽水机站，1950 年 6 月改名省农林厅抽水机总站，下半年将该站移归省水利局管理，后陆续制定颁布了《抽水机经营管理办法》《抽水机临时租用办法》和《抽水机包田灌溉暂行办法》。

1951 年 7 月，印发《堤工手册》《防汛手册》进行技术性指导。

1951 年，颁布湖南省滨湖垸堤剅涵办法。11 月，省人民政府以省农水工字第 1813 号命令颁布《湖南省滨湖垸堤剅涵办法（草案）》14 条，首先明确各垸所有的剅、碴、涵、闸均属共有、公修、公管；其次，对不必要的应予撤除，必需保留的应维修加固，新建的按规定手续分级上报审批。

1952—1955 年，省人民政府和省防汛委员会先后颁布了《湖南省防汛抢险奖惩办法》《湖南省防汛器材管理暂行办法》《湖南省汛期防汛抢险租用船只暂行办法》。80 年代又颁布了《湖南省防汛物资管理试行办法》和《湖南省防汛无线电台管理试行条例》。

1954 年，编印小型水库定型设计和颁发有关管理法规。为保证小型水库建设的健康发展，省水利厅 1954 年编印了《小型水库定型设计》，分发各地参照执行；对中型水库则执行分级审批制度并派出工程技术人员进行施工指导。在工程管理方面，省人民政府 1954 年 4 月颁布了《关于滨湖各县堤费负担的几项规定》，省水利厅在本年春修结束后制定《对于本省新型渠道灌溉管理工作的意见》。

1954 年，提出《对本省新型渠道灌溉管理工作的意见》。省水利厅提出《对本省新型渠道灌溉管理工作的意见》，对组织、用水、水费、养护、惩罚等方面提出了一些规定。在组织方面提出设立灌区管理委员会，下设管理所；用水方面提出了由下而上放水和由上而下排水的原则；水费方面强调了受益田亩均须缴纳水费，工程养护维修由水位解决；在养护、惩罚方面，也分别作出了一些具体规定。

1956 年，公布《湖南省洞庭湖区堤防涵闸工程管理养护暂行办法》。11 月，省人民政府以〔56〕会五字第 1051 号文公布《湖南省洞庭湖区堤防涵闸工程管理养护暂行办法》，对管理养护的方位、工作内容以及经费筹措负担等项作了较详细的规定，并规定距堤脚 10m 以内不准植树、2m 以内不准生产。

1956 年，评定水利技术干部级别。省水利厅于 1956 年 9 月开始，对全厅技术干部级别进行了调整、评定。共评定工程师 67 人（技术三、四级各 1 人，五级 2 人，六级 12 人，七级 18

人,八级19人,九级14人);技术人员432人(九级27人,十一级63人,十二级65人,十三级83人,十四级73人,十五级42人,十六级32人)。

1957年,召开全省农田水利工作会议,制定小型水库勘测设计纲要。9月下旬,召开了全省农田水利工作会议。会议传达和贯彻全国农田水利会议精神,研究和部署第二个五年计划的水利工作以及今冬明春水利工作的具体安排,总结提出湖南水利建设在第二个五年计划期间的具体方针。会议就小型水库的勘测设计工作进行了讨论,最后由水利厅进行综合整理制订了《湖南省小型水库勘测设计纲要(草案)》,分别对乡、县、专设计、审批的水库的工作要求、工作步骤、勘测项目与方法以及应提出的设计书提纲与内容提要都作了明确的规定。

1957年,颁发中小型农田水利工程检查验收办法。省人民委员会1957年1月16日颁发《湖南省中小型农田水利工程检查验收暂行办法》,共11条,具体规定了检查、验收的项目、程序和验收表报填报的份数及报送单位。

1957年12月,省人民委员会发布《湖区堤垸水利修防管养组织服务规程》,决定以垸为单位设立修防管养委员会。

1958年,湘鄂赣三省负责人商讨长江防洪问题。5月20日,湖北省委第一书记王任重根据中央和国务院指示,邀请湖南省委第一书记周小舟、江西省委书记邵式平、长江流域规划办公室主任林一山以及三省有关负责同志,在国务院总理会议室举行三省水利会议。国务院总理周恩来、副总理李先念、水利电力部副部长李葆华和国务院有关部门的负责同志参加会议。会议对于以下两个问题取得一致的意见:一是长江防洪问题,会议认为荆江四口应当分别建闸控制,先在藕池口修建进洪闸,在浣市兴建出洪闸,把虎渡河改道,在浣市开辟一条分洪道,以扩大荆江分洪区的进洪能力;在调弦口堵口以代替建闸;松滋口建闸则可稍缓。二是关于三省若干重大水利工程的建设问题……会议同意湖南省委提出的1958年兴建双牌、酒埠江、水府庙、屈原、金龙江等水库的计划。随后,长江流域规划办公室7月31日邀请湘鄂两省代表就四口控制运用与藕池建闸有关问题进行协商。调弦口于本年堵口,荆江自此只三口南流。

1958年,编制水土保持规划。省农业厅农田水利局与长江流域规划办公室1958年9月共同编制《湖南省水土保持规划(初稿)》。据《规划》估计,湖南水土流失面积56640km²,每年流失表土达2亿m³。提出的工作方针是:"预防与治理兼顾,治理与养护并重;在依靠群众发展生产的基础上,进行全面规划,因地制宜,集中治理、连续治理、综合治理,坡沟兼治,治坡为主"。

1959年,省颁布灌溉工程管理条例。中共湖南省委和湖南省人民委员会联名发布《灌溉工程管理暂行办法(草案)》,《暂行办法》共分:组织领导、用水管理、工程管理养护、水业经营、用水纠纷、水费征收及财务开支以及附则,共七项、40 条。

1959 年 5 月,省农业厅农田水利局发布了《湖南省水利工程管理养护暂行技术规范》共 7 章 28 节。分别对不同坝型和溢洪、放水、渠系建筑物的管理养护与观测工作提出了指导性的技术规定。

1960 年,完成《湖南省水利资源综合利用规划报告》。该报告由湖南省水利资源综合利用规划办公室编拟,1960 年 8 月完成。据统计,全省大小河流共 4710 多条(不包括南县、华容、安乡、沅江四县),其中流域面积在 30km² 以上的有 1486 条,全省水能蕴藏量按多年平均流量计算为 1338 万 kW。

1960 年,发布《水利水电基本建设工程竣工交接验收办法的暂行规定》。12 月,省水利电力厅发布了《水利水电基本建设工程竣工交接验收办法的暂行规定》共 44 条。

1961 年发布三个管理文件。省防汛抗旱指挥部 3 月 19 日发布《湖南省水利工程管理养护暂行办法(草案)》,本办法共 12 章 90 条;5 月 31 日发布《关于颁发山丘区水库防洪标准的规定》和《关于颁发山丘区水库分级管理划分的命令》。

1962 年,开展水土流失调查。省水电厅协同长江流域规划办公室 1962 年对全省水土流失情况进行了调查,10 月初提出了调查情况汇报。汇报指出:全省据统计共有水土流失面积 56640km²(包括荒山、有侵蚀的旱土和经济作物在内)。按水系分布,以湘水最为严重。各流域水土流失面积占土地总面积的百分数分别为:湘水 30.7%,资水 23.3%,沅水 30%,澧水 27.7%,洞庭湖区 15.8%。报告在肯定 10 年来水土保持工作取得成绩的基础上,指出近几年不少地区在开荒、挖矿、采伐木材、挖野生植物、修水利和交通工程时,乱挖、乱垦、毁坏森林等破坏水土保持的现象相当严重。

1962 年 4 月,省人民委员会颁发《洞庭湖区修防管理委员会工作条例》,进一步明确修管会"既是垸区群众性组织,又是国家管理堤垸的基层组织",还对修防干部的待遇、考核、提升、劳保福利等方面作了具体规定。

1963 年,颁发两项管理文件。1963 年 4 月 7 日,省人民委员会颁发《洞庭湖区修防管理委员会工作条例》。11 月 30 日,省经济委员会、省计划委员会和省水电厅联合颁发《农业排灌电力供应管理小法试行草案》。

1963 年,梅龙山下"活龙王"。1963 年夏秋,千金水库灌区遭受历史罕见的百年大旱,以夏炳发为领导的水库管理班子采用"合作用水、巧引多蓄"等一套科学管水、用水经验,结果水库实际灌溉面积超过设计能力的 40%,并实现大旱之年夺丰收,灌区农民称夏炳发为"活龙王"。1963 年冬天,全省水利工作现场会在双峰县召开,实地推广千金水库的管水经验。1964 年 2 月,中共湖南省委第一书记张平化亲临水库视察,作出了"学习千金水库的经验,更好地建设和管理水库工程"的题词;4 月 16 日《人民日报》发布了《梅龙山下"活龙王"》的长篇通信;9月5日《新湖南报》以整版的篇幅刊登《千金水库管水用水经验》;10月,湖南人民出版社出版了通俗读物《"活龙王"治水记》,全面宣传夏炳发的科学管水事迹;县文工团还将此题材编成大型花鼓戏,省电台反复播放全剧录音。1964年9月,全国水利管理会议在北京召开,夏炳发出席会议并被评为全国水利劳动模范,当年冬,还当选为全省、全国人大代表。

1964年,成立省农田基本建设指挥部。中共湖南省委3月9日发出《关于成立湖南省农田基本建设指挥部的决定》,确定由省委书记李瑞山任总指挥。指挥部下设西洞庭湖、中洞庭湖、湘潭地区、长沙地区四个分指挥部。指挥部的任务是"为了加速发展农业生产,在1970年以前打好一个建设3000万亩基本农田的歼灭战"。

1964年,制定水土保持区划研究计划。省水电厅1964年10月编制《湖南省水土保持区划研究计划提纲(草案)》,要求通过调查研究,探索水土流失规律,并作出全省综合性的水土保持区划,为全省系统地、分期分批地开展水土保持工作提供依据。12月下旬,确定将原有112个水土保持试验站除留下蒸水站作为中心试验站外,其余均下放给所在地区领导,但业务上仍由省水电厅工程灌溉管理局和省水利电力科学研究所领导。

1964年,成立井灌办公室。省农田基本建设指挥部11月组织省水电厅设计院、省地质局、省冶金厅、省煤炭局和长沙勘测设计院等单位干部13人成立井灌合署办公室。其任务有三:一是搜集全省有关水文地质资料特别是自流钻孔资料,编制衡邵丘陵地区地下水利用规划图;二是以湘潭为试点,进行重型机械打孔试验;三是边规划、边行动,开展井灌工作。

1964年,发布《湖南省机电排灌经营管理试行办法(草案)》。1964年,省人民政府发布了《湖南省机电排灌经营管理试行办法(草案)》,共分11章45条。对机电排灌设备的所有权和经营形式、组织机构与人员配备、建站规划、机务管理、用水管理、财务管理、物资供应等项作了具体明确的规定。

1964年,公布《关于各种水利设施征收水费试行办法》。1964年,省人民委员会公布了《关于各种水利设施征收水费试行办法》,具体规定:农田灌溉用水可按田面等级分类收费,或按实际用水量计征,每亩收费0.5~1.0元。

1964年,发布《湖南省农村水电站供用电规则(草案)》。12月,省人民委员会发布《湖南省农村水电站供用电规则(草案)》,分为总则、供电种类及方式、用电设备的装修接电、电气设备的维修管理、收取电费办法、违章用电处理和附则共7章。

1971年,水利部召开长江中下游规划座谈会。11月2日,水利部召开长江中下游规划座谈会,会上重申:1954年型洪水重现,为控制城陵矶水位33.95m(今后逐步提高到34.4m),需要洞庭湖和洪湖各承担160亿m³蓄洪任务。湖南在会上也提了根治洞庭湖的南北分流方案和控制调洪、河湖分家、堵支并流、束水攻沙方案。

1972年,召开全省水利管理工作现场会发布水利管理试行办法。3月12~20日,在韶山灌区召开全省水利管理工作现场会议。会议讨论了水利管理试行办法,1972 年 10 月由省水利电力局、省财政金融局、省劳动工资管理局和省粮食局联名发布。

1973 年,开展全省水利大检查。根据全国水利管理会议精神,从 2 月 7 日在全省范围内开展水利大检查,在"五查"(查工程建设和投资使用、查工程安全、查工程效益、查综合利用、查管理现状)的基础上,做好"四定"(定任务、定措施、定计划、定体制)工作。根据检查摸底,全省已建工程的蓄引提总水量已达 250 亿 m³,有效灌溉面积 3500 多万亩,旱涝保收面积 2500 多万亩,国家用于水利建设的投资达 15 亿多元。对检查中发现的水利建设和管理中的诸多问题进行了严格的梳理,分清责任、明确任务,限时逐步整改完善。

1974 年,发布《批转省水利电力局关于加强小水电、水轮泵的建设和农电管理的报告》。11 月,省革委会以湘革发〔1974〕121 号发出《批转省水利电力局关于加强小水电、水轮泵的建设和农电管理的报告》。其中关于小水电部分指出:"应坚持谁建、谁管、为谁所有和以站养站的原则,单机组容量在 500kW 以下的水电站,积累资金不纳入地方财政收入,按月上交县、市水利部门专户存放银行,主要用于工程维修和扩大农村电力事业的发展,并免征工商所得税。"

1975 年,颁布农村用电管理条例,召开农电技术革新经验交流会。5 月 24 日,省水利电力局颁发《农村社队用电管理暂行条例(草案)》。该条例包括总则、组织领导、任务和职责范围、管理制度和经济待遇等共 14 条。11 月 6—10 日,省水利电力局又在南县召开全省农电技术革新经验交流会,就低压触电保安器和地埋线两项农电技术革新进行了专题讨论和技术座谈。

1975 年,病险库处理及汛期垮坝事件。1974 年冬季以来,全省结合水利冬修开展了病险库的处理,至 1975 年 9 月底,全省计划处理的病险库已处理 1843 座,占计划的 70.6%,正在处理的 356 座,占计划的 13.6%。8 月初,受三号台风影响,部分地区发生暴雨或特大暴雨,导致山洪危害。15 座小型水库先后垮坝失事。省水电局 12 月下旬召开各地市水利管理和水利基建负责人座谈会,传达贯彻全国防汛和水库安全会议精神,研究水库的防洪标准和加固措施,并要求在明年汛期前把全部病险库处理好。

1979 年,推广水库养鱼工作。水利部、水产总局、财政部 1979 年初在广东省东莞县召开水库养鱼和综合经营会议,随后又由国务院批转会议报告并明确水库养鱼由水利水电部领导。水电部、财政部随即下达湖南 250 万元养鱼补助费,由省水电局分配到 43 座水库。6 月上旬,召开全省水库养鱼工作会议,研究制定了全省水库养鱼发展规划并讨论了水库养鱼管理办法,还邀请省水产局和水产研究所的技术人员就如何利用水库水体,实行各类鱼混养,提高水库养鱼产量等问题举办了技术讲座。1981 年,省人民政府召开了全省水产工作会议,随后由省人大常委会批准颁布《湖南省渔业管理暂行条例》。全省养鱼水面至 1981 年底已达 95 万亩,占水库可养鱼水面的 80%。

1979 年,洞庭湖航道普查。省交通局航道普查办公室 1979 年 7—10 月组织人员进行洞庭湖航道普查,12 月提出了《洞庭湖航道普查报告》。据载:洞庭湖区航道由四水洪道、四口江流、天然湖泊和人工河渠以及天然河道组成,航道间纵横交错、干支相连,构成了湖区水运网。现有通航河流(河段或航线)147 条,通航里程 3276km。其中:主要河流航道 26 条、1479km(常年航道 16 条、960km,季节性航道 10 条、519km);一般航道 121 条、1797km(常年航道 59 条、817.5km,季节性航道 62 条、979.5km)。

1979 年,全省水能资源普查。在水利电力部统一部署下,全国从 1977 年开始水能资源普查工作,湖南 1979 年完成第二次水能资源普查(第一次是 1958 年),根据普查成果:全省河长大于 5km 的河流共 5341 条,其中流域面积在 500km² 以上的河流 115 条。省境内各河流的水能理论蕴藏量 1532.45 万 kW,理论蕴藏量大于 10000kW 的河流有 132 条,大于 1000kW 的河流有 1280 条。全省可开发的容量 500kW 以上水电站共 1024 处,总装机容量 1083.84 万 kW,年发电量 488.91 亿 kW·h。全省可开发的小水电资源共为 414.64 万 kW。

1979 年,发布小水电有关文件。省水利电力局 1979 年 6 月发布《湖南省小水电运行规程》(分轮机组部分与电气部分两篇),10 月又发布《湖南省小型水电站设计文件编制与审批办法暂行规定》,该规定分为总则、设计任务书提纲、初步设计书编制提纲共三部分。

1980 年,水利部召开长江中下游防洪座谈会。会议于 6 月 20—30 日在北京召开,钱正英部长主持会议并作总结。会议指出,长江中下游洪水的成因是洪水来量大而河槽泄量不够。荆江沙市河段的安全泄量包括松滋、太平两口约为 61000m³/s,而宜昌站近百年峰量超过 6 万 m³/s 的即达 21 次。城陵矶以上汇合洪峰在几个大水年都约 10 万 m³/s,而城陵矶河段现有安全泄量只有 6 万 m³/s。会议重申,近 10 年的防洪任务是遇 1954 年同样严重洪水,要确保重点堤防的安全,努力减少淹没损失。会上还明确了今后一个时期长江中下游防洪工作的重点是加高加固堤防、停止围垦湖泊、继续有计划地整治上下荆江以及有计划地扩大泄洪能力。湖南根据会议精神,选定沅澧、大通湖、华容钱粮湖、烂泥湖、松澧、沅南、育才乐新、安保、安造、湖滨南湖十大圈作为重点堤垸,按 50 年一遇防洪标准进行堤防建设,其余一般堤垸仍维持原定 20 年一遇的防洪标准。

1980 年,提出《洞庭湖资源综合考察报告》。省革命委员会 1979 年 95 号文件决定,进行洞庭湖资源综合考察,指定由省水利厅牵头并组织省内水利、水文、水产、造纸、交通、血防、环保及科研、教学等 18 个单位的有关人员,还邀请国务院环保办、水利部规划设计管理局、中国科学院南京地理研究所、长江流域规划办公室等派人指导,组成包含 50 名成员的洞庭湖资源综合考察队。1980 年 10 月出发,11 月下旬完成野外调查任务,12 月提出考察报告书。《综合考察报告》分：工作概况、洞庭湖区的现状、洞庭湖存在的问题、洞庭湖的治理设想和措施意见以及下阶段的工作意见共五个部分，此外还有：水利、航运、水产、芦苇、血防、环保共六个附件。

1980 年，发布《关于加强洪道管理的通知》。4 月，省人民政府以湘政发（1980）35 号《关于加强洪道管理的通知》中，明确规定："洪道属国家所有，任何单位和个人不准人员侵占洪道面积，不准在洪道内从事阻碍宣泄洪水的生产活动，不准修建影响防洪安全的阻水工程和不得在洪道内栽种芦苇、鸡婆柳"。

1981 年，水利部为解决湖北、湖南两省边界水利纠纷组织现场查勘。1981 年 1 月 10 日、2 月 21 日、5 月 7 日，湖北省人民政府三次转发湖北省公安县的电报："湖南在荆江南岸松滋、虎渡、藕池、调弦四口下游堵坝，致使这些河流水位抬高，威胁堤防安全和长江干流防洪"。省人民政府随即派人实地调查并召集澧县、安乡、南县、华容四县水利局负责干部座谈，5 月 18 日写了《关于洞庭湖四口河道堵坝问题的调查情况》分致水利部、长江流域规划办公室和湖北省人民政府。水利部指定长江流域规划办公室 6 月 7—17 日组织现场查勘。由长江流域规划办公室、水利部同志以背靠背方式分别听取了湖南、湖北两省的意见。湖南方面对相关问题进行了必要的澄清，并对如何处理两省边界水利纠纷提出了一些建设性意见。经勘查组的调解及双方的沟通，双方达成谅解。

1981 年，省水利厅颁布水利基本建设有关文件。本年颁发了下述文件：《湖南省水利基本建设工程大中小型划分标准及审批办法（试行）》《湖南省水利基本建设工程计划任务书编制提纲（试行）》《湖南省河流规划分工和审批权限的暂行规定（试行）》《湖南省水利水电物资供应管理工作细则》《湖南省水利水电施工机械管理规则》《关于水利水电工程管理养护范围划定标准的意见》等。

1982 年，公布《湖南省洞庭湖区水利管理条例》。省第五届人民代表大会常务委员会于 4 月 1 日发布第 5 号公告，公布《湖南省洞庭湖区水利管理条例》，共 16 条。此条例对水利管理的范围和权限问题、防洪问题、垸内调蓄湖泊问题、堤费、排灌费、水利粮问题等作了明确的规定。

1983 年，量算洞庭湖面积容积并提出成果。新中国成立后，长江水利委员会洞庭湖工程处曾于 1954 年用 1∶2.5 万地形图量算洞庭湖的高程面积容积；60 年代，长江流域规划办公室和省水电勘测设计院曾用进出湖水量平衡计算洞庭湖容积曲线，但底水部分无法解决。省水电勘测设计院 1983 年组织人员根据 1974—1978 年该院航测队实测 1∶1 万地形图资料量算出面积容积，提出的成果为：湖泊面积 2691.2 km²，湖泊容积 174 亿 m³。1954 年量算的面积为 3915 km²、容积 268 亿 m³；1977 年量算的面积为 2740 km²、容积 178 亿 m³。在此次量算洞庭湖面积过程中，一并量算了湖洲和芦苇的面积，在全湖面积 2691.2 km² 中，有湖洲面积 1688 km²,芦苇面积 600.6 km²,各占全湖面积的 62.7％和 22.3％。洞庭湖已分割成为东洞庭湖、南洞庭湖和西洞庭湖(包括七里湖、目平湖),各湖的面积分别为:东洞庭湖 1327.8 km²,南洞庭湖 920 km²,目平湖 349.5 km²,七里湖 93.9 km²。据史料记载秦汉以前,即约 2000 年以前,洞庭湖原为君山附近的一小块水面,方圆二百六十里。在长江和汉江大量洪水涌入云梦泽的同时,大量泥沙也被带到云梦泽沉积,使云梦泽调蓄能力逐渐消失,洪水南移,致使洞庭湖逐渐扩大。南连青草湖,西吞赤沙湖。全盛时期,也就是 1640—1825 年,湖面约 6000 km²,容积约 400 亿 m³,号称"八百里洞庭"。1860 年长江洪水冲破藕池口,形成藕池河。1870 年长江大水冲破松滋口,形成松滋河。再加上 1168 年形成的太平口,1570 年形成的调弦口(1958 年堵塞),这样长江洪水和泥沙滚滚注入洞庭湖,从此洞庭湖由大变小。到 1949 年新中国成立时,仅为 4350 km²,容积为 290 亿 m³。

1983 年,全省水利水电系统专门人才现状调查。10 月 29 日至 11 月 14 日,省水利水电厅根据中央统一布置,1983 年进行了全省水利水电系统专门人才现状调查,并编制了《专门人才现状调查表》。据该表统计:全省水利水电系统专门人才共计 6585 人。按文化结构分类:本科毕业 977 人,占 14.8％;专科毕业 1009 人,占 15.3％;中专毕业 3499 人,占 53.2％,其他 1100 人,占 16.7％。按职称结构分:高级工程师 5 人,占 0.08％;工程师 1102 人,占 16.74％;助理工程师 1878 人,占 28.52％;技术人员 2175 人,占 33.02％;其他 1425 人,占 21.64％。

1984 年,成立湖南省水利志编纂委员会。省水利水电厅根据水利电力部的历次文件精神,1984 年 4 月 20 日发布湘水电办字〔1984〕第 10 号文件,决定成立水利志编纂委员会。湖南省志自光绪年间至今,已百余年未再纂修。省委曾于 1958 年作出编纂省志的决定,后因"文化大革命"而被迫停顿;当时属于《农林志》的水利篇虽写出部分材料,但底稿全部散失,资料也荡然无存。1979 年 10 月,省委决定恢复省志编修,并单独设置水利专志。

1984 年,电力系统所属水电站提取库区维护基金。1984 年 5 月下旬,经省人民政府和水电部协商决定,从 1981 年起至 1999 年,从电力系统所属柘溪、凤滩、沙田、白渔潭 4 个水电站按每度电 0.1 分钱的标准(扣除厂用电)提取库区维护基金,交由省人民政府安排解决这 4 座水库库区移民遗留问题。

1984 年,水电部派员来湘处理大、小电网矛盾。水利电力部副部长赵庆夫以及部农电司司长唐仲南 1984 年 8 月初来湘,对大小电网矛盾作了如下处理:一是将双牌水电站划归省水利水电厅管理;二是组织省水利、电力两家讨论修改《关于积极发展小水电的规定》中关于大小电网关系部分;三是根据赵庆夫副部长提议并经省人民政府同意,成立"湖南省农电联合小组",协调处理农村电力建设、管理和大小电网的关系问题。

1984 年,完成水土保持区划报告简本,召开水土保持工作会议。省农业区划水土保专业组 1984 年 8 月提出《湖南省水土保持区划报告》简本,分为水土流失概况和水土保持两部分;省水利水电厅 1984 年 11 月 25—30 日在衡东县召开全省水土保持工作会议,总结小流域治理的经验并部署下年度工作任务,还代表全国水土保持协调小组向衡东、岳阳、宁乡等 6 个先进单位和 2 位先进个人授奖。据区划报告简本所载:全省现有水土流失面积 44000km^2,占全省总面积的 20.8%,占山坡面积的 34.4%。侵蚀类以水蚀为主,在水蚀中片蚀占流失面积的 95.37%。侵蚀程度为:轻度占 47.33%、中度占 32.36%、强度占 20.28%。全省除南县、安乡、沅江纯属湖区无明显流失外,其余各县均有不同程度的水土流失。湖南水土保持工作始于 1953 年,从办点示范逐步发展到以小流域为单元的集中综合治理。开展重点治理的流域有 36 条,流域面积 1512km^2;原有水土流失面积 785km^2,现已初步控制 514.9km^2。据 1983 年底统计,全省已完成初步治理水土流失面积 12600 km^2,造林保存面积约为 4000 万亩,封山育林面积 3800 亩。为加强水土保持工作的领导,省人民政府于 1984 年 3 月成立保持工作领导小组,由副省长曹文举、顾问史杰任正副组长;省水利水电厅成立水土保持办公室;有重点治理任务的各地、州、市县也分别成立了相应的机构。

1985 年,获国家重大科技进步成果一等奖。1985 年,湖南省水利水电勘测设计院参与完成的《水库优化调度理论及推广应用》获国家重大科技进步成果一等奖。

1985 年,全省县管以上水利工程管理单位职工纳入城镇集体计划管理。9 月 28 日,经省人民政府同意,省计委、省劳动人事厅、省公安厅、省粮食厅、省水利水电厅联合发出通知,将湖南省县管以上水利工程管理单位的部分职工纳入城镇集体计划管理,由农业人口转为非农业人口,并供应定量口粮。到年底止,全省已转办 18822 人。

1985 年,成立《湖南水利》杂志编辑委员会。《湖南水利》1953 年创刊,1958 年停办,1981 年 3 月复刊。1985 年 6 月,成立新的编辑委员会。主任委员是傅声远,副主任委员是金德濂、顾知礼、皮颂孚,另有委员 21 人。同时成立编辑部,皮颂孚为主编,陈光耀、尹容光为副主编。

1986 年,省政府省人大颁布涉水法律法规。9 月 21 日,省人民政府发布《湖南省水利工程水费收交和使用管理办法》。12 月 2 日,省六届人大常委会通过《湖南省水土保持条例》。

1987 年中央派员来湘考察调研并征询《水法》修改意见。11 月 26—30 日,由全国人大常委会法制工作委员会副主任邬福肇同志带领的《水法》调查组一行 10 人来湖南省召开调查座谈会,并到常德地区、湘潭市进行了实地调查,省人大常委会负责人、王明湘厅长及厅相关负责同志参加。会议期间水利厅提出了《水法》的修改意见。

1988 年,确定厅属水电站归口管理。1 月 11 日,厅党组召开会议,研究水利水电厅所属水电站管理体制问题,确定水府庙、双牌、酒埠江 3 个电站实行站长(经理)负责制,并决定 3 个电站归口厅小水电公司管理。

1988 年,发出贯彻实施《中华人民共和国水法》的通知。7 月 2 日,湖南省人民政府发出《关于认真做好〈中华人民共和国水法〉贯彻实施工作的通知》,其中明确省水利水电厅为省人民政府水行政主管部门,负责全省水资源的统一管理和全省水利、地方中小水电和小火电的行业管理,各地(州)市、县水利部门为同级政府的水行政主管部门。

1989 年,推行大型水库"承包经营管理责任制"。1989 年,拟定《湖南省大中型水库千分制考核办法》,并付诸执行。总结推广桃源县前山桥等小型水库供水、管水经验,推广以物计收水费的办法,有 2 个地市、47 个县市颁布水费收谷物的文件,全省水费收入超过 1.1 亿元。

1989 年,理顺水政管理体制。全省已建地市级水政管理机构 5 个,县级水政管理机构 7 个。经省公安厅批准,已成立以骨干水利工程为依托的县派出所 20 个,正在筹建的有 8 个。2 月省政府成立全省水资源与水土保持工作领导小组,协调、审议全省水资源管理和水土保持工作。有 8 个地州市水电局设水资源科。

1989 年,颁布《湖南省水利水电工程管理办法》。2 月 25 日,省人民政府以湘政发〔1989〕6 号文件颁布《湖南省水利水电工程管理办法》。

1991 年,推广学习灌区管理经验。省政府颁发《关于学习推广千金、白马水库和韶山灌区经验,加强水利管理的决定》,在全省水利系统开展学先进赶先进活动。

1991 年,编制《湖南省水土保持规划纲要(1991—2000 年)》。1 月至 6 月底,省厅完成了《湖南省水土保持规划纲要(1991—2000 年)》的编写任务,并上报水利部。

1992 年,《大禹的传人》发表。1992 年,水利电力出版社出版传记文学《大禹的传人》,记录了史杰同志 40 年的治水事迹。湖南省省长陈邦柱曾高度评价他"史杰是湖南水利战线上的一面旗帜……"全国政协副主席钱正英曾高度评价他"史杰是水利界的一位楷模"。史杰(1919—1991),著名水利专家,他 17 岁参加革命,1939—1940 年在延安中央党校集中学习,1950 年春奉命随军南下湖南,从此与湖南洞庭湖和湘、资、沅、澧等湖泊、河流结下不解之缘,为湖南水利水电事业作出了巨大贡献,被尊称为"史龙王""大禹的传人"。

1992 年,全年水利经济综合经营概况。全省水利系统创办的各类经济实体突破 5000 个,综合经营总收入达 7.4 亿元,利润 9700 万元。各地涌现出一大批实体办得好、经济效益高、自身活力强的排头兵。特别是有相当一批工程管理单位开拓了乡镇供水、产品加工、新产品开发、技术服务、设备经营的新门路,出现一些年产值过 1000 万元、利润过 100 万元的典型。

1993 年,审议《湖南省实施〈中华人民共和国水法〉办法(草案)》。4 月 21 日,由陈邦柱省长签发湘府〔1993〕1 号议案,将《湖南省实施〈中华人民共和国水法〉办法(草案)》提请省人大常委会审议。受省人民政府委托,刘红运厅长向省人大常委会作水法实施办法的起草说明。

1993 年,长沙市、常宁县被评为全国先进水土保持监督执法试点单位。12 月 19—21 日,水利部在甘肃省兰州市召开全国水土保持监督执法试点工作会议。本厅农水局局长王玉楼等同志出席了会议。湖南省长沙市、常宁县、岳阳县为全国第一批水土保持监督执法试点单位,经验收全部合格。其中长沙市、常宁县被评为全国先进试点单位,获奖旗和资金。

1994 年,省政府批转省水电厅《关于加强我省水利管理的报告》。该报告首次明确了从农水费中拿出 10％用于乡镇水管站建设、拿出 10％用于发展水利经济等方面事业的重要政策,为水利管理工作开创新局面奠定了基础。全省有区、乡水利水电管理站 3197 个,共定编 13547 人,通过加强乡镇水管站建设,全省 1/3 的乡镇水管站有了站房,实现了自主理财目标。

1994 年,出台《湖南省征集防洪保安资金暂行规定》,自 1995 年元月 1 日起执行。

1994 年,颁布《湖南省实施〈中华人民共和国水土保持法〉办法》。11 月,《湖南省实施〈中华人民共和国水土保持法〉办法》经省人大常委会通过,正式颁布执行。

1995 年,明确全省乡镇水管站实行双层领导体制。12 月 13 日,省人民政府农村工作办公室、省水利水电厅发出《关于稳定乡镇水管站管理体制的通知》,进一步明确乡镇水管站原来实行的由县水利部门与当地乡镇政府双重领导的体制和管理办法。

1995 年,省人大、省政府审核、发布了一些水利管理文件。4 月 6 日,省政府以 43 号令发布了《湖南省实施〈中华人民共和国河道管理条例〉办法》。12 月 19 日,省政府以湘政发〔1995〕33 号文件发布了《关于加强水文工作的通知》,对加快湖南省水文事业的发展起到了积极作用。12 月 27 日,省人大常委会第 18 次会议审核通过了《湖南省洞庭湖区水利管理条例修正案》。

1996 年,出台贯彻执行《水土保持法》相关办法。3 月 1 日,省物价局、财政厅和水电厅以〔1996〕湘价费字第 81 号文颁布了《湖南省水土保持设施补偿费水土流失防治费征收管理试行办法》,标志着全省贯彻执行水土保持法迈出了有力的一步。

1996 年,贯彻落实发展地方水文水资源事业项目和经费等具体办法。6 月 5 日,为贯彻落实省政府湘政发〔1995〕33 号文件,省计划委员会、省财政厅、省水利水电厅以湘计农〔1996〕第 256 号文件发出《关于明确我省地方水文水资源事业项目和经费的通知》,明确了各级建立双重计划、财务体制中有关发展地方水文水资源事业项目和经费等具体办法。

1996 年,政府转发水利厅《关于发展水利经济有关问题的请示》。省政府以 1996 年 31 号文转发了我厅《关于发展水利经济有关问题的请示》,明确规定了优惠政策,对全省水利经济发展起到很大的推动作用。

1997 年,全省取水登记发证和水质监测网络建设基本完成。据统计,全省共办理取水登记 1.15 万户,占应发证的 92％,批复工业、生活取水量 46.59 亿 m³,批复水力发电取水量

823 亿 m³。经省政府同意在溆浦等 23 个县(市、区)开展水资源费征收试点工作。

1997 年,推进河道管理执法。全年全省清除河(洪)道芦苇 6126.7 公顷,翻耕灭苇 2800 公顷,清除行洪障碍 6500 多处、396 万 m³,刨毁阻水横堤 17 万 m³,河道行洪状况得到明显改善。省级主管部门依法审批河道内建设项目 22 处,对湘、资、沅、澧"四水"和洞庭湖区河道划界进行了修改完善,各地基本完成河道划界作业。

1997 年,执行新的大型水库调度方案。省政府第 148 次常务会议,专题研究了柘溪、五强溪、凤滩等大型水库的调度方案,明确水库汛期要坚持以防洪为主,严格控制汛期水位。会议决定:柘溪水库汛期水位 7 月 15 日前控制 162m,7 月 31 日前控制 165m,8 月 1 日以后视来水情况最高控制水位 169m,恢复到原设计的蓄水方案;五强溪、凤滩水库严格按原设计的蓄水方案运行,留足防洪库容。省防汛指挥部认真贯彻省政府常务会议的决定,下发通知规定大型水库汛期由省防汛指挥部直接调度。

1997 年,省政府发布水利管理文件。7 月 11 日,《湖南省水库和灌区工程管理办法》经湖南省人民政府第 165 次常务会议通过,以第 83 号省长令发布,自 1997 年 10 月 9 日起施行。7 月 21 日,省政府以湘政发〔1997〕23 号文下发了《湖南省人民政府关于印发〈湖南省水利建设基金筹集和管理暂行办法〉的通知》,要求全省各地自 1997 年 1 月 1 日起开始征缴水利建设基金。

1997 年,检查《水法》实施情况。10 月 6—18 日,王丙乾副委员长率领全国人大《水法》执法检查组对湖南省实施《水法》情况进行了检查。检查组先后听取杨正午省长和长沙市、岳阳市、益阳市常德市、湘潭市以及有关县(市)负责人关于实施《水法》情况的汇报,实地考察了长沙市第二污水处理厂、洞庭湖、湘江、资水、沅水、澧水、五强溪水电站、韶山灌区等江河湖泊和水利工程,与基层水利部门的同志进行了座谈。杨正午省长和胡彪副书记在听取检查组意见后,要求全省各级各部门一定要研究措施,认真贯彻落实检查组的指示精神,依法治水,依法兴水。

1997 年,启动湖南防汛指挥系统建设。12 月 30—31 日,由省委、省政府领导胡彪、王克英、庞道沐同志主持,省计委、省水利水电厅组织,对水利厅牵头编制的《洞庭湖区防洪调度指挥系统总体方案及可行性研究报告》进行审查,中国科学院、国家防总及有关单位领导、院士、专家 80 余人参加了审查,其后,湖南防汛指挥系统建设开展启动。

1998 年,何江波获中华技能大奖。2 月 6 日,道县水文站站长何江波荣获"中华技能大奖",这是全国水利系统和湖南省首位此项大奖获得者,同时,永州水文水资源局聂红胜荣获"全国技术能手"称号。

1998 年,开展"水行政执法活动月"。4 月 1—30 日,在全省范围内开展了"水行政执法活动月"活动,共查处严重水事违法案件 400 多起,挽回直接经济损失 1000 多万元,消除了一些重大防洪安全隐患。

1998年,水利水电工程建设相关办法施行。水建处编制并以湘水电水建字〔1998〕第5号文颁发《湖南省水利水电工程设计概算编制办法及费用标准》,1998年7月1日开始执行。水建处编制并以湘水电水建字〔1998〕第15号文颁发((湖南省水利水电工程建设项目施工招标投标管理实施办法》等有关规定,1998年10月1日开始施行。

1998年,改革灌区水费计收办法。3月16—28日,由省水利工程管理局组织的湖南省大型灌区转换经营机制及节水技术推广考察学习组,到浙江、河北、辽宁、湖北等省参观考察学习灌区建设及管理的经验。湖南省双牌、黄材、酒埠江、铁山等灌区,借鉴外省经验,建立支渠用水户协会,改革水费计收办法,大力推行节水灌溉技术,取得了明显的经济效益。

1998年,全面启动全省小型水利产权制度改革。全省山丘区水利管理工作会议于11月20日在龙山县召开,总结和推广了龙山县拍卖小型水利设施的经验。各地州市主管水利管理的负责同志及16个水利产权制度改革试点县的领导参加了会议。全省小型水利产权制度改革全面启动。

1999年,省厅开展"三讲教育"。3月9日至5月25日,省厅作为省直三个试点单位之一,在厅级领导班子和领导干部中开展了以"讲学习、讲政治、讲正气"为主要内容的党性党风教育。厅领导高度重视,全力投入,共收集到1075条意见,提出了38条整改措施。

1999年,出台三个重要文件。11月20日,制定完成"湖南省防洪总体规划"。12月16日,省政府常务会议审议并原则通过《湖南省取水许可和水资源费征收管理办法》。12月29日,省政府办公厅以湘政办发〔1999〕35号批转了《湖南省小型水利设施产权制度改革的意见》,为全省正在广泛开展的小型水利设施产权制度改革提供了政策依据。

1999年,开展行政执法检查。8月16日至9月30日,省委、省人大开展以《水法》《防洪法》为主兼《森林法》和《水土保持法》的综合执法大检查,这是湖南省历年来规模最大的一次行政执法检查。

2000年,发布湖南省水资源公报。5月,以全新的彩色版面率先在全国发布《湖南省水资源公报》,编制质量得到水利部及相关部门的好评。

2001年,加强水利立法与水行政执法监督。12月15日,省政府常务会议审议通过《湖南省实施中华人民共和国防洪法办法》,并于2001年3月30日正式颁布实施。同时,《湖南省水文管理办法》进入立法程序。在水政执法监督上,截至年底,全省共有10个市州和82个县市区挂牌成立了水政监察支队或大队,全省水政监察人员已达4600多人;全省累计查处各类涉水违法案件1612起,查处率达92%,挽回直接经济损失539万元。调处水事纠纷952起,调处率95%。完成河道划界1.043万km,占应划界河流的44%,埋设界碑界桩5732个,编制完成划界认定书3742份。

2001 年,编制湖南省有关水利规划。《湖南省水土保持生态环境建设规划》历时两年编制完成,并于 4 月 5 日通过专家评审论证;同时还完成了国家防洪数据库(湖南水库部分)的编制工作,共收录 15 座大型、267 座中型水库的基本数据资料。4 月 25 日,全省水利科技大会召开,制订了《湖南水利科技发展规划(2001—2015)》及《湖南省"十五"期间水利科技发展计划》,出台了《湖南省水利厅关于加强水利科技工作的意见》,为发展水利科技确定了方向和目标。

2001 年,地下水管理职能划归省水利厅。12 月 5 日,省人民政府以湘政办函〔2001〕176号文正式批复,同意将原省建委承担的城市规划区地下水资源费的征收管理职能和原省地质矿产厅承担的地下水行政管理职能交给省水利厅承担,这标志着湖南省省级地下水资源管理体制已基本理顺,实现统一管理。

2001 年,《湖南省实施〈中华人民共和国防洪法〉办法》颁布实施。3 月 30 日,《湖南省实施〈中华人民共和国防洪法〉办法》通过省 9 届人大常委会第 21 次会议审议并颁布实施,随后举行了新闻发布会;并组织省、厅领导的署名文章在《湖南日报》上发表,为该法的正式实施在全省作了大范围的舆论引导。

2001 年,完成第三次全省土壤侵蚀卫星遥感普查工作,建立了全省土壤侵蚀现状、土壤侵蚀强度分级等水土流失基本数据库。

2002 年 1 月 1 日,省水利厅水利网站开通试运行。

2003 年,对严重违背招投标法的两起施工招标进行查处。1—5 月,对两起严重违背招投标法的长沙县赤石河闸除险加固及资兴市鲤鱼江电站土建施工招标进行了查处,有力地维护了法律的权威。

2002 年,开展全省水域"严打"整治活动。3—6 月,根据省政府统一部署,在全省水域开展了"严打"整治活动,对全省河道内违法行为进行了严厉打击,使湖南省河道管理范围内生产作业秩序有了明显好转。

2002 年,省厅受理全省第一起水纠纷行政复议案。4 月 19 日,湖南省中电房地产建设开发有限公司不服长沙市水利局对其作出的行政处罚决定,向省厅提起行政复议。这也是《行政复议法》颁布实施以来省厅受理的第一起行政复议案。经省厅依法审理认为:长沙市水利局对省中电房地产建设开发有限公司作出的行政处罚决定,认定事实清楚,程序合法,处罚适当。5 月 28 日,省厅作出了维持原行政处罚决定的行政复议决定。

2003 年出台多个涉水法律文件和政府规章。1 月 22 日,省人民政府办公厅以湘政办发〔2003〕4 号文转发省水利厅《关于加强小型水库安全管理的意见的通知》,进一步规范小型水库安全管理。4 月 8 日,省政府常务会议审议原则通过《湖南省取水许可和水资源费征收管理办法》,于 8 月 1 日正式施行。《湖南省水利工程水价核定及水费计收使用管理办法》

(湘政发〔2003〕17号)重新制定颁布,并于2004年1月1日实施。6月2日,省政府常务会议讨论原则通过《湖南省水文管理办法》,6月24日以省政府174号令正式颁布施行。9月1日,省人民政府办公厅以湘政办发〔2003〕29号转发了省计委《关于加快发展农村水电的意见》。12月8日,《湖南省实施〈中华人民共和国水法〉办法》由省政府常务会议讨论原则通过。

2003年,制定了《湖南省水利厅机关财务管理暂行办法》。3月20日,为配合财政体制改革、规范厅机关财务管理,于3月20日制定了《湖南省水利厅机关财务管理暂行办法》。当月收回长期借款200多万元。

2003年,全省提灌泵站普查。7—9月,配合水利部对全省山丘区提灌泵站进行了普查,普查结果为全省大中型水轮泵站47处,设计灌溉面积147.039万亩,实际灌溉面积97.529万亩;中型电灌站65处,设计灌溉面积134.86万亩,实际灌溉面积107.458万亩;中型河坝工程44处,设计灌溉面积117.393万亩,实际灌溉面积97.806万亩。8月中旬,编制完成了《湖南省农业结合开发水利骨干工程(重点中型灌区骨干工程)建设规划》。

2003年,成立湖南省水利工程管理体制改革领导小组。8月26日,省政府以湘政办函〔2003〕144号文成立"湖南省水利工程管理体制改革领导小组",杨泰波副省长任组长,省政府陈吉芳副秘书长、省水利厅王孝忠厅长任副组长,省计委、财政、人事、劳动、农办、水利、地税、工商、物价等部门负责同志为成员。领导小组办公室设水利厅。

2003年,启用水利工程供排水统一发票。配合《水价办法》的实施,10月8日水利厅和地税局联合以湘地税发〔2003〕73号文件将湖南省的行政事业性收费——水利工程水费转为经营性收费;减免水利工程水费的相关税赋,自2003年10月1日起启用由省地税局印制的全省统一的水利工程供排水发票。并与省物价局联合制定了《湖南省水利工程水价测算指南》一书,同时和省物价局成本测算队联合完成对全省16个大型灌区的供水成本测算。

2003年,水利厅印发行政审批相关文件。11月,印发了《湖南省水利厅行政审批责任追究办法》,并在湖南水利网站公布了《湖南省水利厅行政审批程序性规定》和《湖南省水利厅行政审批责任追究办法》。

2004年,湖南在全国率先对中央直属电厂征收水资源费。省政府3月作出行政复议决定,维持了省厅对湖南华银株洲火力发电公司收取水资源费的具体行政行为,打开了水资源费全面开征的大好局面。这是湖南省率先在全国对中央直属电厂征收水资源费,得到水利部领导高度评价。其后,大唐公司耒阳发电厂和张家界水电开发有限责任公司相继提出行政复议,省政府经审查后作出行政复议决定,仍然维持了省厅对大唐公司耒阳发电厂和张家界水电开发有限责任公司征收水资源费的具体行政行为。经过努力,2004年省本级征收水资源费达到2300万元。

2004 年,郴电国际成功发行股票并上市。3 月 26 日,郴电国际股份有限公司成功发行 7000 万股 A 股股票,并于 2004 年 4 月 8 日在上海证券交易所正式挂牌上市,成为湖南省地方电力首家上市公司,首期募集资金 3.8 亿元,为全省地方电力体制改革提供了一个成功范例。

2004 年,《湖南省实施〈中华人民共和国水法〉办法》正式颁布施行。5 月 30 日,省十届人大常委会第九次会议修订通过了《湖南省实施〈中华人民共和国水法〉办法》,并于 2004 年 9 月 1 日正式开始实施。

2004 年,出台水利工程管理体制改革实施意见。2 月 27 日,省政府以湘政办发〔2004〕8 号文颁发了《湖南省水利工程管理体制改革实施意见》。该文件的出台,为全省水管体制改革提供了强有力的政策支持。

2004 年,颁发村镇供水工程管理办法。6 月 26 日,省厅以湘水工管〔2004〕32 号文颁发了《湖南省村镇供水工程管理办法》。该办法的出台,对加强和规范村镇供水工程运行管理和持续发挥效益起到重要作用。

2005 年,《湖南省水功能区划》获批。1 月 17 日,省人民政府以湘政函〔2005〕5 号批复同意《湖南省水功能区划》实施,明确水利、规划、国土、环保等部门要认真执行水功能区划。湖南省水资源保护和水资源合理配置进入新的阶段。

2005 年,湖南省水行政许可窗口 7 月 1 日正式运行。2005 年,省厅相继出台了《湖南省水利厅行政许可窗口管理规定》《湖南省水行政许可省管范围及权限规定》,湖南省水行政许可窗口于 7 月 1 日正式运行,厅行政许可网站也于 9 月 15 日正式开通,省厅行政许可进一步规范,受到部、省有关领导的多次表扬。

2006 年,《湖南省 2005 年水资源情势报告》发布。报告表明,相对于 2004 年,全省优质水质的河长有所增加,但全省水资源环境质量状况并没有根本改善,尤其是洞庭湖水域水质有恶化的趋势,洞庭湖水资源保护和综合治理刻不容缓。

2006 年,水利部综合事业局与省水利厅签署"1+3"战略合作协议。签约仪式于 11 月 10 日在长沙举行,省领导肖捷出席,此举推动了湖南水利水电市场的开发,标志着三湘"水"市场崛起新势力。双方签署三个"子协议",将战略合作落到实处。在水电方面,新华水利水电投资公司与省水利电力公司先期注册资本 1.5 亿元,组建"湖南新华公司",开发新的水电资源,参与地方电网建设,3 年内投资规模超过 30 亿元。在水务方面,中国水务投资公司与省水利厅综合事业局共同注册资本 5000 万元,组建"湖南水务集团",参与城市水务的投资、建设、运营,在原水、输水、制水等领域进行开发,3 年内投资规模超过 5 亿元。在水工制造方面,江河机电装备公司与湖南水工机械公司合作,对皂市水工金属结构项目提供支持,湖南水工机械公司作为加工基地,今后承担江河机电装备公司委托的生产任务。

2006年,《湖南省水文条例》颁布实施。11月29日,湖南水文第一法《湖南省水文条例》经省人大常委会第23次会议审议通过,将于12月1日开始实施。《湖南省水文条例》的颁布实施,标志着湖南省水文工作进入法制化轨道,是湖南省水文发展新的里程碑。

2007年,省政府专题研究农村饮水安全工作。3月28日,周强省长主持召开政府常务会议,专题研究全省农村饮水安全工作。下阶段要按照"十一五"期间解决750万农村人口饮水安全规划,抓好前期工作、落实项目资金,强化项目建设管理。今年解决150万农村人口饮水安全问题,并列入全省为民办"八件实事"。

2007年,水利英模何江波出席党的十七大。10月25日,省水利厅党组邀请十七大代表、全国五一劳动奖章获得者何江波同志对十七大会议精神进行了传达,在厅领导、厅机关全体党员、离退休党支部书记、离退休厅级领导、在厅直单位班子成员和厅直电站党政主要负责人参加了会议。会上,厅党组书记、厅长张硕辅传达了省委关于学习宣传贯彻党的十七大精神的有关精神,并就全省水利系统进一步学习宣传贯彻党的十七大精神作了全面部署。

2007年,省人大颁布全国首部省级水资源开发管理法规。7月28日,《湖南省水能资源开发利用管理条例》(以下简称《条例》)经湖南省第十届人民代表大会常务委员会第28次会议通过,自2008年1月1日起施行。该《条例》的出台,对规范湖南省的水能资源管理有了法律依据,是湖南省自主立法的地方法规,也是全国首部省级水能资源管理法规。

2008年,专题研究"四无"水电站整改联合督办工作。11月4日,省厅组织召开了"四无"水电站整改联合督办工作会议,专题研究"四无"水电站整改联合督办工作。参加此次会议的有省发改委、省经委、省工商局、省安监局、国家电监会长沙电监办等单位相关部门的负责同志,以及省厅"四无"水电站清理整顿工作领导小组成员单位的领导。厅党组成员、副厅长廉世界同志出席会议并作了重要讲话。

2009年,全省流域综合规划和洞庭湖区综合治理规划通过审查。7月3日,《湘江流域综合规划意见》《资水流域综合规划意见》《沅水流域综合规划意见》《澧水流域综合规划意见》《溇水流域综合规划意见》《酉水流域综合规划意见》和《珠江流域综合规划意见》(统称"全省流域综合规划")审查会议在长沙召开。7月10日,《湖南省洞庭湖区综合治理规划报告》和《长江流域综合规划简要报告(湖南部分)》审查会议在长沙召开。

2009年,湘粤两省防办签署合作协议。12月10日,广东省防汛防旱防风总指挥部与湖南省防汛抗旱指挥部在长沙共同签署"北江流域防汛抗旱应急管理合作框架协议",粤湘两省在跨境河流防汛抗旱应急管理协作方面迈上了新台阶。

2009年,湖南省水能资源管理立法及施行被列入全国农村水电年度十件大事。6月11日,为贯彻落实《湖南省水能资源开发利用管理条例》,省政府办公厅出台了《关于加强水能资源开发利用管理工作的意见》(湘政办发〔2009〕41号)。该意见的出台被水利部评为"全国农村水电 2009 年十件大事之一"。

2009 年,《湖南省洞庭湖水利管理条例》实施。12 月 31 日,省人大、省政府联合召开贯彻实施《湖南省洞庭湖区水利管理条例》新闻发布会,省人大常委会副主任蔡力峰、省人民政府副省长徐明华出席会议并讲话。

2011 年,出台贯彻落实《中共中央国务院关于加快水利改革发展的决定》的实施意见。2 月 17 日,省委省政府出台贯彻落实《中共中央国务院关于加快水利改革发展的决定》的实施意见(湘发〔2011〕1 号),文件明确今后 5～10 年湖南省水利改革发展的目标任务,并对全省水利建设重点、水利投入机制、实施最严格水资源管理制度、加快水利发展体制机制创新等作出全面安排与部署。这是新中国成立以来,湖南省水利改革发展史上第一个纲领性文件。

2011 年,启动湖南省水利普查。2 月 28 日,湖南省水利普查领导小组第一次全体会议召开。湖南省水利普查领导小组组长、副省长徐明华,副组长、省政府副秘书长陈吉芳,副组长、省水利厅厅长戴军勇等出席会议。

2011 年,出台湖南省水利建设基金筹集和使用相关办法。8 月 30 日,省政府出台《湖南省水利建设基金筹集和使用管理办法》(湘政发〔2011〕27 号),明确湖南省未来十年水利建设基金的筹集来源、标准及管理使用等规定。9 月 1 日,省财政厅、省水利厅联合印发《关于从土地出让收益中计提农田水利建设资金有关事项的通知》(以下简称《通知》),要求各地贯彻落实中央和省委"一号文件"有关规定,从本级政府土地出让收益中划缴 10% 作为农田水利建设资金。

2011 年,重点水利工程招标首次使用合理定价评审抽取法。2011 年 9 月 27—28 日,湖南省洞庭湖区蓄洪垸堤防加固工程 2011 年度实施项目招标随机确定标段现场会在母山基地举行,合理定价评审抽取法首次在湖南省重点水利工程建设项目招投标中成功试水。省水利厅党组成员、纪检组长邵建希及监察厅、发改委、财政厅、洞庭湖水利工程管理局和项目所在市(县)水利部门的有关领导和代表,以及来自全国各地的 200 多家施工企业法人代表,参加了湖南水利系统"双摇号"阳光招标——摇号随机确定每个标段的投标人。省洞庭湖水利工程管理局局长沈新平主持 27 日上午的招标仪式。

2011 年,第一届亚欧水资源合作研讨会在长沙举办。8 月 22 日,外交部、科技部和湖南省人民政府共同在长沙举行"亚欧水资源研究和利用中心"成立仪式暨第一届亚欧水资源合作研讨会。省委书记、省人大常委会主任周强在会前会见了与会的国外嘉宾。出席"亚欧水资源研究和利用中心"成立仪式暨第一届亚欧水资源合作研讨会的领导和嘉宾有外交部副部长吕国增、科技部副部长王伟中、水利部副部长胡四一、湖南省人民政府省长徐守盛、老挝外交部副部长、老挝亚欧首脑会议高官本格·桑松萨、匈牙利城市地方发展部副国务秘书克林格·伊斯特万,出席成立仪式和研讨会的还有水利部国际合作与科技司及澳大利亚、比利时、柬埔寨、法国、德国、匈牙利、印度、印度尼西亚、意大利、韩国、老挝、马来西亚、波兰、罗马尼亚、俄罗斯、新加坡、泰国、越南共 18 个国家的嘉宾和专家以及中国有关部委、大学、科研院所、企业的嘉宾和专家。副省长郭开朗主持成立仪式和研讨会。湖南省水利厅是"亚欧水资源研究和利用中心"成立仪式暨第一届亚欧水资源合作研讨会的协办单位之一,省厅戴军勇厅长、甘明辉总工程师及厅有关处室负责人出席了会议。

2012 年,出台《河道采砂管理办法》等政府规章。3 月 1 日,省人民政府下发《关于印发〈湖南省河道采砂管理试行办法〉的通知》,明确建立"政府主导、水利主管、部门配合"的管理体制。这是省政府第一次就河道采砂管理出台专门规范性文件,年内形成了以《湖南省河道采砂管理试行办法》为基础,以《湖南省河道砂石开采权有偿出让管理办法》《湖南省河道采砂许可证发放管理试行办法》《湖南省河道砂石资源有偿使用收入管理办法》《湖南省河道砂石资源管理价格管理暂行办法》为配套的法规制度体系,全省河道采砂长效管理机制加快建立。6 月 20 日,省人民政府以湘政函〔2012〕135 号文批复《湖南省湘资沅澧干流及洞庭湖河道采砂规划(2012—2016 年)》。9 月 10 日,湖南省物价局、省水利厅联合印发《湖南省河道砂石资源价格管理暂行办法》。

2013 年,颁布施行《湖南省实施〈中华人民共和国水土保持法〉办法》。该《办法》11 月 29 日经湖南省第十二届人民代表大会常务委员会第五次会议审议通过,分总则、规划、预防、治理、监测和监督、法律责任、附则,共 7 章 33 条。

2013 年,《湖南省湘江保护条例》施行。4 月 1 日,《湖南省湘江保护条例》(下简称《条例》)2012 年 9 月 27 日经湖南省第十一届人民代表大会常务委员会第三十一次会议通过,自 2013 年 4 月 1 日起施行。该《条例》的出台,对促进湖南省"四化两型"社会建设和水利改革发展具有重要意义。

2014 年,《湖南省河道采砂管理试行办法》印发。6 月 19 日,省政府印发了《湖南省河道采砂管理试行办法》(湘政发〔2014〕19 号),进一步明确"政府主导、水利主管、部门配合"的河道采砂管理体制,对河道采砂统一规划、采砂许可、砂石资源出让等作出具体规定。

2015 年,举办水资源管理制度考核新闻发布会。3 月 19 日,省政府召开实行最严格水资源管理制度考核工作新闻发布会。2015 年,省人民政府将首次对实行最严格水资源管理制度的责任主体各市州政府进行考核,考核的内容包括最严格水资源管理制度目标完成、制度建设和措施落实等方面。这标志着湖南省水资源管理正式进入以量定需、严格实行"红线"管理的新时期。

2015 年,湘鄂两省联合开展长江边界河段非法采砂专项整治。9 月 10 日至 10 月 10 日,湘鄂两省联合开展了为期一个月的打击长江湘鄂边界河段非法采砂专项整治行动,通过这次专项整治行动,长江湘鄂边界水域大规模非法采砂聚集偷采的局面得到遏制,非法采砂行为得到惩处,采砂管理秩序得到恢复,有力保障了长江湖南段的防洪、航运和水生态安全。

2015年,湖南省2014年度洪水风险图编制项目技术大纲通过审查。5月5日,省防办在长沙组织召开湖南省2014年度洪水风险图编制项目技术大纲审查会,审查通过了沅南垸、钱粮湖垸、长沙市等11个重点地区的洪水风险图编制项目技术大纲。国家防办、全国风险图项目组、长江委防办、湖南省水利厅、洞工局、水文局,长沙、岳阳、常德、益阳防办以及项目承担单位的专家和代表参加会议。

2015年,湖南省2013年度洪水风险图编制项目成果通过审查。6月30日,省厅在长沙组织召开2013年度洪水风险图编制项目成果技术审查会,审查通过了烂泥湖大圈、松澧大圈、建设垸等7个重点地区的洪水风险图编制项目成果。全国洪水风险图项目组、长江防总办公室、长江科学院、长江设计院、省防办、省洞工局、省水文局和长沙、岳阳、益阳、常德防办以及项目承担单位的专家和代表参加会议。

2016年,规范水利工程建设市场管理和质量监督考核。在全省全面推行水利工程电子招标投标,率先制定《水利建设市场主体红黑名单管理办法》,共对18家企业记录20个不良行为,对违法违规的12家企业和2名从业人员进行了严厉处罚,对于预防工程建设领域腐败和确保工程质量等都具有重要作用。制定《湖南省水利厅政府合同管理规定》,全年共对36个合同进行合法性审查,有效防范了合同风险。在全省开展工程质量管理考核,出台了全省大中型水库工程管理验收考核办法及水库大坝安全运行管理三年行动计划,水利工程质量和管理效益明显提升。

2016年,本年度水资源情势。全省用水总量330.4亿 m^3,与上年基本持平;2016年人均综合用水量为484 m^3,比上年略有下降。万元GDP和万元工业增加值用水量分别为100 m^3 和68 m^3(均为当年价);按2015年可比价计算,万元GDP用水量为106 m^3,比2015年降低7.0%,比2010年降低37.7%,万元工业增加值用水量为76 m^3,比2015年降低6.2%。

2016年,编制完成全省水利发展"十三五"规划等系列文本。主要有:《全省水利发展"十三五"规划》《湖南省节约用水"十三五"专项规划》《湖南省节约用水管理办法》《湖南省江河湖库水系连通实施方案(2017—2020年)》《湖南省水功能区监督管理办法》《湖南省入河排污口监督管理办法》《关于加快推进水生态文明建设的意见》《湖南省"十三五"水生态文明建设工作实施方案》《湖南省实施"河长制"行动方案(2017—2020年)》。全省有80个重点项目纳入国家"十三五"项目库,临湘黄盖湖防洪治理、慈利宜冲桥水库新增纳入国家172项重大项目库,全省重大工程数量由12项增加到13项。

2016年,省政府印发《湖南省湘江保护和治理第二个"三年行动计划"(2016—2018年)实施方案》。根据实施方案,三年内通过实施山水林田湖系统治理与修复,流域56个省级重要饮用水水源地水质合格率达98.6%、141个水功能区水质达标率89.4%，Ⅱ、Ⅲ类水质占评价河长的98.5%，流域县以上城镇污水处理率达到93.3%，生活垃圾无害化处理率达到99.3%，流域森林覆盖率达57.26%，湿地保护率达72.64%，流域生态环境持续改善。

2016年，完成省级水土流失重点预防区和重点治理区划分。全省划分为6个省级水土流失重点预防区和5个省级水土流失重点治理区，共涉及13个市82个县（含重复县、市、区26个），预防治理总面积26880km²，占区域国土面积的17.06%，占全省国土总面积的12.69%。完成《湖南省水土保持规划（2016—2030年）》编制。规划近期新增水土流失治理面积7500 km²，远期新增水土流失治理面积26150 km²。

2016年，精简省级行政审批。省级行政审批由16项精简为11项，全面推行项目集中审查审批，项目审查费用由厅承担，规定公职人员不得收取任何审查费用，实现了"一次受理、一并办理、按时办结"，审查审批时限提速1/3。

2016年，推行农田水利工程建设管理改革。针对农田水利工程建设管理主体缺位、责任缺失、管护不到位等问题，按照"先建机制、再建工程、长效管理"的工作思路，积极推进水价综合改革、农田水利设施产权改革和创新运行管理机制试点，在长沙、茶陵、澧县、涟源4个县开展水权分配、农业综合水价、工程管护机制、社会资本引入、群众参与建设、基层水利服务体系等综合改革，做到试点引路、示范推广。

2017年，全面推行河长制。2月6日，省长许达哲主持召开第97次省政府常务会议，研究《关于全面推行河长制的实施意见》等工作，厅长詹晓安作专题汇报。省委办公厅、省人民政府办公厅印发《关于全面推行河长制的实施意见》。2月26日，全省全面推行河长制暨水利工作会议在长沙召开。省委副书记、省长许达哲出席会议并讲话，省委常委、常务副省长陈向群主持，副省长戴道晋作主题报告，副省长、省政府秘书长杨光荣、省政协副主席赖明勇出席。3月8日，为加大对河长制管理的社会监督力度，省河长制工作委员会在《湖南日报》发布省、市两级河长名单。

2017年，省政府正式印发两个水利规章。4月1日，省政府正式印发《湖南省河道采砂管理办法》，自4月1日起正式施行，要求各级人民政府按照"省授权、市审批、县监管"的原则管理河道采砂，明确提出实行统一规划，严格控制砂石开采总量，减少采砂船舶存量，加强执法巡查，严厉打击违法采、运砂行为。同日，《湖南省水利工程建设责任主体项目负责人质量终身责任制实施办法》正式印发。湖南省自4月1日起将全面实施水利工程质量终身责任制，水利工程建设主体项目负责人将被依法追究相应质量终身责任。

2017年，印发多个涉水文件。2月20日，省厅印发《关于迅速做好〈加快灾后水利薄弱环节建设实施方案〉小型水库安全运行管理的通知》（湘水办〔2017〕15号）。3月8日，省水利厅、省发改委联合印发《湖南省"十三五"水资源消耗总量和强度双控行动实施方案》（湘水资源〔2017〕8 号)。3 月 23 日,省卫计委、省水利厅联合印发《关于进一步加强农村饮用水水质保障工作的通知》(湘卫疾控发〔2017〕5 号)。5 月 24 日,省发改委、省水利厅印发《湖南省坡耕地水土流失综合治理专项建设方案(2017—2020 年)》。6 月 9 日,省发改委、省水利厅、省住建厅、省农委、省经信委、省科技厅、省教育厅、省质监局、省机关事务管理局共九部门联合印发《湖南省全民节水行动计划实施方案》(湘发改环资〔2017〕515 号),省厅印发《湖南省水库大坝巡视检查制度(试行)》(湘水建管〔2017〕28 号)。省发改委、省水利厅、省住建厅联合印发《湖南省节水型社会建设"十三五"规划》(湘发改环资〔2017〕514 号)。6 月 28 日,省厅出台《湖南省水利科技项目管理办法》(湘水办〔2017〕55 号)、《湖南省水利科技经费管理暂行办法》(湘水办〔2017〕56 号)。7 月 7 日,省厅下发《关于下放部分国家和省水土保持治理工程审批验收权限的通知》(湘水办〔2017〕60 号)。7 月 26 日,省政府办公厅转发了省财政厅、省水利厅《湖南省水利财政事权与支出责任划分办法(试行)》(湘政办发〔2017〕43 号),该办法是全国首个以省政府名义出台的水利财政事权改革的文件,标志着湖南省水利财政事权与支出责任划分改革取得突破性成果。9 月 29 日,省厅下发《关于规范全省水利工程建设安全生产费用提取和使用管理的通知》(湘水安监〔2017〕11 号)。10 月 11 日,省水利厅、发改委、财政厅、卫计委、环保厅、住建厅、扶贫办修订印发《湖南省"十三五"农村饮水安全巩固提升工作考核办法》的通知(湘水建办〔2017〕91 号)。10 月 20 日,省河长制工作委员会印发《河长制工作考核办法(试行)》《河长制信息共享制度(试行)》《河长制工作督察制度(试行)》《河湖日常监管巡查指导意见》共四项制度,标志着湖南省全面推行河长制制度体系已初步构建。11 月 1 日,省水利厅、省财政厅、省国土资源厅共同印发《关于深化小型水利工程建设和管理体制改革的实施方案》(湘水办〔2017〕100 号)。11 月 30 日,省厅出台了《湖南省农田灌溉水有效利用系数测算分析工作考评实施细则(试行)》。12 月 11 日,省水利厅和省发改委联合印发《关于推进规划水资源论证工作的通知》。

2017 年,通报各市(州)实行最严格水资源管理制度考核结果。8 月 11 日,经省人民政府审定,省水利厅等 10 个部门联合发布通报,公布 2016 年度各市州实行最严格水资源管理制度考核结果。全省 14 个市州考核等级均为合格以上,其中常德市、湘潭市、长沙市、株洲市考核等级为优秀。考核结果显示,2016 年湖南省水资源管理"三条红线"年度控制目标全面完成,全省用水总量 330.36 亿 m³、万元工业增加值用水量 75.73m³(2010 年不变价)、农田灌溉水有效利用系数 0.505、重要江河湖泊水功能区水质达标率 92.5%。

2017 年,河长制在全省形成制度体系。9 月 7 日,省总河长许达哲巡查了湘江长沙至湘潭段河流状况,并在湘潭主持召开 2017 年全省第一次总河长会议,省领导陈向群、隋忠诚、杨光荣、戴道晋、赖明勇,省政府秘书长王群参加巡查或出席会议。10 月 30 日,省河长办正式印发省总河长许达哲签署的第 1 号总河长令,要求全省各地立即全面开展河长巡河行动。

10月20日,省河长制工作委员会印发《河长制工作考核办法(试行)》《河长制信息共享制度(试行)》《河长制工作督察制度(试行)》《河湖日常监管巡查指导意见》共四项制度,标志着湖南省全面推行河长制制度体系已初步构建。11月24日,省河长办正式印发省长、省总河长许达哲签署的第2号总河长令,决定在全省开展"僵尸船"专项清理整治行动。

2017年,长沙县颁发农田水利设施不动产权证。6月30日,长沙县在全国率先颁发农田水利设施不动产权证,实现了农田水利设施产权制度改革重大突破。

2017年,废止河道采砂规划。10月12日,省水利厅发文废止了《湖南省湘资沅澧干流及洞庭湖河道采砂规划(2012—2016年)》。

2017年,举办全省水利行业职业技能竞赛。8月29日,由省水利厅、省人社厅、省总工会联合举办的"2017年湖南省技能大赛——全省水利行业职业技能竞赛"暨首届"湖南十大水利工匠"评选活动正式启动。本次分河道修防工、泵站运行工、水文勘测工,共3个职业(工种)进行比赛。

2017年,出台水情预报预警工作细则。10月18日,全国首个省级"水情预警预报工作细则"《湖南省水文水资源勘测局水情预报预警工作细则(试行)》出台,明确全省各级水文部门及其水情工作人员水情预警预报职责与水情工作流程。该细则在2017年汛期征求意见期间,为战胜特大洪水提供了水情预警预报方面的有力保障。

2018年,开展河湖"清四乱"专项整治行动。8月31日,湖南省第一总河长、省委书记杜家毫,省总河长、省委副书记、省长许达哲共同签署湖南省第5号总河长令,决定自即日起至2019年7月20日,在全省河湖开展乱占、乱采、乱堆、乱建等突出问题专项整治行动(简称"清四乱"专项整治行动)。此令是湖南调整省级河长后第一份由省第一总河长和总河长共同签发的总河长令。

2018年,通报水资源管理考核结果。9月27日,经省政府同意,省水利厅、省发改委等10部门联合对2017年度全省各市州实行最严格水资源管理制度考核结果进行了通报。全省14个市州均顺利通过省政府考核,其中长沙市、湘潭市、娄底市、衡阳市、永州市考核等级为优秀。

2018年,修订出台涉水相关管理办法。5月30日,重新修订出台《湖南省水利厅行政听证办法》。11月13日,省长许达哲主持召开省人民政府常务会议,听取省水利厅关于河道采砂管理工作情况汇报。会议研究讨论并原则同意《湖南省河道采砂管理办法》。11月26日,为加强生产建设项目水土保持监督管理,适应全面深化改革的新形势,省水利厅修订出台《湖南省生产建设项目水土保持监督管理办法》。

2019年,省政府颁发多个涉水文件。1月2日,在省政府常务会议上审议通过的《湖南省节约用水管理办法》,分别提出工业节水、农业节水、城镇节水的措施要求。1月14日,经省人民政府同意,省厅印发《关于湖南省主要流域水量分配方案的通知》,明确了分配对象及范围、分配原则、分配意见、主要断面控制指标和保障措施。3月1日,《湖南省节约用水管理办法》(省政府令第293号)正式施行,为湖南省全面贯彻落实习近平总书记"节水优先"治水方针提供了法制保障。12月16日,省人民政府第55次常务会议审议通过《湖南省主要河流控制断面生态流量方案》。该方案坚持生态优先、绿色发展理念,按照优先保证生活用水、确保生态基本需水、保障粮食生产合理需水、优化配置生产经营用水的原则,统筹各行业、各区域和河道内外用水需求,结合流域综合规划和计算规范,明确了全省23条重要河流上106个控制断面的生态流量和最小流量控制指标。

2019年,中央宣传部追授余元君"时代楷模"称号。7月9日,中央宣传部在北京向全社会宣传发布余元君先进事迹,追授他"时代楷模"称号,"时代楷模"发布仪式现场宣读了《中央宣传部关于追授余元君同志"时代楷模"称号的决定》,播放了反映余元君先进事迹的短片。余元君同志是湖南临澧人,湖南省水利厅副总工程师、省洞庭湖水利工程管理局总工程师。2019年1月19日,余元君在岳阳钱粮湖垸分洪闸水利工程施工现场办公时因公殉职。余元君牺牲后,其一片赤诚、不忘初心,以始终如一的热情和不断精进的业务治理洞庭湖,最终牺牲在工作现场的事迹在全国水利系统及至社会各界引起强烈反响,广泛开展了向余元君学习活动。1月22日,厅党组作出《关于向余元君同志学习的决定》,并举办了首场余元同志先进事迹报告会。省委于2月20日作出《关于追授余元君同志"湖南优秀共产党员"称号的决定》,号召全省党员干部学习余元同志信念坚定、对党忠诚的政治品质,践行宗旨、崇尚实干的高尚情怀,夙夜在公、无私奉献的精神境界,严于律己、清廉自守的优秀品质。水利部将余元君这一先进典型推向了全国水利系统。2月3日,部党组派出工作组,来湖南省专题调研挖掘其先进事迹,并于3月6日下发《关于在全国水利系统开展向余元君同志学习活动的决定》。4月11日在部机关举办余元君先进事迹报告会,部长鄂竟平出席并讲话。5月份,水利部直属机关党委、水利部人事司、水利部文明办廉政办率队赴北京、武汉、郑州、蚌埠、天津、广州、长春、上海、南京等地开展巡回宣讲。水利部举办9场余元君先进事迹巡回报告会,掀起了水利系统学习余元君先进事迹的热潮。

2019年,河长制稳步推进。6月10日,全省总河长会议在岳阳召开。会议学习贯彻习近平生态文明思想,全面总结了实行河长制以来的工作,研究部署下一阶段的工作。省长、总河长许达哲出席会议并讲话。会议认为,河长制建立以来,已基本形成了运转良好、管理有序的长效运行机制。2019年度,河长制继续扎实推进。一是继续做好建章立制工作,省河长制工作委员会先后制定并印发了《对河长制湖长制工作真抓实干成效明显地区进一步加大激励支持力度的实施办法》《关于加强流域河长制湖长制工作联动及"一单四制"管理的通知》《2019年度湖南省河长制湖长制工作考核细则》《湖南省河长制湖长制工作社会监督举报管理制度(试行)》等文件,使河湖管理机制更加严密和完备。二是各项具体工作扎实开展。3月开展河长制湖长制宣传周活动;4月开展全省河湖清"四乱"专项行动;9月开展大通湖流域综合治理行动、开展每季度不定期的"暗访"和巡河巡湖行动等。同时,河道岸线管理、饮用水水源地保护、河道采砂管理、河道保洁等经常性工作都得到了较好的支持,使全省河湖生态状况得到改观。5—6月,水利部、生态环境部联合派出第三方评估单位河海大学、华北水利水电大学,先后抽检株洲、郴州、邵阳、怀化、湘西州河长制湖长制情况,评价总体良好。10月,由中央网信办网络新闻信息传播局、水利部办公厅举办的"美丽河湖"网络主题活动在长沙启动,湖南长沙被选为全国三个推介城市之一,全方位展示了河长制、湖长制的进展举措和经验成绩。

2019年,开展扫黑除恶专项斗争。1月15日,省厅召开全省水利系统扫黑除恶专项斗争视频会议,学习贯彻习近平总书记关于扫黑除恶专项斗争的最新批示,传达中央和省委扫黑除恶专项斗争会议精神,总结全省水利系统2018年来扫黑除恶专项斗争工作情况,研究部署2019年工作。会议分析了当前水利系统开展扫黑除恶专项斗争面临的新形势、呈现的新特点以及各地还存在的工作差距,要求各地进一步把思想和行动统一到习近平总书记的最新批示上来,增强问题意识,强化斗争精神,以攻坚克难的勇气和韧劲,不断把专项斗争推向深入。4月2日,省厅印发《湖南省水利厅2019年扫黑除恶专项斗争工作要点》,要求各地各单位结合实际,认真贯彻执行。随后召开全省水利系统扫黑除恶专项斗争工作调度会,会议深入贯彻落实中央扫黑除恶第16督导组督导湖南省工作动员会精神,安排部署下一阶段全省水利系统扫黑除恶专项斗争。通过全力推动、广泛参与,此次专项斗争取得重大成果,一些涉水违法犯罪案件得到处理。其中典型的是以夏顺安为首的黑社会性质组织在违规承包的湖洲上非法修建矮围、非法捕捞、盗采砂石,组建"巡湖队",采取威胁恐吓、强占渔船等方式,欺压百姓,严重破坏洞庭湖的生态环境和经济社会秩序的案件,于7月4日被政法机关以涉嫌组织、领导、参加黑社会性质组织罪提起公诉,11月25日,该案公开宣判,夏顺安被判处有期徒刑25年,其他被告人也被判处刑罚。此案的处理,有力地震慑了违法分子。

2019年,清理整改小水电。此项清理整改小水电是按照中央四部委《关于开展长江经济带小水电清理整改工作的意见》的部署要求进行的,旨在解决小水电发展存在的生态问题。1月18日,省厅在长沙召开全省小水电清理整改工作座谈会,部署相关工作,并征求市县水利部门对全省小水电清理整改方案的意见。2月25日,省委书记杜家毫调研张家界大鲵国家级自然保护区调研生态环境问题整改和大鲵保护工作,指出要以中央环保督察问题整改为契机,抓住国家电网实施新一轮农网改造升级的机遇,打一场小水电整治的硬仗。省委常委、省委秘书长谢建辉参加调研,厅长颜学毛陪同调研。3月26—28日,水利部、国家发展和改革委员会、生态环境部、国家能源局、国家林草局五部委及中国水产科学研究院、长江勘测规划设计研究院、南京环科所等科研单位组成联合调研组,来湖南省张家界大鲵保护区开展了小水电清理整改工作专题调研。5月7日,全省小水电清理整改工作座谈会在长沙召开。会议主要是按照中央四部委下发的《关于开展长江经济带小水电清理整改工作的意见》和省政府批准下发的《湖南省小水电清理整改实施方案》的要求,对全省小水电清理整改工作进行再动员,再部署。6月6日,省长许达哲主持召开省政府常务会,听取了全省小水电清理整改工作汇报,会议强调,开展小水电清理整改工作,要按照中央关于长江经济带发展的决策部署,统筹考虑生态环境影响、脱贫攻坚、公益性功能等因素,科学制定整改方案,依法依规、分类分批整改。要完善建管制度,规范发展政策,健全监管体系,既管好存量,又严控增量。要守住风险底线,避免出现新的环境破坏、安全隐患和社会风险。按照省政府的工作部署和省厅的周密安排,清理整改有步骤地进行。11月水利部联合国家发展和改革委员会、自然资源部、农业农村部、国家能源局、国家林业局等部委局开展了长江小水电清理整改第一次督查,督查组对湖南小水电清理整改及取得的成效给予充分肯定,认为湖南对此项工作高度重视,工作扎实,成效显著。

图书在版编目(CIP)数据

湖南水利与经济社会发展关系研究 / 湖南省水利水电
勘测设计研究总院,河海大学编. —武汉:长江出版社,2021.6
ISBN 978-7-5492-7731-5

Ⅰ.①湖… Ⅱ.①湖…②河… Ⅲ.①水利建设－关系－
区域经济发展－研究－湖南②水利建设－关系－社会发展－
研究－湖南 Ⅳ.①F426.9②F127.64

中国版本图书馆 CIP 数据核字(2021)第 118767 号

湖南水利与经济社会发展关系研究	湖南省水利水电勘测设计研究总院 河海大学 编

责任编辑:高婕妤
装帧设计:刘斯佳 彭微
出版发行:长江出版社
地　　址:武汉市解放大道 1863 号　　　　　　　　　　　　邮　　编:430010
网　　址:http://www.cjpress.com.cn
电　　话:(027)82926557(总编室)
　　　　　(027)82926806(市场营销部)
经　　销:各地新华书店
印　　刷:湖北金港彩印有限公司
规　　格:787mm×1092mm　　　　　1/16　　　　　12 印张　　　　288 千字
版　　次:2021 年 6 月第 1 版　　　　　　　　　　　　2021 年 6 月第 1 次印刷
ISBN 978-7-5492-7731-5
定　　价:96.00 元